《上海文史资料选辑》 总第174辑

上海出版改革

40年 上

政协上海市委员会文史资料委员会
上海市新闻出版局
中国近现代新闻出版博物馆（筹）

编著

上海教育出版社
SHANGHAI EDUCATIONAL
PUBLISHING HOUSE

编委会

主　　编：马建勋　徐　炯

执行主编：祝君波

副 主 编：王建华

成　　员：赵书雷　上官消波　张　霞　章立言　涂美龙

　　　　　郝宗绪　邢　宪　包红英　孙海燕

出 版 说 明

　　出版是人类文明的重要标志，也是时代进步的动力。在社会分工中，它是一个专业性很强的行业，但其创作和生产的图书、杂志、唱片等产品，又是受众极为广泛，层次相当多元的，因而对社会产生着巨大影响和积极作用。

　　以1978年党的十一届三中全会为标志的中国改革开放事业，其鲜明的成果是经济的发展和文化的繁荣。其中出版物在推动思想解放，传播社会主义正能量，积累科学文化知识，满足人民文化娱乐，以及促进对外文化交流等方面，都发挥了重要的作用。简单地概括，出版物包括教科书、学术专著和大众读物，在过往的40年，在服务于我国教育事业、科学研究和大众文化生活方面，都起到了不可替代的作用。比之于其他载体，它更具有春风化雨、滴水穿石的长效作用。

　　当我们历数出版对社会影响的时候，我们同样看到过往40年的变化，还来自行业内部的改革、开放和出版人的努力。

　　我国出版有很好的历史传统。在民国时期，上海曾是全国的出版中心，高峰时有出版社300余家。至今还在发挥作用的商务印书馆、中华书局、三联书店、开明书店等著名出版机构，当年均创始于上海而盛。后来，我国的出版移植了苏联计划经济的模式，比较强调出版的政治性，而否定它多元的文化功能；比较强调出版的计划性，而否定它的市场性。这种模式和思维导致了"文革"时期出版社数量急剧减少，年出版新书品种日益下降，内

容雷同单调，行业内部缺少活力和动力。很多出版人回忆当年书店无书卖，人们无书读的日子，至今记忆犹新。

改革开放，盛世再起。在党的领导下，我国的出版事业也发生了时代巨变。以图书品种为例，全国近几年已达到或超过了年出版新书25万种，跻身于世界出版大国行列。不仅品种大幅增加，而且内容丰富，质量提高。上海作为改革开放时代的出版重镇，也成了全国出版改革的缩影。以行业内部结构为例，传统图书出版社、音像出版社、杂志社、印刷业、发行业、版权产业、对外图书交流、数字出版等方面，都发生了变化。尤其在经营管理方面，计划经济的出版模式，已被市场经济为背景的新型出版模式所替代。出版业与非公经济的合作，出版业与世界出版界的交流也成为常态。中国的出版物也更多地走向国际，出现在法兰克福书展、英国书展、美国书展、博洛尼亚书展等世界著名的书展上，更多地进入世界各国的书店和图书馆，成为世界了解中国的一个视窗。这几十年，一些代表出版改革开放的新概念也不断出现，标志着改革进程的推进。比如出版社事业性质企业化管理、社长负责制、出版双效益考核、编辑职称评定、出版社自办发行、图书版权贸易、民营书店、民营印刷厂、外资印刷企业、故事会、贝塔斯曼书友会、数字出版、文化走出去、多媒体融合、中国最美的书、China Joy、上海书展、出版社事业转企、集团化改革、大学出版社强社之路等，都先后在上海呈现勃勃生机。有的作为阶段性成果影响全国，有的至今还在发挥作用。

出书、育人一直是上海出版的传统与责任，过往的40年，上海图书精品迭现，人才辈出，也有很多可圈可点之处。

上海市政协秉承文史资料"存史、资政、团结、育人"的工作要求，在以往工作的基础上，近年来广泛征集改革开放时期的"三亲"文史资料，要求当事人把自己亲历、亲见、亲闻的有价值的史料如实写下来，传之于今人和后者，旨在为领导干部管理国家和社会积累经验，提供资政服务。

有鉴于此，自 2015 年以来，上海市政协文史委和市新闻出版局联合发起上海出版改革"三亲"史料的征集工作。依托新闻出版博物馆（筹）的团队，组织业界的政协委员、专业人士撰写回忆文章。经努力，共有 55 人撰写了 59 篇文章，总计约 50 万字。作为出版改革历史的参与者和见证者，他们所写的这一批文章具有很高的史料价值和借鉴意义。尤其对于行业的领导者和新进企业工作的年轻人，更有教育作用和借鉴作用。这项工作进行了两年有余，很多老出版人都参与撰稿，如巢峰、徐福生、江曾培、孙颙、杨益萍、李伟国、陈和同志等。不知不觉成书之时已是 2018 年的春天，正值党的十一届三中全会召开 40 周年之际。这是一种巧合，但无意之中加重了这本书出版的分量。在此，我们谨向各位作者表示衷心的感谢，向具体负责此书组织工作的祝君波同志、上官消波同志、张霞同志、章立言同志以及孙海燕同志表示衷心感谢！向上海市出版协会、上海市期刊协会、上海市书刊发行行业协会的相关领导表示衷心感谢！

目 录

儿童出版,我终生的事业

张瑛文

张瑛文,1927 年 2 月生。曾任少年儿童出版社社长、上海出版社经营管理协会会长等职务。

在新中国成立的第六个年头,我与少年儿童出版社结下了不解之缘。少儿社成立至今已 65 年,我与它相伴走过了 37 载的人生道路。依稀记得 1989 年被任命为少儿社社长时,看着宋庆龄题写的"少年儿童出版社"字样,我深深感受到肩上沉甸甸的责任,心中激荡着"实干兴邦,空谈误国"的豪情壮志。振兴少儿社、为少儿出版奋斗,成为我一生追求不懈的方向。

来到上海之前,我原本是在辽宁省团委工作,担任宣传科长。1955 年在中央团校学习结业后,我调入少年儿童出版社工作,从编辑室副主任、办

公室主任开始,逐渐承担起社里的经营管理工作,先后担任经理部经理、副社长和社长。

改革开放从发行营销开始

我肩负起少儿社领导的职责时,正值十一届三中全会召开,改革开放新时期的序幕逐渐拉开,在改革开放口号的激励下,全国人民热情奔放地做实事。我学习了邓小平的南方讲话后一直在琢磨:我们少儿社应该怎么做?

（一） 自办发行第一步

我和几位老出版同志互相交流意见,觉得从出版社编、印、发三个方面来看,编辑出书没问题,印刷除了纸张困难,其他问题不大,最大的问题就是发行。因为书店发行所统一管理发行,出版社想多印一点,没有发货权,没法多印。我们一致认为:图书发行是出版社发展道路上最大的拦路虎,那我们就"摸着石头过河",改革开放从发行入手。

我建议上海市出版局出面给出版社一点发行权,副局长吉少甫同志很支持,而书店发行所则意见很大。于是,大家一起坐下来商量讨论:如果让少儿社完全独立地做发行,发行所不管不问,少儿社还是有困难的,因为社里有 1000 多种图书,品种太多了,单凭一社之力做不了独家发行,还是先成立邮购部,在出版社门口设置门市部,可以对外卖书。

会后出版局慎重研究,发了一个文,同意出版社用辅助渠道补充主渠道发行的不足。辅助渠道有两种形式:一是同意出版社不通过发行所,完全独立地做图书发行;二是允许出版社成立邮购部和门市部。少儿社就采取了第二种自办发行的方式。

1980 年 3 月,我社邮购服务部开办,迈出了发行改革第一步。同时,我社在办公地门前开设了门市部,成立之日,我把上海出版社和发行所的领导都请来了,时任上海市副市长谢丽娟也来了。

过后不久,中央召开发行会议,我在会上介绍了自办发行的经验,得到与会同志们的重视。会后不久,文化部发文,批准各地出版社图书发行的决定权和图书的发行权。我的工作经验获得了认可和推广。

虽然我社有了一定的发行权,但同时也很注重与发行所的沟通,主渠道和辅助渠道互不影响,齐头并进。1991年,少儿社自办发行的码洋相当于1987年全年的总码洋数。

社里的门市部办好后,我没有裹足不前,而是萌生了到书店去商量特约经销的事宜。从1981年我成功争取到北京最热闹的王府井大街上新华书店的特约经销专柜开始,少儿社的图书特约经销店逐步发展到50多个,遍布全国各地。在广泛设点的同时,也要注重每个点所产生的效益。于是,我们对特约经销店严格要求,要求品种齐全、销售码洋要高,所有特约经销店每年都要参加评比。

（二）从"隔山买牛"到"看样订货"

除了为图书发行渠道开疆辟壤,我还在具体的发行管理工作中不断摸索创新。

20世纪80年代,信息传播渠道有限,出版社与书店的沟通交流不方便,书店难以清楚地了解各个出版社图书的具体信息。曾经有一次,不经意间我听到计划科同志提出"看样订货"的想法,就是说书店根据图书的内容、封面和开本来决定进货的数量。我一听就觉得这是个好办法,决定大力支持。

经过筹划,1985年12月,我社与新华书店上海发行所在广东路新华书店招待所联合召开了首届少儿读物看样订货会。图书看样订货会是新鲜事物,属于全国首创,受到基层书店的普遍欢迎和赞同。不少书店的老业务骨

干、老经理太激动了，感慨地说："我在书店做了几十年，一直凭征订单上的几十个字订货，内容提要太简单，有些看不懂，订货有很大的盲目性。过去曾要求出版社能够搞看样订货，实在不行发个封面看看也好，可是都做不到，这次你们办了一件大好事，可以载入发行史册，给我们解决了'隔山买牛'的大困难。"

1985 年 12 月 5 日，少儿社与上海发行所联合召开首届少儿读物看样订货会，迈出了全国发行体制改革的第一步，展出图书 108 种

之后，在兄弟出版社的共同推动下，我社于 1986 年 11 月 14 日到 17 日在上海华山饭店主办了首届全国少儿社社长联谊会，有 23 家少儿社的社领导和发行科长共 42 位同志前来参加。会上我社和中国少年儿童出版社、新蕾出版社、四川少年儿童出版社、湖北少年儿童出版社五社达成共识，共同宣布召开少儿读物

看样订货会，也欢迎其他出版社参加。

最终，在 1987 年 11 月 1 日到 15 日，五家少儿社分别在无锡（华东片）、武汉（中南片）、四川峨眉县（西南西北片）、天津（华北片）、长春（东北片）五地召开了"五社少儿读物首届看样订货会"，共展出 500 多种图书。那一届订货会规模不大，但每到一地都受到书店同志的热烈欢迎。后来订货会每年召开一次，从五家少儿出版社发展到 15 家出版社参加，订货会上图书品种多了，受到了全国书店的欢迎和好评。通过看样订货会，书店能够更好地选择图书、发行图书，带动了少儿读物销售的繁荣，而且全国各个少儿社互相学习，取长补短，促进了少儿读物出版质量的提升。

为了推动上海出版业的发展，上海的出版社也采取了各社联合的模式联络感情、增进友谊、交流信息、探讨业务。最初，上海市有 12 家出版社（上海人民社、上海科技社、上海教育社、上海文艺社、上海人美社、上海辞书社、上海译文社、少儿社、上海古籍社、学林社、上海书画社、中国大百科上海分社）在 1986 年 9 月 17 日成立了"上海出版社经营管理干部联谊会"（后正式改名为"上海出版社经营管理协会"）。联谊会成立大会召开时，我出差不在上海，却被大家推选为会长。当时的副会长是史寿康，茅德林、王再生是正、副秘书长。联谊会还成立了社长经理组、出版组、发行组和财务组。

上海出版社经营管理干部联谊会的成立是改革开放的产物，采取自定议程、自愿参加、自由讨论的方式，是个纯民间的组织。后在 1991 年 7 月 12 日经上海市民政局批准同意登记，协会得到了社会团体法人登记证。至此，协会的会员单位已经由成立之初的 12 家增加到 38 家，囊括了上海所有的出版社。

在我担任协会会长期间，大力推广看样订货的图书发行模式。1987 年 5 月 24 日，全国少儿出版社首届书市和上海出版社首届联合书市同时在上海展览中心举办。当时的市领导江泽民、汪道涵、刘振元、陈铁迪、谈家桢、陈沂以及市委宣传部、市新闻

出版局的领导同志参加开幕式,由老市长汪道涵同志剪彩。由此开始,每年办一次沪版图书看样订货会,订货会由协会出面组成组委会,各社派一名领导参加,研究订货会重大事项,下设订货会办公室,各社轮流担任主持,负责具体工作。协会从1989年开始,还举办了一年一度的发行研讨会,送书上门,举办地区性订货会、行业评比等。我们的改革对整个上海出版系统发行工作起到了切实的推动作用。

（三）推广图书,发起"红读"活动

图书发行的改革总是在发现问题、解决问题的过程中一步步推进。

1981年6月发生了一件事:有关报社在报上推荐了某出版社的儿童文学作品,对推动儿童阅读起了很大作用,这原本是件好事。但是由于当时出版社和书店没得到消息,以至于没有及时地提供图书销售,读者到了书店买不到书,读者意见很大,书店意见也很大,出版社感到很无奈。

我在召开座谈会时听说此事,就深入地思考起这个问题。在1981年12月,我和中国少年儿童出版社副社长燕生同志去团中央找领导反映此问题。团中央很重视,当时书记处书记胡德华同志找来少年部的领导一起商讨办法。大家决定在全国开展一次读书运动,叫"红领巾读书、读报奖章活动",由团中央少年部联合文化部图书馆事业管理局、中国少年儿童出版社、少年儿童出版社、四川少年儿童出版社、新蕾出版社、新华书店总店和中国少年报社八个单位联合发起。

1982年11月14日,在江苏省常州市召开了首届"红读"活动发奖大会,各省市团委领导、红领巾代表、八家发起单位领导都参加了大会。这项活动后来由国家教委、团中央、新闻出版总署、文化部主办,在社会上产生了很大影响。在"红读"活动中,我社从1982年起每年有10种左右少儿读物被推荐给小读者。

经营承包责任制振奋人心

1988年8月5日,上海市出版局和财政局约见各家出版社商议经营承包事宜，也包括当时的少儿社。过去，一家出版社无论是盈利还是亏损，都由国家、政府接受和承担，也就是说出版社是赚是亏都算国家的。后来，上海出版局和财政局提出，给出版社约定一个利润数，利润数会逐年增加，出版社完成了承包的数额，就可以按规定比例提取"利润留成"，而且超过的部分也归出版社，没有完成的话，就没有"利润留成"。

当时，我是少儿社的副社长，我向卧病在床的老社长陈向明请示。老社长鼓励我，让我大胆实干，以少儿社的能力完成承包的利润数问题不大。第二天，我就到出版局作出承诺，承诺努力完成承包的332万码洋利润，并且做到每年增加3%的利润。不久后，我被选为社长，挑起了社长管理经营承包的重担。

出版社经营承包责任制的实行，首先从科室承包责任制开始。

为了充分调动少年儿童出版社老、中、青职工的工作积极性，贯彻"两为"和高质量图书的出版方针，夯实"人尽其才""按劳取酬""多劳多得"的社会主义分配原则，在坚持社会效益的前提下努力提高经济效益，我分别组织民主党派、党员、科室干部、职工、离退休同志等100多位职工召开了十来个座谈会，又和30多位同志个别谈话，大家一起坐下来讨论如何振兴少儿社。同志们提出了很多出色的建议，其中有一条呼声很高，大家希望实行科室承包制，千斤担子一起挑。我和社领导班子共同商议，认真探讨，深入研究了科室承包制的内容、方式和有关政策等一系列问题。

（一）以编辑室为核心的承包责任制

少儿社的承包责任制主要以编辑室为核心开展工作、具体执行。编辑室承包责任制主要包括四块内容：一是编辑室力争完成和超额完成社里确定的各项计划指标，诸如出书品种、发稿数量、质量等；二是实行编辑室毛利承包，超毛利有奖；三是调整出书结构，明确出书方向。少儿社的出书结构大体有四

类；第一类是双效益的图书；第二类是质量好、品种新，但经济效益目前不一定好的图书；第三类是儿童文学理论著作、丛刊以及专家选集、全集等（属亏本书）；第四类是一般化的儿童读物。原则上，要求编辑室努力发展前三类图书的出版，限制第四类图书的出版。四是根据各编辑室的业务范围，定任务、定编制、定科室负责人、定承包毛利数，明确增员不增工资，减员不减工资，可以吃差额工资。

商议和确定了改革内容之后，围绕该制度，少儿社开始执行具体措施。首先调整机构，实行双向组合，理顺人与人的关系。以编辑室为单位，由室主任负责宣布：本编辑室实行双向组合，愿意合作者在规定时间内相互表态。

（二）理顺人员关系保障制度实行

双向组合之后，产生了一批富余人员。这些同志主要是由于有些部门人多事少而下来的，有的是自愿下来的，有的是在双向组合中，由于一方不愿意而退下来的，当然也有谁都不愿意要、组合不进去的同志。对这部分同志，社里反复强调，他们是有志气有才华的。

社里对富余人员采取了积极态度，想方设法发挥他们各自的特长，希望人尽其才。社里提供了很多方案供富余人员选择：可以在编辑室和个人双方愿意的基础上，充实到需要人才的科室；也可以组成推销员队伍分工包片去各地推销我社图书，送书上门，并根据国家规定获得一定数额的促销费；还可以成立编辑事务所，具体任务是在调查研究的基础上，报选题出书，必须是品种新、质量高、双效益的图书，或负责开展组稿活动，组织来的稿件社内有优先使用权，并付给一定报酬，若是推荐到兄弟出版社后被采用，也能获得一定报酬。此外，上述办法均不愿参加的同志，也可以自由组合，在国家和出版社规定的范围内进行其他形式的承包。最后，经过上述办法都无法组合的个别同志，只好采取在规定时限内自找出路。

最终确定人数和编制以后的编辑室按照编辑室承包责任制的内容进行考核，采取其他方案的编辑则按照对应的具体方案进行考核。以具体问题具体分析为原则的编辑室承包责任制度调动了广大职工的积极性，使得编辑在为国家和出版社作贡献的同时能够收获个人职业的发展。

（三）全社贯彻承包责任制

在编辑部门如火如荼地执行承包责任制的时候，社里也考虑到了经营管理部门和行政管理部门的考核问题，分门别类地规划承包制度。铅印科、胶印科、材料科等与对口编辑室进行挂钩承包，发行部、计划室则按照码洋承包，超码洋有奖，校对室则按校对字数和质量实施双考核的承包办法，财务室则按资金的筹措与使用、成本的把关等办法实行承包责任。而行政管理部门则用建立岗位责任制的办法进行考核授奖。承包责任制推动了经营管理和行政管理部门认真担负起自身的职责，对保障少儿社出版物的出版、发行起到了很大的作用。

实行承包责任制是关乎人心的一次改革，在保障图书的社会效益第一的前提下，在坚持高质量出版图书的方针下，少儿社的改革做到了换位思考，充分为员工着想，采取了一系列有效的具体措施，调动起员工的积极性和创造性，为鼓舞人心、振兴少儿社迈出了坚实的一步。

1988 年签订承包责任制的当年，少儿社的年终利润是 391 万码洋，超过了向出版局承诺的利润数。年终时，少儿社不仅拿到了一定的利润奖，还拿到了超出的部分。在我担任社长的五年里，少儿社不仅每年完成承包的利润，而且利润增幅远远超过出版局要求的 3%。承包责任制凝聚人心，推动了少儿社的发展。

以社会效益为首位的出版方针

一直以来，国家在文化发展方向上坚持社会效益和经济效益有机统一的指导思想，在此基础上，我担任社长期间提出"高质量、新品种、针对性、文化积累"为本社的出书方针，将"人无我有，人有我优"作为本社图书出版的战略思想。希望通过不断开展调查研究，深入了解各个年龄阶段的少年儿童特点，出版思想健康、艺术上乘、内容丰富的优秀儿童读物，积极开拓新门类、新品种，并在历年来出好书的基础上注意文化积累，为我国文化宝库作出贡献。

（一）高质量是出版工作的灵魂

我所提出的"高质量、新品种、针对性、文化积累"新出版方针需要依靠全社每一位员工的支持、坚守和落实，才能发挥其最大的效用、体现出积极的意义。新的领导班子在我的带领下，将新的出书方针在全社范围内进行了新的具体的阐述，并反复进行讨论，争取获得思想上的一致。

高质量图书是出版社赖以生存和发展的关键。高质量既需要体现在图书思想内容的健康上，也需要体现在图书艺术水平的优异上，还需要体现在图书印刷等工艺水平以及计划发行的出色上。也就是说，必须努力取得全面的高质量，不单是编辑部门的任务，而是全社各部门每个工作人员的任务。

在图书品种方面，少儿社建社以来出版了大量优秀儿童读物，但我们不能止步不前，保守自满，必须努力探索创新，开拓新门类，在"新品种"方面多作努力、多作尝试，才能满足广大少年儿童日益变化的需求，少儿社才能始终保持旺盛的生命力。

少儿出版与成人出版不同，针对的是少年儿童读者。图书只有满足了少年儿童读者的需求，才能体现其出版的"针对性"，获得"高质量"图书的好评。少儿出版应当针对不同年龄层次的少年儿童的不同特点，如不同的心理特征、接受能力和兴趣爱好等，根据这些特点分门别类地出版少年儿童图书；也要针对少年儿童的思想实际，如少年儿童的情绪和困惑等，有的放矢地编辑出版能够帮助少年儿童进步的图书。

在实现"高质量、新品种、针对性"的图书出版过程中，不断地整理、修订那些经过时间考验的好书，有步骤地予以积累，使之精益求精，最大限度地发挥图书的精神价值。因此，"文化积累"是一项意义重大的长期工作。

新的出版方针不仅让全社员工在思想上达到统一的认识，在工作目标和方向上也保持了一致性，大家心往一处想，力往一处使，使得我社的图书出版工作跃上了一个新台阶。

（二） 实干见"双效"

提高图书质量的改革过程并非一帆风顺。在具体的出版工作中，坚持以"高质量"为核心的出版方针，力争达到社会效益第一，经济效益和社会效益双丰收的目标，需要出版社领导班子具备勇气、智慧和必胜的信心，敢于冒风险，冲破各种困难和阻碍，以稳扎稳打、踏实苦干的精神朝着目标迈进。

在少儿社进行"1989—1993年五年出书规划"时期，特别是在五年规划中的《少年文库》的出版期间，我和少儿社一起成长、前进和收获。

《少年文库》是以社会科学、自然科学、文学为三大主要内容，涵盖选题300种，分作三辑出版，每辑100种的庞大选题规划项目。早在20世纪60年代初期、80年代初期就两次被提起，又被拉下马。我担任社长之后，社里有些同志积极建议第三次上马《少年文库》，社领导班子采纳了这个具有战略意义的建议，成立了《少年文库》编辑部。

这个重大选题牵涉到全社工作的方方面面，第三次提出时，引起了社内外广泛的议论。有的人非常支持，坚决主张上马；而有的人则担心，担心这么大的一套书不会有销路，怕亏本，怕资金周转困难，怕劳而无功，怕影响自己的奖金收

入……

　　大家迫切等待领导班子特别是作为社长的我进行最后决策。我反复分析了两次下马的教训和我社历年来出书的情况，又仔细分析了赞成者和怀疑、反对者的意见，同时结合出差机会多次倾听了有关方面和基层书店同志的意见之后，反而比之前更有信心和决心，我认为出版《少年文库》是完全正确的决策，非常值得冒一下险。因为，第一，选进《少年文库》的图书正是我社历年来的畅销书、长销书、重点书、得奖书，这样高质量的产品，肯定会有"识货者"。第二，《少年文库》的出版及时响应了当时党中央加强青少年的思想政治工作的号召，满足了教育部门和校外教育机构对思想品德教育优秀读物的需求。第三，目前读者和教育部门难以买到优秀儿童读物的呼声不断，这时候，提供门类齐全的整套儿童读物，对读者来说好比雪中送炭。

　　除了对市场作出分析和判断，我还仔细考虑和解决了《少年文库》编辑出版过程中的许多实际困难，比如选目、装帧、印制和发行等方面的困难。同时，为稳定社内多数同志的情绪，打消他们的各种顾虑，我也做了一系列工作。比如有同志怕亏本，影响个人收入，这是很现实的问题。于是我们提出这套书如果亏本，由社里承担，赚钱归室里所有，不仅如此，还奖励文库的编者和作者。对于遇到的各种困难，每个具体细节，我都做了审慎而尽可能仔细的安排，在各个环节中都以高质量来要求，最后使文库从内容、形式到发行都获得了全面的质量保证。

　　之后，当《少年文库》第一辑出版后，书店第一次征订数（包括零售）就达到15000套之多，而且发行不久之后，就发现供不应求，不得不在一年之内再印10000套，仍然供不应求。最后，《少年文库》300个品种全部出版，发行量可观。《少年文库》在两年之内，陆续出版了三辑，第一辑印刷了50000套，第二辑印刷了38000套，第三辑印刷了19500套，三辑共印刷107500套，取得了经济效益和社会效益双丰收。

《少年文库》新书发布会

　　继《少年文库》之后，我又组织规划了供小学三四年级儿童阅读的《童年文库》和供小学一二年级和幼儿园小朋友阅读的《幼年画库》。这三大文库系列，牢牢树立了少儿社"高质量"儿童读物的优质出版社形象。

　　这样的形象是紧紧依靠高质量的人才来打造的。在与作者、兄弟出版社联络感情、团结人才方面，我社召开了三大会议。1990 年 11 月在上海召开了"'90上海儿童文学研讨会"，这是我社历史上第一次召开的有中外儿童文学作家、理论家和出版家参加的一次盛会，参加者有 130 多位，收到论文 70 余篇，在大会上发言的有 37 位。1991 年 10 月又召开了"'91 上海儿童美术研讨会"，来自全国各地的 120 多位美术家欢聚一堂交流儿童美术创作经验。1992 年 11 月召开了全国少儿社社长、总编辑以及国外的少儿出版界朋友参加的"'92 儿童读物出版

研讨会"，大家交流少儿读物的出版经验。这三次会议为我社夯实"高质量"的出版方针，发挥了重要的辅助作用，"高质量"的人才是实现"高质量"的出版的重要保障。

"高质量"的出版方针，提出来并不难，难就难在踏踏实实地践行方针里的具体内容。我一直不忘初心，始终坚持"实干兴邦"的信念，相信实干才能克服改革道路上的困难，实干才能振兴和发展少儿社。

回想往事，还有不少东西值得总结和思考。

往事历历在目，仿佛当年一起参与"看样订货"的同志还在我耳畔絮叨，那场决定《少年文库》选题是否上马的争论还让我心情激动……我好似尚未离开少儿社，只因少儿社是我扎根的土壤，儿童出版是我终生的事业，这一终生的伴侣，已然离不开了。

（本文系张瑛文口述，周婷整理）

百年《辞海》①

巢 峰

巢峰，1928 年 7 月生。历任上海人民出版社、上海辞书出版社副总编辑、副社长、社长、总编辑、党委书记。现任辞海编辑委员会常务副主任(常务副主编)，中国辞书学会名誉会长、中国编辑学会顾问。

2015 年是策划和编纂《辞海》100 周年，今年则是 101 年了。在这 100 年中，《辞海》已经出版了六版。大家想一想，中国当代每年出版(再版)的几十万种图书中，有多少是百年历史、定期修订、长销不衰的呢？除一些古籍和四大名著等外，可谓屈指可数。《辞海》经过几代作者、编者字斟句酌、一丝不苟、前赴后继的奋斗，才取得了这样的成绩。因此，我们格外怀念编纂《辞海》的前辈，特别是伯鸿先生，怀念当年和伯鸿先生一起为初版《辞海》的出版作过贡献的同仁，怀

---

① 本文系 2016 年 3 月 16 日在《辞海》主编会议上的发言。

念编纂以后五个版本的作者、编辑、校对和为这一事业奋斗的所有同志。这些前辈和同行中许多人都已作古，在纪念策划、编纂《辞海》100周年之际，我们向他们致以诚挚的感谢和崇高的敬礼。

伯鸿先生复姓陆费，单名逵，生于1886年9月17日，祖籍浙江桐乡。他是我国著名教育家、出版家。陆费伯鸿于1912年1月1日创立中华书局，任经理。他分析了国情和行情，提出"用教科书革命"和"完全华商自办"等口号，与商务印书馆竞争。当时的教科书风起云涌，因此，我社图书馆特色之一就是民国时期的教科书。教育部曾来我社考察，最后与我社商定，将有复本的教科书，分送一套给该部。

《辞海》（1936年版）

1947年7月9日，伯鸿先生病逝于香港，终年仅61岁，可悲、可叹、可惜。他除了为教育事业作出重大贡献外，有豪言云，"以改良吾国字典为己任"。他认为中国字典十分陈旧，不合时宜，便与欧阳仲涛、范源濂等，主持编辑了《中华大字典》。《中华大字典》与商务印书馆的《辞源》同年即1915年出版，所收的字多于《康熙字典》，而且校正了4000多条《康熙字典》的错误，成为中国当时最完备的一部字典。1915年秋，《中华大字典》杀青。为了与商务竞争，伯鸿先生与编辑所所长范源濂、《中华大字典》主编徐元诰商量编辑一部10万词条的大辞书，定名为《辞海》，并由徐元诰任主编。后历经21年，几易主编，最终在书上列名的主编有徐元诰、舒新城、张相、沈颐四人，而大量实际工作则为舒新城所做。《辞海》于1936年11月出版了上册，次年6月出版了下册。《辞海》与1915年商务印书馆出版的《辞源》比较，由于借鉴了《辞源》经验，不仅收了许多《辞源》没有的新词,而且在释义方面亦有所改进,当时被评论家称为"后出转精"。这就是《辞海》的第一版,这对《辞海》来说,可谓"开基立业"。《辞海》出版后与《辞源》一起成为人们必不可少的案头工具书。中国国内战争时期,我军行军要求轻装上阵,毛泽东却要警卫员背着《辞源》和《辞海》,可见这两部书的重要。

《辞海》(未定稿)(1965年版)　　　　《辞海》(1979年版)

中华人民共和国成立后,由于国际上经历了第二次世界大战,国内在中国共产党和毛泽东主席领导下推翻了蒋家王朝,国际国内的形势起了天翻地覆的变化。舒新城先生向毛主席建议修订《辞海》和出版百科全书。毛泽东主席欣然应允,并决定先修订《辞海》,再出版百科全书。从而,经国务院批准,于1958年在上海成立中华书局辞海编辑所(上海辞书出版社的前身)。编辑所根据毛主席的指示,传承了伯鸿先生的愿望,即"以改良吾国字典为己任",以编著《辞海》为典范,从而我们将《辞海》1936年出版的版本定作第一版,同时对第一版《辞海》作了"脱胎换骨"的改造,于1965年出版了《辞海》(未定稿)即第二版,1979年新中国成立30周年出版了第三版。当时,《关于建国以来党的若干历史问题的决议》还没有发表,"两个凡是"的思想仍有市场,许许多多疑难问题摆在编辑所面前。"无产阶级专政下继续革命""阶级斗争"等

条目怎么写？国民党和涉及台湾的条目怎么写？陈独秀、瞿秋白、刘少奇、林彪、康生、谢富治等人物怎么写？"文革"怎么写？如此等等，不但作者束手无策，主持编纂的领导人一时也想不出好的办法。本人也是领导人之一，排名第五，人称"巢老五"，竟然冒天下之大不韪，起草了一份《〈辞海〉（合订本）处理稿件的几点具体意见》一共八条三十九款，直面一个接一个的疑难杂症，提出了具体撰稿意见。当时好心人相劝，"勿为天下先""不要好了伤疤忘了痛"。但因 1979 年版《辞海》编纂时限太紧，我做好了"再进牛棚"的思想准备，大胆地否定了一系列"左"的提法和观点，从而才使编纂工作顺利进行。

《辞海》（1999 年版）

以后，根据我的意见，确定《辞海》十年一修，每版都在国庆前夕出版。十年是一个周期，雷打不动。从而连续出版了 1989 年版（第四版）、1999 年版（第五版）、2009 年版（第六版）。2019 年版的编纂工作正在按计划进行。值得骄傲的是，《辞海》实行连续定期修订制，使《辞海》成为承前启后、继往开来、与时俱进的出版物。如果说时代是历史的步伐，那么，也可以说，《辞海》就是时代和历史的脚印。它与时俱进，吐故纳新，不断修正错误、推陈出新，介绍新事物和新知识。历史和时代每走一步，在《辞海》中都留下它们的脚印。《辞海》的内容有单字、词语，各个学科的用语、人名、地名、事件、纪念日、生物、科学技术、天灾人祸等，可谓应有尽有。从收词数量看，远胜于大百科全书，是我国最具权威的大型综合性辞典。"对不对，查《辞海》"，已成为人们的口头禅和共识。《辞海》各种版本已累计发行 650 万套，各学科的分册销售近 2000 万册，这不仅在我国，即使在世界大型辞书中也绝无仅有。

《辞海》(1989 年版)各学科分册

人生在世,"奉献"二字;服务人民,全心全意。伯鸿先生在《辞海》1936年版的"编印缘起"中有一段话:"吾缕述困难之原因,其故有二:一则对于编校排印诸君子表示谢意,一则对于后之编辞典者聊效前驱。吾行年五十,从事出版印刷业三十年矣,天如假我以年,吾当贾其余勇,再以一二十年之岁月,经营一部百万条之大辞书也!"伯鸿先生志向之高远,非一般人所能及也!惜先生英年早逝,是中国文化界、出版界、教育界的一大损失。但他的遗言则是对后人的殷切期待和鞭策。伯鸿先生策划和出版了《辞海》,在中国近现代史上堪称杰出的出版家。与此同时,他还是一位识人、用人的伯乐。当年他为了让舒新城先生主持《辞海》编纂工作,自 1923 年起,直至1928 年 3 月 30 日,五年中七次相邀,远胜于"三请诸葛亮",终于打动了舒新城。舒终于复函应允。"天时、地利、人和",是改造世界、成就大业的三大要素。"天时""地利"是客观要素,"人和"则是主观要素。人定胜天,六版《辞海》的实践,就是一个证明。

去年《文汇报》发表了杂文家李下先生的文章《为什么要重视〈辞海〉的研究》,他说:白云苍狗,世事沧桑,《辞海》的编纂、出版,不仅没有中断,反而越来越有规模、有质量,影响也越来越大。李下先生同意我提出的建立和发展"辞海学"的观点,我很高兴,有了知音,难能可贵。可见,我们既要修

订和出版《辞海》，也要鼓励各位作者和编辑开展《辞海》研究，从而开创《辞海》的新局面，找到新的契机，更好地为读者服务。去年曾任辞书出版社副总编的徐庆凯同志所著《辞海论》出版，就是研究《辞海》的重大成果，它使《辞海》不仅是一部给读者查阅的工具书，而且还可以成为一门供学者研究的"辞海学"。

多年以前，由于《辞海》供不应求，给牟取暴利的"黄牛"钻了空子，盗版《辞海》的现象一次又一次发生。为此，《辞海》曾被新闻出版总署列入打击盗版的重点书之一。此一措施，颇有效。20年中，盗版《辞海》的现象所见少而又少。没有想到，在当今信息时代，居然死灰复燃，沉渣泛起。2015年10月，北京有一家出版社，堂而皇之，以《老辞海》为名，翻印了1936年出版的《辞海》，书名为《辞海1936》，版权页上居然厚颜无耻地署上了——出版发行：某某出版社，以及出版人、社址、网址、电话、传真、法律顾问等，还煞有介事地写上了"版权专有，侵权必究"的字样。这如同拦路抢劫的"英雄好汉"，在一株百年老树下，手中执了一把大刀，对过路的人说："此山是我开，此树是我栽，有人走此过，留下金钱来。"盗版，如同盗贼，他们盗走了《辞海》作者、编者等所付出的劳动成果，也是对《辞海》这样的经典出版物的亵渎，是出版界、文化界的大敌。看来只要是金钱时代，盗版现象就像小偷一样，是不会绝迹的，因而打击盗版的举措也绝不会停止。

我不是《辞海》的开创者，而是半路出家的"插班生"。我从进入中华书局辞海编辑所算起，截至2016年已经41年了。"板凳要坐十年冷，文章不写一字空。"这句话前半句我做到了，并绰绰有余，但后半句我并未做到。我的文章虽不能说空话连篇，却不敢妄言"字字句句不空"。《辞海》在中国声望很高，确是人们的无声老师、无墙大学，但其中的错误仍然不少。在舒新城、陈望道先生先后担任《辞海》主编时，我还未进中华书局辞海编辑所。我是1975年即"文革"

末期进所的。在夏征农、陈至立主编并肩和先后领导下,我参加编纂了 1979 年、1989 年、1999 年、2009 年四版《辞海》。就编纂质量来说,我觉得从 1989 年版后,有逐版下降趋势。每念及此,不寒而栗。我是编纂 1979 年版《辞海》的负责人之一,是 1989 年、1999 年、2009 年版的具体负责人。我觉得 1999 年版的质量不如 1989 年版,2009 年版的质量不如 1999 年版,如果不采取切实可行的措施,还会产生 2019 年版《辞海》不如 2009 年版的可能。气可鼓而不可泄,但《辞海》这只球确有泄气眼。找到和补好它的气眼,至关重要。要知道,我社原名是中华书局辞海编辑所。《辞海》是我社之根、之本、之源,忘记《辞海》就是忘本、忘根、忘源。

2004 年 7 月 26 日,巢峰(右一)与《辞海》主编夏征农(右二)、副主编束纫秋(右三)、马飞海(左一)在《辞海》主编会议上

今年是 2016 年,我已 88 足岁矣,已入古人所说的米寿之年,"廉颇老矣,尚能饭否"? 但多年来我与《辞海》和上海辞书出版社结下了"剪不断,理还乱"的深厚感情和不解之缘。我衷心希望上海辞书出版社在社长为首的领导班子领导下,能重整旗鼓,特别是编纂好第七版《辞海》,并开拓好选题,策划编纂出震动上海、震动全国的好书。书是人编的,要出好书,首先要有一支过硬的编辑队伍,一支过硬的作者队伍。要下定决心,卧薪尝胆,制定好中长期选题和出书规划。"雄关漫道真如铁,而今迈步从头越",我们要在"十三五"打个翻身仗,重现昔日的辉煌!

《良友》画报影印和出口台湾经过

——兼怀赵家璧、郭小丹先生

俞子林

俞子林，1931 年 12 月生，曾任上海书店经理、上海书店出版社总编辑。

　　影印古旧图书资料，尤其是影印时间跨度长、大套头的图书资料，一个重要问题是必须取得原始资料即所谓"底本"。记得影印《申报》时底本即是从上海图书馆借来的，图书馆的同志曾为此花费了大量保存与整理的精力。这个"底本"又是从何而来呢？要知道在长达 78 年历史中，尤其是在这期间经历了艰难的抗战岁月。据原申报馆总经理马荫良先生说：1941 年"一二·八"战争后，《申报》已由日本侵略军接收改组，完全由日伪控制。当时《申报》编辑部有个编辑叫孙恩霖，因为去过延安，所以日本侵略者对他很不放心，由编辑部调到资料室工作。一天马荫

良和他一起散步，走过静安寺，无意中遇到一位熟人，这位熟人正是中共地下党员、新闻界人士恽逸群同志。当时恽对他们说，为了安全稳妥，应该将资料室所藏一套完整的《申报》搬迁到徐家汇天主堂保管。马、孙二位听了他的意见，便与天主堂的司铎徐宗泽联系，将报纸分批运到徐家汇天主堂储藏。这就是这一套较为完整的《申报》的来历，也就是"文革"后上海书店影印《申报》的底本。

无独有偶，《良友》画报也曾经历了类似的劫难。据赵家璧先生回忆：1941年太平洋战争后，日军占领上海租界，12月26日，日军查封良友复兴图书公司（同时查封的还有商务印书馆、中华书局、开明书店、兄弟图书公司即生活书店和光明书局等），下令查抄图书，其中包括长达15卷的《良友》画报合订本。日军下令将查抄到的图书捆扎起来，准备次日派车一并运走。眼看大家的心血、公司的重要纪念品遭此厄运，万难再复，赵家璧心中十分紧张，幸当时有个年轻同事自告奋勇，夜半乘日寇不防，翻墙入室，冒险"偷"出。后赵家璧将去桂林，出发前将画报隐藏到苏州乡下一农舍中。1945年日寇投降，赵家璧回沪第一件事就是将它领回，可惜无意间把第十卷丢失了。直到上海解放，赵家璧将它捐献给了北京图书馆。1979年他到北京参加第四次文代会，特地去北京图书馆"探望"了这套《良友》画报，从此萌生了要将它全套影印的念头。

1982年上海书店开始影印全套《申报》后，赵家璧更加深了影印《良友》画报的想法，并正式向上海书店提出建议。赵家璧说："一幅历史照片的价值，绝不是几千文字所能代替的。它更真实、更具体、更形象化，因此更具有说服力，可以引起无穷的联想。《良友》画报三万余幅图片，是一部形象化的历史图卷。"上海书店经理毕青、副经理郭小丹等为了求证它的历史价值，特地专程到《良友》编辑人之一的马国亮家中向他请教。马国亮说：《良友》画报内容丰富，是一套很有历史价值的画报，完全可以重印。它创刊于1926年2月，终刊于1945年10月，全部172期，及附刊《孙中山先生纪念特刊》《良友八周年纪念特刊》两册。

比美国的《生活》和苏联的《建设》画报均要早。《良友》出版后风行全国和世界各地。凡有华人的地方,就有《良友》,因此有"良友遍天下"的美誉。

对于画报的评价,赵家璧先生在他写的引言中说:《良友》画报先后经历了伍联德、周瘦鹃、梁得所、马国亮、张沅恒五任主编。"伍联德是中国第一个大型综合性画报的创始者,梁得所是把画报革新、奠定了画报地位的第一个编辑,在中国画报史上,两人的业绩都是不可磨灭的。"(马国亮语)而马国亮主编时期已达到了成熟期,编者与画报已跟上了时代,通过新闻图片的编辑从各个方面忠实地反映了旧中国处于极大苦难的伟大时代,起到了唤醒民族、教育人民的作用。这里应当提到创造社老将、"左联"主要成员郑伯奇,他自"一·二八"事变后,参加了画报编辑部,每期用"虚舟"笔名以新观点撰写一篇国际时评,他给良友公司和《良友》画报带来了新鲜血液,使良友公司和《良友》画报获得了新的生命。画报由张沅恒主编时期,大量采用了来自延安以及八路军、新四军的图片文字,以及赖少其创作的彩色木刻抗战门神等。

虽然《良友》画报具有进步倾向,但限于当时的历史条件,不免刊有反动人物照片、文字以及裸体照等,而且当时正处于改革开放初期,因此在向上海市出版局、市委宣传部报批时,只限于内部发行,但可以不印影印单位,少量供应海外。

影印的底本,上海图书馆、北京图书馆都没有保存全套的原版本。幸好上海书店自己有旧书刊仓库,经过二三十年的收购集配,已配齐两套,虽然少数版面有破损,还是可以制版。后经过清点核算,共计八开双色制版7400多页,八开四色制版400多页,合订26册。它的装帧设计,由著名装帧设计家范一辛同志担任,封面紫红色绸面烫金,外加护封并盒装,十分精美。

至于印数,原计划1000套至1500套。定价每套2600元。但在当时尚是改革开放初期,各省市图书馆、大专院校等经费有限,不是每个单位都有能力购买。据

时任上海市出版局副局长刘培康同志 1986 年 7 月 25 日一份手写文字记录称：

> 7 月 11 日我与袁是德、赵家璧同志，上海书店俞子林、郭小丹同志，新华书店汪天盛同志，共同研究了《良友》画报影印出版事。由于上海、新华二书店协同努力，现订数已从三百套增至六百数十套，但距原定指标一千五百套仍远。时间已不能再拖，目前开印的话，印七百套要亏损三十余万，印八百套亏损二十余万，印九百套亏十二万，印一千套方可不亏。纸张、印工等的提价因素尚未计在内。……

在这份记录中，可知发行的艰难。刘培康同志在记录中提议由出版局垫款 100 套书款的办法予以帮助。后来究竟印了多少套？据我查核，实际印了九百套，初版还是有些亏损的，而这亏损成了后来出口台湾的动因之一。

为了推销，我曾写信给党校同学、时任上海市广电局局长龚学平同志，后来他派人向上海书店购买一套。我想作为广电局，他们拍摄影视作品需要的人物形象、服饰道具、社会风情、战争环境等影像资料，都能从中找到，是可以充分利用的。

为了打开销售局面，专门从事《良友》画报影印的郭小丹先生，一直关心着能否把它推销到台湾去。他曾托香港商务印书馆的陈万雄先生从中介绍。1990 年某月，陈万雄约郭小丹赴港，同时约请台湾商务印书馆总经理张连生来港。当三人见面时，张问："郭老，您一再建议台湾影印发行《良友》画报，是什么道理？"郭答："《良友》画报 1926 年出版，蒋介石 1927 年上台，《良友》差不多每期都有国民党政要的照片。现在这些人已大都不在了，他们的子女和百姓想了解这段历史。《良友》画报极好地记录了这段历史。我估计台湾可能不会有全套《良友》画报，要影印也难。如由上海印刷，你们来发行，功德无量。"张听后考虑，决定请上海书店代印 500 套，亲自到上海签订合同。此时郭已退休，在合同上签名的是时任上海书店负责人的我、林国华和台湾商务代表张连生，郭小丹和陈万雄先生都作为见证人在合同上签字。

关于重印《良友》画报的协议书(1990年6月11日)

重印《良友》画报签约后合影,前排左起:林国华、俞子林、郭小丹、张连生(左五)

合同规定六个月内完成全部印订任务,并发运至香港,由香港商务转运给台湾商务,重印之版权费为台湾定价 1500 美元的 2%,合计 500 套即 15000 美元。全部重印费用(含运费及应付进出口单位之手续费)共 195000 美元。以上两笔费用共 21 万美元,均由台湾分两次付清(最后一次为发运完毕后 15 天内)。

后在办理进出口手续上,改由厦门对外贸易集团公司出口,香港转运单位则改由香港太平书局(负责人吴志雄先生),根据当时结汇价 21 万美元约为人民币 1291500 元。这在当时是一笔不小的数字,在外汇紧缺情况下更显可贵。如果说初版效益较为紧张的话,那么第二次印刷后肯定产生了较好的效益。这是郭小丹先生努力推销之功,香港陈万雄先生中介之力也是不能忘记的。

赵家璧先生这时被上海书店聘为顾问,同时被聘为顾问的还有周谷城、顾廷龙等共 12 位先生。赵家璧先生作为书业界前辈,十分关心上海书店的发展。他说:你们上海书店搞影印书,要多关心作家,付给作家稿费,这样能得到作家的关心和帮助。又说:对某些人,说话要留有余地,他们如墙头草,今天倒向这边,明天又倒向那边。我知道他在"文革"中吃尽了苦头,这是肺腑之言。后来在出版《徐志摩全集》续编时,他特地介绍他的朋友徐承烈先生专门帮助我们做校对,使出版时尽可能达到了高质量。

郭小丹先生原是百成公司(出版社)经理,1954 年社会主义改造时从连联书店经理岗位被任命为上海图书发行公司副经理。1957 年他被错划为"右派","文革"后得到彻底改正,并恢复了副经理职务。他办事认真,一丝不苟,能力极强。在"文革"后的出版工作中,他先后组织了《申报》和《良友》画报的影印,对这两部大书的质量抓得尤其紧。如《申报》影印,不但整理过程十分认真,所使用材料是向江南造纸厂定造的全木浆高品位纸张,装订材料采用当时最好的辽阳制版厂纸版和哈尔滨生产的亚麻布。《良友》画报也是如此,尽可能做到高质量,这在当时部分还是手工操作的情况下是很不容易的。

1991 年 9 月,《良友》画报创刊 65 周年时合影,左起为郭小丹、赵家璧、马国亮

　　现在热心帮助过我们影印《良友》画报的赵家璧先生、郭小丹先生已先后谢世,我深深地怀念他们。他们的业绩永存,是我们学习的楷模。

改革开放后上海书店的
出版工作与业务发展

俞子林

在 1954 年书店批发业和 1956 年书店零售业先后两次社会主义改造中建立起来的上海图书发行公司，1958 年又经过专业（新书、古旧书和外文书）分工成为上海古旧书店，"文革"中又改名上海书店。

上海古旧书店从 1959 年开始，根据自身发展需要和业务特点，兼营影印出版。影印出版是根据社会上已存的流传稀少的古旧书进行影印复制。当时主要是两大块：一是文史资料类，包括丛书、地方志、戏曲资料、历史资料和期刊等；二是碑帖。

1966 年至 1976 年十年"文革"，是对文化的大破坏。"文革"后文化市场一片荒芜，书荒严重。古旧书几近绝迹。

1977 年国家出版局批复上海恢复十个出版社建制，同时在批复中明确规定：上海书店可以影印复制部分过去出版的古旧版本书刊。

1978 年 12 月，党的十一届三中全会以后，开创了中国改革开放的新时期。我们一切工作都是在改革开放的总方针下进行的。

根据这一情况，书店在 1979 年成立发行部，主要是为加强外版新书进货；1980 年成立上海影印厂，淘汰木版印刷，增加胶印设备，因当时印刷力量短缺，特别是短版印刷安排困难；1983 年成立出版部，以加强影印出版。

这一切安排都是为了适应新形势，使我们的出版工作在改革开放中得到更好的发展。

努力扩大选题　为解决书荒出力

当时因十年"文革"造成严重书荒,各个类别的书都缺。1978 年国家出版局率先组织重印中外文学名著 35 种,每种各印四五十万册,分配全国,影响很大。我们的影印工作,要根据自身特点,适当作出安排。

首先是工具书。我们选择了原广益书局版的《康熙字典》《俗语典》,原光明书局版的《中国文学家大辞典》(谭正璧编著),原商务印书馆版《说文易检》《佩文韵府》《中国人名大辞典》《中国古今地名大辞典》,还有《中国文艺辞典》《古今同姓名大辞典》《古今人物别名索引》《中国历代天灾人祸表》等。其中商务版征得商务同意;其他各版因原出版单位已不存在,凡原书是以个人名义编著的,也得到原编著者同意或酌付稿费。有的书是传统的,或酌加改订,如《康熙字典》,我们找到了当时的原编剪贴本,又增加了四角号码索引,后来成为一个较好的版本,畅销全国,多次重印。因为这是在书荒严重时期出版的,印数都比较大。如《中国人名大辞典》每印必达五万册;《康熙字典》1985 年至 1999 年间再版 14 次,累计印数已达 457000 册。

20 世纪 80 年代出版的部分工具书

其次是传统文化典籍和传统书画艺术类图书。如《诸子集成》《二十五史》《古文观止》，如《四部丛刊》（原商务版）、《天一阁明代方志选刊》、《中国文化史丛书》（40 种 50 册，原商务版）、《中国历史研究资料丛书》（原名《中国内乱外祸历史丛书》，神州国光社版）、《王国维遗书》、《历代小说笔记选》、《虞初志合集》（胡道静辑集）、《清名家词》、《文学大纲》（郑振铎著）、《晚清文选》（郑振铎编）等，以及《象棋谱大全》（谢侠逊编纂）和各种太极拳书等。其中《诸子集成》《二十五史》《古文观止》都成为畅销书，一再重印。

书画艺术类也是一个大类，其中如《芥子园画谱》《吴友如画宝》《于右任标准草书》《书法大成》《草字汇》《订正六书通》《汉印分韵合编》《篆刻入门》和各种传统字帖，如《颜真卿麻姑仙坛记》《柳公权玄秘塔》《欧阳询九成宫醴泉铭》《怀素草书千字文》等。以上各种字帖都是大量印刷。后来发展到自辑各种丛书，如秦汉、明清和当代三套篆刻家印谱丛书。又聘请沪上著名书画家谢稚柳、胡问遂、任政、王壮弘、韩天衡编纂一套《中国历代法书墨迹大观》（全套共 18 册），影响很大。另外还借用上海图书馆所藏底本出版了《宋拓郁孤台法帖》和《宋拓凤墅法帖》，又影印了《丁丑劫余印存》等。

拨乱反正　影印各种新文艺书刊

如果说影印工具书、书画类图书较少争议，那么影印现代文学书刊是一个有较多争议和较多风险的项目，因为其中的很多人物和他们的著作在"文革"中甚至在"文革"前就已经受到批判和否定。例如，众所周知的胡适、徐志摩等，被称为"第三种人"的苏汶、胡秋原，作为鲁迅对立面的"现代评论派"陈源（西滢），在抗日战争时期变节投敌的周作人，提倡闲适小品文作家林语堂、梁实秋，虽有抗战烈士身份仍被称为"颓废派"的郁达夫，等等。在"文革"中，除鲁迅外的几乎所有作家都被批判、被否定了。

当时上海很多老作家都到我们书店买书,向我们诉说他们在"文革"中的遭遇,他们的作品被查没、被损毁的情况,如巴金、柯灵、于伶、杜宣、唐弢、陈伯吹等,以及老作家子女,如丰一吟等。我们尽可能为他们提供二三十年代的著作,但库存图书十分有限,无法满足他们的需要。为他们,也为读者影印二三十年代原著已成为迫切需要。

但这时领导单位也很为难,谁也不可能出来说一句话,说那些人的著作现在可以出版了,开放了。这时我们只能自己摸索,摸石头过河,走一步看一步。我们先是在1979年重印了胡适的《中国章回小说考证》和鲁迅先生纪念委员会编的《鲁迅先生纪念集》作为试探,因为前一种虽是胡适的,但谈的是古典文学,后一种是关于鲁迅的,但涉及的人物很多。书出版后立即引起了反响。香港报纸评论说:大陆出版胡适著作,在意识形态领域开始"解冻"了;而对《鲁迅先生纪念集》,《人民日报》发表署名文章评论说:上海书店复印现代文学,是"化一成万,功德无量"的好事。接着我们又在1980年印了《郁达夫游记》,在1981年印了郑振铎和傅东华的《文学百题》。此时我们已逐步做到心中有底,便开始了现代文学的重印计划。

大约从1982年开始出版胡适的《尝试集》,陈梦家的《新月诗选》,陈源的《西滢闲话》,田汉、宗白华、郭沫若的《三叶集》,周作人的《知堂文集》,陈从周编的《徐志摩年谱》,苏汶的《文艺自由论辩集》,阿英编的《中国新文学运动史资料》等,这些为第一批。到1990年止,我店共出版现代文学资料160种。其中前100种每辑10册,后60种是文学研究会、创造社、海派、京派、新月派、现代派等专辑。另外又印了《鲁迅作序跋的作品专辑》10种。由于每种都按最初出版的原貌影印(另加一个护封),受到专家和读者的欢迎,被认为是仅次于原本的新文学版本丛书。

《中国现代文学史参考资料》中的三个专辑

　　另外我们又印了约 30 余种 20 至 40 年代的期刊，其中包括了鲁迅的《莽原》、《朝花》旬刊和周刊，郭沫若的《创造》周刊和月刊，创造社的《洪水》，文学研究会的《文学周报》（长达 380 期），施蛰存的《现代》，徐志摩的《新月》月刊，茅盾的《文艺阵地》和《笔谈》，陈望道的《太白》，茅盾和巴金的《烽火》，洪深和沈起予的《光明》，黎烈文的《中流》，胡风的《工作与学习》丛刊，叶圣陶等的《诗》，徐懋庸的《新语林》，等等。这一大批现代文学原始资料重印，原汁原味地呈现在读者面前，打开了读者的眼界，为了解、研究中国现代文学史提供了真实的史料。此外我们还出版了其他各种期刊，如"五四"时期的《新潮》，时事政治类的《新生》《永生》《大众生活》《抗战三日刊》《文献》，经济类的《食货》，学术类的《燕京学报》《学原》《民俗》，考古类的《考古》，以及晚清小说期刊等。

　　后来，在可以出版新编图书后，我们又出版了由柯灵、沈寂领头编辑的《上海四十年代文学作品系列》一套八册，以及《徐志摩全集》（九册）等现代文学作品系列。

开展对外交流　打开港台地区和日本等进出口渠道

对外开放是指内外交流,物畅其流。我店所属古籍书店"文革"前就是对外出口指定单位,与香港集古斋挂钩,出口书画和图书(古旧书)。"文革"中的 1972 年又恢复向香港集古斋出口图书业务。"文革"后自 1980 年起多次与香港集古斋合办画展,有关人员多次出访。在与香港出版业同行接触中,先后引进《徐志摩全集》正续编、《中国诗歌宝库》等出版。《徐志摩全集》(前编)原是由陆小曼与赵家璧在徐殁后编成,后因种种原因排好的纸型流落香港商务印书馆,至 20 世纪 80 年代方出版,我店于 1988 年引进出版。又于 90 年代由作家陆耀东、吴宏聪、胡从经收集遗文编为补编,由上海书店排版与香港商务印书馆合作出版。

我店出版的美术类图书,也有多种被港台同行购买版权,出版了海外版,如《中国佛教图像解说》《鸟虫篆大鉴》《古封泥集成》《马王堆帛书艺术》等。我店还出版了原香港八龙公司出版的《清代广式家具》。

我店影印出版的《良友》画报,为改进印刷质量,原单色改用双色印,彩色版一律四色,因此耗资巨大。后在与香港商务印书馆接触中,承该馆负责人介绍台湾商务经理张连生,由台湾商务委托我店代印取得成功,获得版权费、代印费等共 21 万美元。

我店在取得这笔外汇资金后,连同以前出口书画、图书资金,用补偿贸易办法,引进日本产小胶印设备,少量加工印刷各种图书,取得较好效果。

我店又和香港三联书店、上海三联书店三家合资建立"沪港三联书店有限公司",并在澳门文化广场设立"宝文堂画廊",以期获得一长期图书进出口渠道和长期海外销售书画艺术品渠道。

自改革开放以来,我店多次参与中国图书进出口公司在日本、欧洲(法兰克福)和香港举办的书展,其中有些书在海外获奖(如《丁丑劫余印存》,获莱比锡国际艺术类图书装帧设计银奖),或获当地媒体好评。

1990 年,日本古砚收藏家山田氏慕名上海古籍书店,委托我店出版《龟阜斋藏砚录》。此书收录中国古砚百余图,前有上海图书馆馆长、著名书法家顾廷龙作序,西泠印社社长沙孟海题签,上海工艺品进出口公司汪耀棠作解说词和茅大容作砚拓,杨浙先生资料整理。1992 年此书出版,山田氏于上海某宾馆举行了发行和赠书仪式。

1995 年,我店又通过上海文史馆介绍,出版了美籍华人刘伟民著《刘放吾将军与缅甸仁安羌大捷》一书。这是较早在中国大陆出版的有关中国远征军参加盟军赴缅甸对日作战的经过。此后有关报道渐多。

几部大书出版　上海书店大为改观

1978 年"文革"刚结束,上海市出版局重提影印《申报》之事。当时因原来承担影印《申报》的文献编辑所没有恢复,且成本过高、销售不易,没有一个单位表示愿意承担。为此,上海书店领导后来商议认为可以考虑。后由丁之翔同志去香港作了调研,并看了台湾影印的《申报》,发现只印到 1911 年。又于 1981 年派人去中宣部在长春召开的全国图书馆长会议上作了调研,回来后写成报告向市委宣传部、市出版局提出申请,终于获得批准。

《申报》创刊于 1872 年 4 月 30 日,终刊于 1949 年 5 月 27 日,长达 77 年又 27 日。全套《申报》影印本每套用纸 41 令 200 方,重逾一吨,堪称是一部空前的大书。出版局领导表示,上海书店决定承担此项印制任务,出版局可以支持资金 300 万元。后来上海书店因预收书款及陆续支付成本,未使用这笔资金。

《申报》影印本

《申报》影印采购了预订的 55 克高木浆专用纸,包下了市印七厂的一个车间(部分采用静电制版,用纸质版直接印刷以节省成本),并采购辽阳纸版和哈尔滨亚麻布作装订材料,质量上乘。全书影印共五年完成。开始以 300 套付印,后经多次调整,最后以 550 套付印,由于印刷、装订溢交,最后实得 578 套。同时,由于这时国家经济状况日益向好,至 1987 年印装完成之时,已全部销售一空。且由于大部分均为直销,所以虽然定价不高(全套定价两万元),仍有较大利润。

此时,在出版系统掀起了一股印大书热,我店印《四库全书》之事功亏一篑(详见拙著《书林岁月》第 100 页)。这时,我们听说复旦大学正筹划编印《民国丛书》,拟请香港出版单位合作没有成功,便向复旦大学了解情况。

所谓《民国丛书》,即是将民国时期出版的各类学术图书和历史资料(不包括科技书和文艺作品)编为一部丛书。我国历来有编辑丛书的传统。编辑丛书有利于保存图书,供后人研究。民国是一个重要时代,政治、经济、文化、社会,很多方面都值得研究,有些资料如不收集重印很可能失散。编辑丛书又必须采取兼顾各种观点的办法,即采取百家争鸣的方针,而不定于一尊正是编委会的观点。

《民国丛书》书影

在我们与复旦大学取得联系后，双方一拍即合，即于 1988 年成立了以周谷城先生为主任的编委会；另由王明根、刘华庭为组长的编辑小组，先行遴选，然后由编委会作最后审定，分编出版。每编选书约 220—250 种，按哲学宗教、社会科学总论、政治法律军事、经济、文化教育、体育、语言文字、文学、美育艺术、历史地理、科技史、综合等类编排。自 1989 年出版第一编开始，至 1996 年共出版五编，收书 1103 种。

民国时期著作约 10 万余种，丛书所选不过百分之一，最重要的学术著作当已入选。但与原计划出版十编，尚有相当距离。为此近年来上海书店与复旦大学正相互合作，按照年鉴专题、传记专题等继续出版中。

范泉先生从青海回到上海后，参加上海书店工作，提出了编纂《中国近代文学大系》的计划。

中国近代文学，是从 1840 年鸦片战争到 1919 年五四运动 80 年间所产生的文学。近代文学是进步文学，它开始走向社会，接近人民群众。它是从封建文学向现代文学即"五四"新文学过渡时期的文学。但是为什么现有的中国文学史只写到清代中叶而不写近代文学，大学中文系的文学史课程也只教到近代文学的前沿，就跳到现代文学？一个重要原因就是近代文学资料繁散乱，难以寻找。为此，范泉先生提出要把这些浩如烟海、隐显杂错、良莠不齐、濒于佚失的近代文学资料，分门别类地搜集、烛隐、筛选、点校，整理出一套有点有面、鲜明系统的资料系列，便于文学研究、教学工作者和文学爱好者使用。这就是他提出要编《中国近代文学大系》的动机和设想。

在范泉先生的有效组织、领导和策划下,并得到上海市出版局的支持和协助,遍访专家学者,成立了一个由全国有关专家 25 人组成的编委会,并采取由专家组织编辑班子、分集包干的办法,通过以简报形式沟通信息,展开讨论,集思广益,统一认识,经过十年努力,终于成就了一套由 12 分集 30 卷组成约两千余万字的《中国近代文学大系》。《大系》出版第二年(1997 年),荣获国家图书奖的最高奖荣誉奖。这是对上海书店出版社的奖赏,也是对《大系》编委会和范泉先生的奖赏。

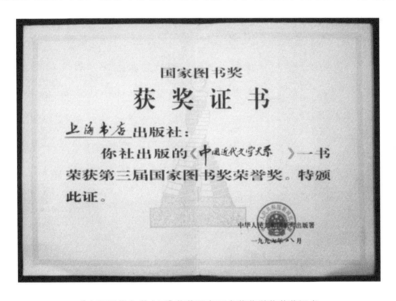

《中国近代文学大系》荣获国家图书奖荣誉奖获奖证书

随着《申报》《民国丛书》《中国近代文学大系》等一批重要图书的出版,1988 年 6 月 16 日,新闻出版署批准上海书店为正式出版社。《中国近代文学大系》和《民国丛书》是有上海书店出版社正式书号的最早几种重要出版物。

我任《青年一代》主编 12 年

夏 画

夏画，1932 年 9 月生。1957 年调入上海市出版局，1961 年起长期在上海市出版局、上海人民出版社、上海远东出版社任编辑、图书审读工作。曾任出版社青年读物编辑部主任，1979 年、1987 年、1994 年先后创办《青年一代》《少女》《人到中年》三种期刊，任主编、常务副主编。

　　《青年一代》于 1979 年初创刊，也是出版改革的产物。在最初的 12 年里，我先后与编辑部十一二位同事紧密团结，同舟共济，坚持不懈，艰难办刊，成绩卓著，有目共睹。在此，就《青年一代》创办，我任主编，到 1992 年"调动工作"，离开《青年一代》期间的 12 年，作简要回顾，择要总结，留存历史。

《青年一代》封面

《青年一代》创办的缘起

粉碎"四人帮",党的十一届三中全会后,人们的思想从束缚、禁锢中逐步得到挣脱、解放,尤其是青年人,在新形势下,更迫切需要感受新事物,渴望了解社会真实,经过思考和探索,然后做出自己的抉择。

上海人民出版社主要出版社会科学、思想教育类读物,得风气之先。社长宋原放敏锐地分析当时青年人对青年思想教育文化知识读物有紧迫需求。他认为,如果我们仍然按照图书出版规律、出版程序出书,手续繁杂,时间太长,难以适应。当即议定,出版社必须尝试创新,突破陈规,策划一套类似期刊性质的青年教育生活"丛刊",尽快出版,以满足青年读者的渴望。

出版"丛刊"要定名,初议《大有希望》《上海青年》《青年一代》,三选一。宋社长一锤定音:《青年一代》,先出季刊。接下来雷厉风行,拟定办刊原则方针,确定读者对象,研究栏目,组织稿件,设计装帧封面,审稿定稿。从 1978 年年底

确定办刊，历经繁杂、紧凑、有效的三个月筹备，《青年一代》丛刊第一辑顺利于1979 年 4 月正式出版。

《青年一代》创办时，由青年思想教育读物编辑室负责编辑，由我主编，还有何公心、颜安、余志勤，共四人。当时，编辑室的主要任务是出书，缺乏办期刊的经验。如何定时、定量并保质办好《青年一代》，这就逼迫我们在解放思想、实事求是精神指导下，冲破传统框架，面对现实，深入调查，分析研究青年人当前的思考、探索以及迫切需要解决的问题，并真实真切地反映青年的渴望和呼声，做青年读者的真挚朋友。

《青年一代》早期编辑人员

当时全国青年有三亿多，为青年读者服务，为哪部分、哪些层次青年服务？

这是刊物为读者服务对象的定位,对于刊物基调的确立,风格的形成,以及每期刊物中心、重点、热点、选题的把握,是十分关键的。

回顾那时共青团中央、各省市自治区团委,大多出版一种青年杂志或报纸,全国约三四十种,读者面向共青团员、先进青年是明确的。

我们是出版社办刊,《青年一代》的服务对象理应是"广大青年",但这是广义的内涵。由于"广大青年"的职业分工不同,思想觉悟、文化知识水平高低,对理想、人生的观念,对德育、智育的接受程度,以至个人情绪爱好,都会有很大区别。从这一基本状况分析,出版一本刊物要各方面、各类型、各层次的青年普遍喜爱是不可能的。据此,我们议定并在以后的实践过程中,逐步明确定位为:社会各界多层次、多类型青年,重点是中间层青年,包括后进青年,以及犯过错误愿意改正的青年;年龄在 14—25 岁左右,都是我们刊物的主要服务对象。

记得邓小平同志曾经说过:"我们在鼓励帮助每个人勤奋努力的同时,仍然不能不承认各个人在成长过程中所表现出来的才能和品德的差异,并且按照这种差异给以区别对待,尽可能使每个人按不同的条件向社会主义和共产主义的总目标前进。"

办刊原则方针的制定,读者定位的确立,使我们清醒地意识到,《青年一代》作为一份大众传媒,通过文字沟通交流,立足现实,实事求是,按照青年人层次差异,对他们起点不能太高、要求不能过急,应让青年读者从刊物中丰富一点知识,开拓一点视野,增添一点乐趣,思想观念上受到一点启示和教益。我们能做到给青年读者这"四个一点"已经是十分可贵和难得的了。这是我们艰巨、光荣的任务。如果脱离实际,好高骛远,失去读者,刊物就会失去存在的意义。

《青年一代》1979 年初出版,力求体现时代求新的意识,又能传承青年教育传统。第一辑栏目、篇目有:"高考复习""纪念五四""回忆录",篇幅近半;另大半有奇妙的商店、外国《超级市场巡礼》《服装美观谈》,说说《计算机和现代化》

的过去和现在，介绍了一个工厂用了 14 天引进近百台睡衣生产流水线的成功故事，还请谈家桢教授撰写《访美观感》，又设了"青年生活顾问"专栏，有刘心武《和青年朋友谈谈爱情》，"青年信箱"等。"丛刊"由上海新华书店向全国发行，一次预订即 40 万册。

由于我们定位正确，切合实际，《青年一代》出版后，社会反响强烈，很快收到读者来信近千件，有给刊物以鼓励支持，也有批评建议。这些，对我们办刊方针原则的修正与完善，对制定选题及栏目设置的调整与优化，都是十分有分量、有价值的资料。当《青年一代》1979 年第三辑发表《甜蜜的爱情 幸福的生活——介绍上海芭蕾舞团演员的爱情生活》后，除国内报刊《中国青年报》等相继转载外，还引起了国外法新社的重视，称之为"中国报刊打破了婚姻恋爱问题上的禁区"。

解放思想、改革创新是办刊的指导方针

解放思想，打破条框，不断改革，不拘一格，立意创新，追踪热点，成了办刊的指导方针。

改革开放初期，新观念不断涌现，新事物不断成长，改革开放逐步深入，新旧思想的碰撞、矛盾的激化是必然的。办刊立足于青年，就需要时刻摸清、了解青年人正在思考什么、议论什么，有什么难题要帮助解决，我们要心中有数，又要敢于触及，抓住青年人关心的热点、重点，然后引导开展探讨、议论。从 1979 年创办以来，根据形势变化，掌握读者心理，我们不断地展开并切换专题，设置各类"征文""征答""问题讨论"，吸引了成千上万青年读者的参与。

"文革"把人际关系搞乱了、搞怕了，造成同事之间、同学之间，甚而家庭之间、亲属之间的如何交往都成了问题。据此，我们有针对性地开展"人啊，应该怎样相处"征文活动，启发读者各抒己见，畅所欲言。短时间内，收到来信来稿

近万件,从正确处理夫妻、父母子女、兄弟姐妹、姑嫂妯娌以及同事之间、上下级之间、师徒师生、邻里之间关系等方面,都立足具体真实素材,生动、深情、真诚地认真探讨。从大量来信来稿中,我们多中选优,优中择要,发表了有个性、有特色的各组文章。如"家庭之间"发表了《感人至深的好丈夫》《哥哥须知》《他和疙瘩岳母相处》《做女婿的自信力》等,"相互关系"栏目有《"孤独者"得到了温暖》《千里相会》《结仇十载》《一个办案人员的日记》等。这些内容真切、说理明白、文字通俗的写实故事,使读者感到这些问题从实际中来,想青年所想,通过探讨、交流,让读者自己教育自己,收效很大。

过去宣传英雄、先进人物,时有搞"假大空"的现象,高不可攀,在改革开放后一段相当长时期内,引起了青年人对宣扬所谓典型的厌烦,认为不可信。编辑部经过座谈,深入调查了解,发现我们刊物的读者最想了解、最感兴趣的还是那些来自他们中间,不受重视,而在平凡工作岗位上默默无闻、踏踏实实、认认真真工作着的"无名英雄"。于是,我们冲破条框,不拘泥于传统,不随大流,也不追求一时一事一人的"轰动"效应,却花大力气坚持不断地采写了一大批"低档"劳动者的动人事迹,而他们的故事无须粉饰涂脂,不必广告吹嘘,就显现出光辉灿烂,让人敬佩。

1980 年初,刊物登载了《火葬场的化妆工》,介绍了殡葬行业中为逝者化妆的青工金苗苓;1981 年发表了《绳锯木断——访畸形儿蔡天石》一文后,一百多位男女老少上门访问了他,赞他"自强不息",联合国社会发展与人道事务中心写信给蔡天石说:"您对待生活的态度和取得的成绩,给我们秘书处的成员留下了深刻的印象,并给予我们很大的鼓舞……除了你的勇气和决心外,人们还应该赞扬你的母亲和中华人民共和国政府……"多年来,刊物在"我爱我这一行""扎扎实实工作赞""在平凡的岗位上""行行有冠军""工人新一代""凡人小传"等专栏中,先后报道了青年矿工、农场青工等,发表了《记优秀售票员》《理发博士》

《笑意写在脸上》《柜台上有学问》《莱莱阿姨》《房屋所交换员》《验尸台旁》《列车"医生"》《养猴乐》等普通劳动者的专访八九十篇。如《为了大家能吃得满意》，介绍"拔毛技术要求高，一只鸡，要求屁股、翅膀、肚皮、头颈等部位没有剩毛，没有血管毛和绒毛，而且还要求快。一个拔毛工一天的指标为1080只"；在《上海城市垃圾清运记》中，介绍环卫所垃圾工，每人每天要清除四至五吨垃圾……这些具体、朴实感人的文章，让青年读者知道：所谓"低档"的，名不见经传的"他们"，才是"我们自己生活中的人"。青年读者表示："学习有目标，努力有方向，我们乐于接受，也接受得了。"

中共上海市委宣传部《宣传工作简报》中指出：《青年一代》五年来，"充分发挥了青年刊物的个性，结合青年特点，向青年读者进行了形式多样、生动活泼的有关共产主义的理想、信念、道德、纪律和爱国主义教育，启发和引导青年正确认识社会，认真对待人生，妥善处理个人的事业、学习和生活，对社会主义精神文明的建设，起了积极的作用"。1984年，《青年一代》编辑部被授予"上海市模范集体"称号。

坚持实事求是精神是办刊原则

从实际生活中来，不夸大、不回避，坚持实事求是，坚持党性原则，是办刊的重要准则。

改革开放以后，青年人迫切需要对现实社会有深刻的了解、剖析，对不利于青年成长的环境、氛围，有一种突围、呐喊的冲动，发扬正气、树立正面形象是主要方面；对于社会上不正之风、虚伪和邪恶，我们应该如实准确反映，针砭时弊，加以揭露和鞭挞。这也是我们办刊不可推卸、回避的责任。

1982年，我们报道了发生在四川某航运公司承包建造铁驳船的事件，一个青年在改革浪潮中大胆承包，做出不俗成绩却招来"风波"，被当成"经济犯罪分子",这明显有碍开放政策的正确实施、企业改革的顺利进展。面对社会不正之风,眼见有的领导侮辱青年改革家的人格,我们应该爱憎分明,摆事实,讲道理,实事求是地不夸大、不避讳事实的真相。在"工人新一代"栏目中,我们作了详细报道,导言引用了中央领导胡耀邦的讲话:"思想更加开放一点,改革更加大胆一点。"文章发表后,迅速得到社会重视、支持,《人民日报》很快全文转载。

"道德法庭"这个栏目,《青年一代》首创于 1981 年。就事而论,"法庭"是执法的审判机关,"道德"是思想人格,人的立身行为的准则,二者合一,作为栏目,有点搭界、可以理解又并不科学。然而青年读者懂得,这无非是针对、谴责那些丑陋恶劣、虚假伪装、非正道公义,而法律、法令又无法制裁的那些阴险卑劣之徒。从 1979 年创刊到 1987 年,本刊连续不断地批评、斥责那些违反职业道德的现象,抨击、谴责那些利用职权,背地里搞打击报复,那些随意抛弃恋爱对象的人,也无情暴露了戴着"桂冠",身居要职,却用软刀子杀人等"案例"近百件。对这些问题的揭露和批判,在青年读者中起到了伸张正义、祛除邪恶,批评个别、教育一批的作用。《"佛国"姑娘的悲剧》一文发表后,引来国内外的来信来访和捐款赠物;《我的遭遇》刊载两三年后来信来稿仍络绎不绝,中国社科院和新华通讯社记者也跟踪采访,终于使和煦的阳光照耀到这个"孤独者"的身上。在"道德法庭"栏目中受到批评、谴责的一些对象,大多有了结果,接受批评,正确处理,起了较好的社会效果。有极个别的被批评对象,在非常具体、十分确凿的证据面前,且情节相当恶劣,居然还敢恃强倚"山",施展花招逃避批评。可在道德正义的"审判庭"前,在党性原则、领导权威,实事求是精神感召下,他们的行为最终还是有了公正的处理结果。

依靠作者、真心诚意为青年读者服务是办刊宗旨

有人说过,作者是出版社的衣食父母。办刊,也必须依靠作者。有一支坚强

高效、才思敏捷、充满活力的作者队伍,办好一本刊物,就有了质量保证和坚持原则的有力基础。

"依靠作者"不能成为一句口头禅,而要真正发自编辑的内心。首先,编辑部要发现作者、了解作者,在熟悉作者、读懂作者并尊重作者之后,才能取得他们的信任、支持和关爱,甚而在刊物存亡关键时段,他们也能"拔刀"相助。

《青年一代》的作者不算太多,因为刊物编辑(兼任记者)人员屈指可数,在编最多 10 人,联系作者必然有限。为保证刊物质量并按时出版,我们尽心尽力挑选物色,发现并接触了一批又一批政治敏感、思想活跃,能广泛接触社会、接近青年,又强烈感受生活,有热切写作欲望的能人,我们称之为"基本作者"队伍。他们在改革开放办刊初期,年龄多在二三十岁,大都立足基层,他们过去或许有过一些写作体会,或许只是初尝甜头即崭露头角,更多的是热情奔放、跃跃欲试、百折不回的年轻写手。

这是一些有天赋,敢作敢当,能发现并把握题材,会熟练驾驭文字的写作里手。我们和他们真诚相见,热忱相待,联络不断,使他们逐步成为与我们知心、贴心的真挚朋友。《青年一代》的作者,除了青年写作队伍外,还有很多对刊物予以热切关怀、有力支持、深情厚爱的各级领导、前辈和长者。他们有党和国家、省市级领导人,有尊敬的人民解放军将军,有国家著名的科学家、专家、学者以及文化影视、新闻出版界前辈等。他们往往在我们刊物遭遇挫折、甚而出现生存危难的关键时刻,挺身而出,在各方面予以有力、亲切的支持,至今我们十分怀念、尊敬他们。

毛泽东同志 1954 年致石城乡支部、石城乡政府诸同志的信,是发扬优良革命传统,批判特殊化的典型教材。经多方联系,有关部门力挺批准同意,本刊得以破例首次公开发表,反响强烈。1983 年,肖华将军在本刊发表《当代青年的使命》一文后,掀起了报效祖国、建设大西北的热潮,上海有青年联名写信,要编辑部转请作者为全国青年写一首战歌。肖华将军欣然满足青年们的要求,立即写了《前进吧,青年一代》的歌词,上海音乐学院院长贺绿汀在病中为歌词谱曲,受到了时任党中央总书记胡耀邦的肯定,收获了各界一致赞赏。

著名学者、前辈潘序伦,九旬老翁,1983 年在本刊发表了《一个会计家的自述》。前甘肃省委书记杨植霖写的《欢迎青年到大西北来》,有关中国科学院院士《卢嘉锡求学时的故事》等文章发表后,青年读者普遍感到亲切、兴奋,《新华文摘》《青年文摘》,以及福建、四川、上海等地的报刊纷纷转载、摘登。宣传、新闻出版界领导、前辈陈其五《历代人的心是往一处想的》、罗竹风《青年一代的思想总是向前的》、宋原放局长的《〈青年一代〉赞》等,都是在刊物成长过程中的关键时刻为支持我们撰写的,对刊物的鼓舞、支持非常明显、肯定。

据不完全统计,我们的作者除了党和国家、省、市部门领导人胡耀邦、聂荣臻、章蕴、项南、夏征农、陈国栋、胡立教、陈其五、黄菊、赵启正、龚心瀚等外,还有著名老报人、新闻出版界前辈林放、徐铸成、赵家璧、钟沛璋、陈虞孙、冯英子、秦瘦鸥等,著名作家、画家蒋星煜、周而复、杨沫、韦君宜、朱仲联、流沙河、温元凯、贾平凹、戴厚英、叶永烈、杜宣、茹志鹃、程乃珊、竹林、赵丽宏、华君武、郑辛遥、周松生等都为本刊供稿、送画。曾任共青团中央、上海团市委领导的李源潮、柳斌杰、王仲伟、韩英、胡鸿喜、范希平等,对《青年一代》都以撰稿等不同形式给予支持,十分可贵。还有不少当年是青壮年作者,现在已成为国际、国内某些专业的名人,如陈佐洱、姜昆、邓伟志、曹正文、王安忆、王小鹰、张抗抗、汪天云、刘达临、许朋远、王裕如、郝铭鉴、徐跃、姚鸿光、何公心、连梅痕、蓝翔等,也是本刊的挚友。为读者服务,说起来顺口,要做好不易。尤其《青年一代》,发行量大,有关领导部门给予更多的重视与关切,也是正常的。我们办刊既要做好为读者服务,又要符合领导意图,"角色的压力"是无处无时不在的。

作者在《青年一代》创刊 30 周年纪念会上发言

回顾过去 40 年，可以自信、自豪地说，至少前 12 年《青年一代》在我担任主编期间审发的 2800 多篇文章，没有发生过一次政治性、原则性差错。总的来说，我们对读者是重视而负责的。据目前可查资料：1983 年《青年一代》共收到信稿 50739 件，1984 年 80193 件，"邮局送信稿往往要一麻袋一麻袋地装"。我们虽然人手有限，但坚持做到来件必拆，按内容分类，每信必复（相当部分只能以油印件发）。

从创办初期 1980 年 6 月份起，《青年一代》编辑部编印了一份《读者来信摘编》（包括来访记录）。这是一份对当期刊物出版后的读者来信信息反馈记录，编前说明："本刊编辑部每天收到很多读者来信，信中广泛地反映了当前青年的工作、学习、思想、生活状况及青年（读者）对本刊的意见和要求。我们将陆续摘编有关情况，供作者、通讯员、有关同志写作和工作上参考。"刊头标明："内部情况，注意保存，未经核对，谨供参考。"这样一份"摘编"，每期由当期责任编辑收集整理，每期印 100 份，从创办至 1991 年 8 月（我调离《青年一代》前），坚持 12 年，编印了 85 期，从未间断。这些来信摘编，加上标题，择要照录。这些文字过了二三十年，今天读来，仍觉亲切、实在，有的写得还十分感人，如实反映了当时青年人那种对社会、对人生的兴奋、激动、彷徨、憧憬，以及无助与无奈的心情，是青年人甜酸苦辣的真实写照。

《青年一代》在上海出版事业中留下足迹

《青年一代》编辑部办刊 12 年来做到了六点"坚持"：坚持调查研究；坚持刊物"责任编辑、主编负责制"；坚持刊物不发"编者按""本刊评论"；坚持《青年一代》"双月刊"；坚持责编、主编署名字号不二；坚持版面设计要有规矩。这六点坚持，让本刊在上海出版事业中留下了足迹：

1.62 亿册。1979 年创刊到 1988 年，十年间，发行 58 期，总印数 1.62 亿册。（假设一本月刊，每期发行 10 万册计，要连续出版 134 年，总印数才可达到 1.6 亿册）。

10 万册。从 1979 年创办到 1985 年，连续七年，计 40 期，每期平均递增 10 万册以上。国内刊物无此先例。

527 万册。1979 年创刊号印数 40 万册。1984 年，全年出版六期，总印数 3162 万册，六期平均每期印数 527 万册，列全国 3907 种刊物发行量首位。

280 万册。从 1979 年创刊到 1988 年，共发行 58 期，每期平均印数达 280 万册。

4860 万元。《青年一代》从创刊到 1988 年，共发行 58 期，总印数 1.62 亿册。以每册一元计算，总码洋 1.62 亿元，按毛利 30% 估算，十年间，《青年一代》为出版社创利近 5000 万元（按 1988 年币值计）。

80193 件。据仅有历史数据记载：《青年一代》于 1984 年全年收信、收稿 80193 件，以 365 天计，平均每天收件 220 件。编辑部当时严格做到来件必拆，内容分类，有信必回。

零差错，零检查。1979 年创办到 1990 年近 12 年间，出版刊物 70 期，每期长短篇幅文章约 40 篇，合计 2800 篇左右，篇篇都是好文章，很受读者欢迎。现在我们可以更自豪、自信地说：这十一二年来，《青年一代》版面上没有出现过一次政治性、原则性差错，真称得上"零差错"。

为文艺出版王国增添"新版图"

江曾培

江曾培，1933年10月生，曾任上海文艺出版社社长、总编辑、党委书记，上海文艺出版总社社长、党委书记，上海市出版协会主席，上海市政协委员，中国微型小说学会首任会长。现任世界华文微型小说研究会名誉会长，中国微型小说学会名誉会长。

文贵创新。有句名言："文艺作品要为文艺王国增添新版图。"为适应新时期改革开放的需要，以出版现当代文学为重点的上海文艺出版社锐意创新，创办《小说界》杂志，创设《小说界文库》，倡导推进微型小说文体的"独立"，率先亮出"留学生文学"的旗号，为文艺出版王国增添了富沃的"新版图"。

创办《小说界》

党的十一届三中全会以后，我国文学创作开始走上复兴之路，老作家重返文坛，新作者不断涌出，一时间佳作纷呈，尤其是中篇小说异军突起，引人注目。为了适应和推进这一形势,各地纷纷创办大型文学期刊。大型文学期刊在"文革"前只有《收获》一家,三中全会后的二三年间,一下发展到20多家。其中除文联主办的几家外,大多是出版社办的,像人民文学出版社办了《当代》,北京出版社办了《十月》,广东人民出版社办了《花城》,江苏人民出版社办了《钟山》。出版社在"文革"前很少办刊物,特别是办这种大型刊物。现在办了,这些出版社由此加强了与作者、读者的联系,明显地变"活"了。上海文艺出版社手中没有这样一个刊物,就感到信息不通,周转不灵。于是,决定也办一个大型文学刊物。1980年秋,我由戏曲电影编辑室主任调任文学编辑室主任,负责刊物的筹建。由于我们起步较晚,如何不踏着别人的脚印走路,办出自己的特色,就成了需要首先考虑的问题。经研究,确定刊物专发小说,不发其他文学品种,取名"小说界"。当时大型文学期刊都是综合性的,小说、诗歌、散文都发,专发小说的刊物在当时尚属首创,独此一家,别无分号。不过,专发小说,品种单一,特别需要在单一中求多样,以适应读者多样化的需求。为此我们决定在小说上做足文章,提出五个"主"与"兼":以发表中篇小说为主,兼发长篇小说、短篇小说、微型小说;以发表当代小说为主,兼发一些优秀的现代、近代、古典小说;以发表我国小说为主,也兼发一些外国小说;以发表现实主义小说为主,兼发其他流派的小说;以发表小说创作为主,也兼发一些小说理论;在小说园地上形成一种百花怒放的局面,努力办成一座"小说百花园"。在创刊号的"编后记"中,我们对此的告白是:"比起一些早已蜚声文坛的兄弟刊物来,《小说界》是一畦开拓较迟的新畦。我们虽然没有什么雄图大略,但也应急起直追,俾使置身在这姹紫嫣红的大花园里,能有一点自己的特色。迟开的花朵不独具个性美和幽异香,如何引来穿花蛱蝶和采蜜金蜂呢?"

1980年年底,在镇江召开了全国大型期刊座谈会,我与左泥、谢泉铭同志前往参加。在会上一方面学习听取兄弟刊物办刊的经验体会,一方面将我们办刊

的设想征求大家的意见，其中特别是准备开辟专栏刊载刚刚兴起的微型小说，率先提倡这一文体，不知是否恰当。得到的回应令我们兴奋，许多编辑家、文学家都认为，倡导微型小说，有利于文学迅速反映现实生活，有利于文学新人的培养，有利于文风的精练，积极支持我们的创意。孟伟哉并表示会后要写一篇微型小说给《小说界》，他回北京不久，我们果然接到他寄来一篇题为"在远离北京的地方"的作品，后在创刊号上发表。

自然，《小说界》的重头戏是中篇小说。我们特别瞩目于思想上和艺术上具有新意的作品，重视"要为文艺王国增添新版图"的作品。创刊后陆续发表的《苦夏》《普通女工》，获得全国第二届优秀中篇小说奖；《市委书记的家事》和《星河》，获得上海市首届优秀文学作品奖。长篇小说《彩虹坪》和短篇小说《狭弄》等，也都闪烁着创新光芒，给读者带来新的启迪、新的享受。

《小说界》在以主要篇幅发表当代小说的同时，也精选了一些当时少见的现代、近代名篇，以利于人们的欣赏借鉴，批判继承。创刊号发表了沈从文的早年代表作《边城》，曾经受到多年禁锢的读者纷纷反映"开了眼界"。作家峻青拿到刊物后也连声赞扬选得好，"做了一件有意义的事"。1984年第一期选发了台湾老作家杨逵的成名作《送报伕》，也受到读者的欢迎。但是，随着时间的推移，过去被禁锢的名作大多陆续重版问世，刊物再这样选载，就有点"马后炮"了。这时，我们特约请严家炎同志，按照现代小说发展的轨迹，着重从流派、风格的角度作分析介绍，附录相应的作品。比如，介绍五四时期的"问题小说"，附冰心的《斯人独憔悴》；介绍"早期乡土小说及其作家群"，附彭家煌的《怂恿》；介绍"太阳社与后期创造社的革命小说"，附楼适夷的《盐场》；介绍"三十年代现代派小说"，附施蛰存的《梅雨之夕》与穆时英的《上海狐步舞》，这就使人耳目一新。《文汇报》对有些内容特作了摘要转载。我们认为，当前的小说创作、鉴赏、研究均日益发展，人们在对当代小说创作给予关注的同时，也把探询的眼光投射到小说创作发展的历史中去,作为"小说百花园"的《小说界》,选好角度,适当地评介一些近代、现代以至古典小说,是有益的。

《小说界》为了扩大读者的眼界,也经常刊登一些外国的优秀中篇小说。其中德国19世纪作家施托姆的《溺殇》与苏联当代作家普罗斯库林的《正午梦》等作品,都引起较大的反响。但是,对《小说界》来说,翻译作品毕竟不能登得太多,在这方面需要走出自己的路来。后来,我们感到采用比较文学的方法,选刊一些在题材、主题或表现形式等方面相似的中外小说,配一篇比较分析的文章,将创作与理论结合起来,有利于丰富人们的见识,启迪人们的智慧,领略与探索小说发展规律的多样性与同一性。1985年第二期,我们摘要发表了俄国作家库普林的《亚玛》与清末韩邦庆的《海上花列传》,这两部小说成书的时间相隔不久,同是写妓女题材,但由于作者视点不同,展现的却是两种世界。由于作了这样比较,带来了一种诱人的新鲜感。作品与文章发表后,《文汇报》很快摘要转载。随后,我们刊载了新译的巴尔扎克的中篇小说《女妖魅人案》,作品中塑造了一个名叫杜布许的欧洲中世纪商人形象,与《金瓶梅》中开生药铺的蒋竹山形象相比,很能反映出西欧与中国资本主义萌芽所遇到的不同命运,我们特请人写了一篇文章一道发表,很启人思索。

《小说界》立足当代,服务于当代,要有强烈的当代性,这除了体现在以发表当代小说创作为主,还表现在敏锐地面对"开放""搞活"而带来的各种文艺思潮,有胆有识地追踪文学发展的趋势。头几年突出地介了两次较大的文艺思潮。一是关于现代主义思潮。20世纪80年代初,文坛上对此颇有一番热烈的争论。褒者认为它代表文学的未来,也是我国文学的方向;贬者则认为它是一些灾难性的"冲击波"。我们认为,现代派文学是西方垄断资本主义时代的产物,它反映着西方现代社会的矛盾,表现着某些人的精神危机,"世界是荒谬的,人生是痛苦的",既不满于资本主义社会,又不同意社会主义、共产主义。其思想

根源是现代各种非理性主义的哲学思潮。这些非理性主义既是对资产阶级上升时期理性原则的否定，也是对马克思主义世界观的对抗。因此，把现代主义说成是"我国文学的方向"，显然是不妥的。但是，现代派文学本身又是很复杂的，其中某些较好的作品，比较深刻地揭露、抨击了资本主义社会的黑暗，其思想内容也不是完全不值得借鉴的。至于艺术上，他们重主观感受、重艺术想象、重形式创新的观点，则是应该加以借鉴的。事实上，近年来一些作家的成功借鉴，丰富扩大了现实主义的表现力。在这方面，我们应持宽容的态度。因此，说它是灾难性的"冲击波"，也是缺乏分析的。我们主张按鲁迅的"拿来主义"办，首先是坚持开放，坚持把它"拿来"，了解它，研究它，对其合理的因素加以融合，用来丰富我们的创造，同时，又是"运用脑筋，放出眼光，自己来拿"，划清两种文学的界限，防止它腐朽的哲学思想和世界观的侵袭。为此，我们联系创作实际，有针对性地发表了几篇文章，论述了现实主义的心理描写与西方意识流小说的联系与区别，现实主义的讽刺、幽默与西方黑色幽默的联系与区别，颇受读者欢迎。

反响最大的，是以相当重的分量刊发了一组关于存在主义的文稿。当时，存在主义在一部分爱好文史哲的青年中颇有市场。在文学创作中也显露其影响。北京的一家刊物上有篇文章曾经这样指出："一种以存在主义为指导思想的文学流派，已经在社会上（主要是青年中）的存在主义思潮的影响下出现了。"我们觉得这样的估价有些过头，但并不否认，当时的某些文学作品确实有存在主义的倾向。对此，需要积极地、有分析地加以引导。于是，我们专门召开了座谈会，就这一问题作了调查研究。在此基础上，组织了一篇文章，就存在主义在我国文学创作中的反映作了具体分析，该文最后指出："今天虽然出现了一些具有存在主义思想倾向的文学作品，但还没有形成很大的势头。而且，存在主义虽然在我国有滋生的土壤，但并没有促其生根、开花、结果的合适的条件和气候。因为解决中国的现实问题，无疑不能靠存在主义，只能靠马克思主义，解决中国当今的文学问题,也不能靠存在主义文学,仍然要靠革命现实主义的深化和发展。"同时,我们约请两位专家,分别就存在主义哲学和存在主义文学作了简单介绍,并附录了存在主义代表人物萨特的名作《墙》,供大家鉴赏。这一记敲准和敲响了当时关心文艺的人,特别是一些文学青年的心弦,他们说,很有点"解惑"作用。

此外,对"改革小说"的争论,我们也表示了自己的态度。我们认为,改革的浪潮在全国城乡激荡,改革是我们社会的主旋律,当代文学应该进一步加强对改革的反映。但要深刻地、文学地反映出改革的复杂性,丰富性,要不断写出新意来,不能简单化,模式化。因此,"改革文学"这一口号,是值得商榷的。它虽然有着促进文学反映改革的积极作用,但它是从改革着眼向文学提出要求,对文学的自身特点、规律有所忽视。作为一个文学口号,似不够科学、贴切。同时,当前的文学除了要大力反映改革,还应该多方面地反映丰富多彩的生活。生活的多样化,作者创作个性的多样化,读者鉴赏要求的多样化,要求文学多样化。多样化,才能带来文学的繁荣。几年来,我们奉着这一指导思想组织稿件、组织版面,因而改革的气息是浓的,1984、1985 年的头条作品,几乎都与改革有关,但系多角度、多侧面、多方法的切入,并不简单、雷同。其他内容、题材的作品,也总有所搭配。

由于坚持正确方向与鲜明特色的统一,《小说界》这"一畦开拓较迟的新圃",也以其"个性美和幽异香",赢得读者的喜爱,影响力日益增大。1981、1982、1983 年是季刊,1984 年扩展为双月刊。21 世纪以来,尽管文学日益边缘化,《小说界》先后在郏宗培、魏心宏、谢锦同志的主持下,仍坚持不懈地努力经营着这块文学园地。

创设《小说界文库》

《小说界》团结联系了大批作者,有效地加强了书刊联动。20 世纪 80 年代

初，我们每年长篇小说的出版数量，是居于全国出版社前列的，其中也有质量比较高的，但总体上给人印象不是很深。究其原因，小说一本本地出，比较分散，加之创作水平不太一致，其中优秀作品难以呈现出来。我们由此生发了在小说方面出一套丛书的想法，变分散部队为集团军。这个"集团军"的组成，不是"拿到篮里就是菜"，其成员必须是最优秀的"部队"。就是说，这套丛书以出版当代高水平高质量的小说为目标，有些达到出版要求的小说可以出版，但不一定能进入这套丛书。这样，它是"集团军"，较之单兵作战，能发挥"集束手榴弹"的作用，形成较大的影响，但它主要不是以量胜，而是以质胜，是思想和艺术上的上乘之作。经研究推敲，丛书名最后定为"小说界文库"，表明丛书的眼界宽广，以整个小说界为目标，为当代作家的小说精品力作之"库"，集中反映当代中国小说创作所达到的实绩和水平。同时，名称与我们办的《小说界》同名，也能更好地实现书刊联动。

为了编好这套文库，特意成立了编委会，我任主编。编委会决定"文库"分设五个系列：长篇小说系列、中短篇小说系列、年选系列、专题系列、微型小说系列。显然，它囊括了小说的各种样式。不过，重点抓的还是长篇小说。长篇小说，是文学创作的"重武器"，是文学领域中"巍峨灿烂的巨大纪念碑"，长篇小说所达到的成就，往往是一个时代文学水准的重要标志。收入"文库"的第一部长篇作品，是鲁彦周的《彩虹坪》。1981 年夏，我和编辑张森去合肥组稿，住在稻香楼宾馆，鲁彦周正在那里参加一个全国性电影评选活动，听说我们来了，他主动先来看望我们。我与他是大同乡，都乡音未改，一见如故。我们从当时的政治形势、文艺形势，一直谈到他家乡的巢湖，与我家乡的吴敬梓纪念馆，然后比较多地说起在安徽农村兴起的生产责任制的情况。鲁彦周出身农村，又在农村工作过，熟悉当时农村的贫困落后状况与农民强烈要求改革的呼声。他说，围绕着实行生产责任制的斗争相当激烈，在乡村、省城乃至首都均有反映。他想就此写一部长篇小说,我们知道鲁彦周是一个善于从现实斗争中汲取诗情的作家,写这样的题材,是他的所长,也是我们出版社所迫切期盼的,可谓不谋而合,当即"拍板成交"。一年以后,定名为《彩虹坪》的长篇小说脱稿,由张森做责编,先在《小说界》上发表,随即作为《小说界文库·长篇小说系列》的开卷之作推出,在社会上引起很大反响,被称为"改革题材文学的一道彩虹"。随后,"文库"每年都要推出两三部长篇力作,如蒋和森的《风萧萧》、孙健忠的《醉乡》、韦君宜的《母与子》、李国文的《危楼记事》、张炜的《九月寓言》、邓刚的《曲里拐弯》、王安忆的《流水三十年》、高晓声的《陈奂生上城出国记》、陆文夫的《人之窝》、殷慧芬的《汽车城》以及陆天明的《苍天在上》,等等。

1993年作者(左二)与左泥(右一)、冯苓植(右二)、陆文夫(右三)、高晓声(右四)、邓刚(右五)、郏宗培(左一)在一起

　　其中需要说几句的，是黎汝清的《皖南事变》。此稿是 1985 年冬，我与张森、邢庆祥同志在厦门参加中国作协举办的全国长篇小说创作座谈会上，与作者商定的。其后虽然有另一家出版社向他约稿，一时争夺得还很厉害，最后他还是给了我们。这是因为我们态度鲜明地肯定了这部作品在写革命悲剧上的大胆突破。过去，我们的文学描写革命战争、革命历史，也有触及悲剧的，但往往是局部的。《保卫延安》《红日》这些名作，则都是写胜利，写成功的，敢于表现"皖南事变"这样我军全军覆没的悲剧性事件，不能不说自《皖南事变》始。更何况，对这一历史悲剧的不少史实，当时尚众说纷纭，把"皖南事变"看作是历史海洋中的百慕大三角，也许有些夸张，但它的确充满着险恶与迷雾，涉足它不仅需要勇气，需要史胆，而且需要才智，需要史识。黎汝清的可贵，正在于他既勇敢地表现了这一悲剧，还正确地、深刻地表现了这一悲剧。

　　黎汝清的初稿出来后，张森即赴南京黎的住处阅看，在与我通话后，即在总体上点头认可，并表示赞赏他的史胆与史识。为便于他潜心修改，随后请他到上海住了一些时候。黎汝清为写《皖南事变》，作了多年准备，并且立下了"不见艰险，难见新奇"的高标杆，他在上海最后冲刺时，也是心无旁骛地一字一句地进行反复推敲，夜以继日地进行修改润色。我们几次打算带他到上海一些风景点看看，让他紧张的神经得到一些调剂，他都以时间宝贵婉谢了。在上海的二十多天，他真可谓"足不出户"，一直伏在写字桌上笔耕，其勤奋精神也令人感佩。

　　《皖南事变》出版后，虽然开始也有人对其揭示的事变原因涉及我方人员的一些弱点有不同看法，但普遍认为，它在展现这一历史悲剧的成因时，未限于日寇和国民党顽固派的亡我之心（这虽属根本原因），而是进一步审视了我党我军内部的种种因素，包括项英与叶挺间的思想性格冲突，这种创作视角的开拓与突破，不仅有利于更全面地反映这场"事变"，而且大大深化了这一悲剧的内涵。它所提供的内蕴，就不限于政治上的正义与非正义的是非，军事上战略战术的得失,而且铺展了人生哲理上的纷争,思想性格上的冲突。因而它的价值就在于用"悲剧"的方式,使读者在美的感染与熏陶中,不仅得到政治上的启示、军事上的启示,而且得到哲理的启示、人生的启示。有人说,《皖南事变》是一部"大书"。我体味,这样说,主要不是因为它反映的"事变"是个大事件、大悲剧,而是因为它将这一大事件、大悲剧,表现得博大精深。这也就使这部作品在悲剧内涵上较以往同类作品,有着一种超越,一种突破。据此,有评论家指出,这部长篇小说不仅突破了作者自己原有的创作水平,而且也突破了当时军事小说、历史小说以至整个长篇小说创作的某种胶结状态,引起广泛的反响。

《小说界文库》的中短篇小说集系列所收的作品,老中青作家都有,多是名家名作,如《柳堡的故事》作者石言的《秋雪湖之恋》、邓友梅的《烟壶》、王安忆的《小鲍庄》等。年选系列所收的短篇小说年选本,开始出的是全国短篇小说评选获奖小说集。当时每年一次的全国优秀短篇小说的评选工作,由中国作协委托《人民文学》杂志举办,实际负责人为作协书记处书记、《人民文学》副主编葛洛。1979 年至 1982 年的每年获奖作品集,都是由我们上海文艺出版社出版的。为了做好这件事,1981 年春,我在北京拜访了葛洛同志。那天晚上 8 时许,我与责任编辑赵继良同志来到他的简朴住所时,他刚刚回来吃晚饭,热情地招呼我俩坐下。我说,获奖作品集每本都要印一·二十万册,颇受读者欢迎,感谢中国作协将获奖作品集交我们出版社出版。葛洛同志谦和地摇摇手说:"不,首先是我们要感谢你们。你们的书出得又快又好。"随即,他详细地介绍了当年的评选情况,分析文学创作的态势,提出了如何进一步加强配合,把获奖作品集出得更快更好的意见。他的谈话很实在,很中肯。我感到,他既是文学与编辑的内行,又燃烧着献身于文学与编辑事业的热情。而这一切,丝毫没有一点炫耀与自夸,显得是那么谦逊与质朴。我感到他有一种人格力量在冲击着我。后来,获奖集改到北京出了,我们先请《人民文学》另行编选小说佳作集,后又请作家、评论家、

编辑家等"三家"共同推荐每年优秀短篇小说，并附推荐意见，受到读者欢迎。专题系列，出过《爱情小说集》以及反映与"四人帮"作斗争的小说集《神圣的使命》等，最富光彩的是《重放的鲜花》。至于微型小说，则是由我们在20世纪80年代初首先大力提倡发展起来的，我国内地的第一本微型小说选集和第一本个人微型小说专集邓开善的《太阳鸟》，都是我们出版的。我为《太阳鸟》作序，称其为"东方第一枝"。

20世纪八九十年代，在改革开放形势的推动下，我国的文学创作有了飞速的发展，长篇小说一年的产量，已远远超过了"文革"前17年的总和。然而，质量提升尚不尽如人意。有相当数量的作品问世后，少有问津者，人们在大声疾呼质量第一，要"以一当十"，不要"以十当一"。为此，需要突破平庸，突破粗制滥造。据此，《小说界文库》坚持质量第一，"宁肯少些，但要好些"。当时，我社每年要出长篇小说七八部，但选入"文库"的不过三四部。有些知名作家或当红作家给我们的作品不属上乘，我们也就未将其入"库"。《小说界文库》被称为当代最整齐、最富水平的文学创作丛书之一，生发出品牌的影响力，吸引作者和读者的关注，作者希望自己的作品能够入"库"，读者则更喜欢购买入"库"的图书。1990年，《小说界·长篇小说系列》获"庄重文文学奖"，11月6日在北京人民大会堂举行的颁奖典礼上，我代表几家获奖者发言。除表示衷心感谢外，我说，社会主义出版社是发展社会主义文学的重要基地，这些年来，在党的方针路线指引下，在新闻出版署的组织领导下，在广大作者与读者的支持下，文学图书的出版，无论在数量上还是质量上，都有显著的发展。它在促进社会主义两个文明建设，满足广大读者的文化要求，造就壮大作者队伍方面，都起了积极的作用。但是，和时代与人民的要求相比，我们的文学出版工作，还存在很大的差距。这突出地表现在高质量的优秀之作出版的还不多。当前整个文艺图书市场的情况，是品种数量不少，而质量却不尽如人意。读者期盼的，也是社会主义文学建设所要求的,能多一点"以一当十"的优秀读物,少一点粗劣之作、平庸之作。这次获奖,对我们既是一种鼓励,更是一种鞭策。我们当进一步加强与广大作者的合作,加强文学与时代、与人民的联系,多出好书,多出思想性、艺术性结合得比较完美,受到读者欢迎的好作品,这其中,要争取有些作品能够长期流传下去,成为文学上的"保留节目",为中外文学名著的宝库增添新的成分,作出我们这代人应有的贡献。我们出版工作者既要大力弘扬祖国灿烂的传统文化,又要积极推动当代优秀文化的创造。在某种意义上后者比前者更难。我们将与作家一起,与作协一起,为此作出更大的努力。

倡导推进微型小说文体的"独立"

作为大型文学期刊的《小说界》特辟专栏刊载微型小说,出版社的重点丛书《小说界文库》特意设立微型小说系列,这在出版业界是前所未有的,显示了我们对微型小说文体的大力提倡。

"微型小说"这一名称,在我国内地虽然是改革开放后出现的,但微型小说——短小的小说,则是古已有之。而且可以说,小说这门艺术的发展,篇幅最初就是短小的,而后才有中篇、长篇。当然,在唐宋以前,如鲁迅在《中国小说史略》中引用桓谭之语所说,这些小说多系"残丛小语,近取譬喻,以作短书"。唐宋以后,短小的小说逐渐摆脱了粗放简略的状态,走向精悍凝练。到了清代,诞生了《聊斋志异》这样杰出的短篇小说集。它共收 400 多篇作品,其中不少是不足一千字的"微型",有的短至一二百字。然而,由于它进步的思想内容和高超的艺术技巧,使得它的作者蒲松龄与曹雪芹、吴敬梓这些长篇巨匠一起,同为我国文学史上的灿烂明星。"崇白话而废文言"的中国现代文学,伴随着大量短篇、中篇、长篇小说的问世,也诞生了不少微型小说。

在国外,短小的小说也是早已有之。阿·托尔斯泰在《什么是小小说》一文

中指出："小小说产生于中世纪……是文艺复兴和资产阶级革命的第一批小鸟。文艺复兴时代的小说家赋予这种笑话以文学的形式。17 世纪又把生活及政治的热血灌入了小小说。它还造成了 18 世纪戏剧创作的百花争妍的繁荣局面。"19 世纪、20 世纪的不少作家，在小说领域创作长篇、中篇、短篇的同时，也奉献出一些微型小说，其中有雨果、伯尔、马尔克斯这样以写长篇著名的作家，也有与我国蒲松龄一样以写短篇著称的作家，像契诃夫、欧·亨利等。无论在国内或国外，微型小说都可以说是源远流长。

不过，源虽远，流虽长，多少年来，微型小说只是依附于短篇小说之内，作为它的一个分支而存在，并不具有独立的文体意义。小说在体裁上历来只有长篇、中篇、短篇之分，而无"微篇"之名，人们或者叫它是"最短的短篇小说"，或者称它是"短篇小说的简化"。因而它尽管一直存在，有时甚至也被提倡，但因其"附庸"身份，不具备独立文体意义，在发展中每每受到约束和限制。在我国现当代文学史中，按照刘海涛教授的说法，微型小说就经历了"三起三落"。"五四新文学运动"时期，许多文学名家如鲁迅、郭沫若、冰心、叶圣陶等人，都创作过微型小说。郭沫若于 1920 年 1 月在《学灯》上发表的《他》，只有三百多字。这可视为中国现代微型小说的"一起"。但由于当时缺乏微型小说的文体意识，多用短篇小说的构思方法来写微型小说，"刚刚冒了一个头，就走进短篇小说里面去了"。因而未能形成气候，不久就"落"下去了。20 世纪三四十年代，在左翼文艺运动和抗日战争中，一些进步报刊有过"墙头小说"（指短小说）的提倡和实践。夏衍、王任叔等作家写了《两个不能遗忘的印象》《河豚子》这样的有影响之作。这可看作是我国现代微型小说的"二起"。但同样由于缺少文体意识，新闻性纪实性过强，随着政治军事文艺形势的变化，也很快"落"潮了。20 世纪五六十年代，微型小说"三起"，形成一时创作热潮。茅盾发表了《一鸣惊人的小小说》文章，加以推波助澜。然而，此时的微型小说作品大多紧跟政治形势，"新闻特写化",仍没有获得这种文体应有的本体意识,偏离了艺术轨迹而最终也是昙花一现,走向衰落。

微型小说"四起"于20世纪80年代。1980年,我们在筹办《小说界》过程中,发觉新加坡、泰国等东南亚国家微型小说作品颇多,几乎成为一种主要文学品种,其中一些优秀之作,甚为赏心悦目。我国台湾地区几次举办的微型小说征文活动,影响也很大。日本20世纪70年代起也兴起超短篇小说,有《超短篇广场》等杂志,专门刊载这类小说。我们研究了微型小说在这些地方兴起的原因,是由于它适应于快节奏生活中的读者欣赏需求,同时它有利于反映现实生活,有利于文风的精练,有利于文学新人的培养。随着我国大陆转入以经济建设为中心,现代化步伐加快,这一文体的"有利"之处,将会受到社会的欢迎,因而它有着广阔的发展前景。这坚定了我们倡导这一文体的决心。在《小说界》编辑方针中,第一次把微型小说作为一个独立文学品种,与长篇小说、中篇小说、短篇小说并列。在《小说界》创刊号的微型小说专栏里,除发表大陆作家作品外,还特意转载了台湾地区作家陈启佑的《永远的蝴蝶》,这是一篇美文,七八百字的篇幅,展现出一种悲剧性的意境:情感美丽且绵长,生命短暂而无常。虚实相生,情思隽永,给读者留下丰富的审美想象空间。此文在台湾曾多次获奖。我们发表后,读者认为这也是打开了一扇"窗户"。

由于微型小说顺乎世情、顺乎文情,20世纪80年代后发展很快,继《小说界》之后,有些报刊也陆续刊载起微型小说,或称之为一分钟小说、小小说、精短小说等。微型小说的数量猛增。不过,这到底是一种新兴的文学品种,发育尚不完全,人们对它的认识也存有异议。有些人觉得它很难有什么独特的审美特点,如果有的话不过是把短篇小说的特点浓缩一下而已。在实践上,一些小故事,小新闻,小报告,小特写,也被作为微型小说推出。据此,遵照小平同志"研究新情况,解决新问题"的指示,我决心对微型小说作点理论上的探讨。我集中看了一

些资料,思索了一些问题,于 1981 年 8 月在《小说界》上发表了《微型小说初论》一文。此文共讲了四个问题:一,顺乎文情,应运而长;二,古已有之,今有发展;三,从小见大,以少胜多;四,纸短情长,言不尽意。对微型小说的历史渊源、发展规律以及审美特征做了初步探讨。由于是"初论",理论上难免粗疏,长处可能是有点"开创性"。作为新时期第一篇研究微型小说较有系统的论文,引来了大家对微型小说理论的关注,接着陆续出现了一批论文,其中有凌焕新的《微型小说探胜》,许世杰的《微型小说名实略论》等。一些著名作家也为微型小说这一文体鼓与呼,其中有王蒙的《我看微型小说》,蒋子龙的《关于微型小说的沉思》等。

创作促进了理论的研究,理论研究反过来又推进了创作的发展。到 1984 年,全国经常刊登微型小说的报刊达 400 余家,在江西省委和郑州市委的支持下,先后诞生了两家选刊:《中国微型小说选刊》和《小小说选刊》。为了进一步吸引更多的人参加微型小说的创作,并促进创作质量的提高,在上海市委宣传部和上海出版局的支持下,《小说界》于 1985 年、1987 年,先后举办了两次全国微型小说大赛,发现了一批优秀的作者和作品。与此同时,《青春》《写作》《北京晚报》《中国微型小说选刊》《小小说选刊》等报刊,也分别举办了征文大奖赛,有的还结合召开了繁荣微型小说座谈会。20 世纪 80 年代中期,全国各地的微型小说征文活动,使微型小说创作的浪潮一浪接着一浪。

从 1988 年开始,一些在微型小说创作中卓有成绩的作者,在当地党组织的关怀下,开始出个人专集。第一个出书的,是湖南作者邓开善。他的代表作《月照南窗》,是一则饱含着意境美的微型小说,由《小说界》发表。我给予了它很高的评价。我以为,微型小说以小见大,结构上就要注意虚实相间,浓淡有致,为读者留下充分的想象空间,就要像《月照南窗》那样,含着"曲终人不见,江上数峰青"的韵味。邓开善的结集《太阳鸟》,由上海文艺出版社出版,应他之约,我为此书作了序。接着,其他一些在微型小说创作中冒尖的作者,如生晓清、沙垴农、张记书、凌鼎年、孙方友等,也都出了微型小说集。经过 10 年左右的操练,微型小说开始形成一批具有一定创作水平的作者队伍,他们中的一些人,对微型小说特有感情,自称"微型小说专业户",愿为微型小说鞠躬尽瘁。

微型小说既有了较广的读者,又有了一批创作中坚力量,还有着众多的发表园地,应当说,到 80 年代末,已经完全从短篇小说中分离出来,成了一个独立文学品种。在这种情况下,1989 年 11 月,经上海市委宣传部同意,《小说界》与《小小说选刊》《中国微型小说选刊》《解放日报》《文学报》《北京晚报》等八家热心倡导微型小说的报刊主编和负责编辑聚会上海,就微型小说的成绩、现状、趋向以及各报刊的编辑工作,进行了研讨和交流。会议决定成立全国微型小说学会筹委会,筹划学会的成立,以便更好地团结微型小说作者,更有力地促进这一文学品种的健康发展。

党和政府十分关心中国微型小说事业。尽管当时对全国性学会和协会的成立审批掌握很严,1992 年 6 月,国家民政部还是批准了中国微型小说学会的成立。学会挂靠中国作家协会,会址设在上海,我被选为会长,凌焕新、王保民、张志华为副会长。学会的成立,标志着微型小说完全成为一个独立的文学品种,进入了一个新的发展阶段。我国的小说格局,由传统的长篇、中篇、短篇的"三足鼎立",变为长篇、中篇、短篇和微型的"四大家族"。

尽管如此,微型小说在"四大家族"中毕竟是很弱的一支,根不深、叶不茂,亟须加强理论和业务学习,加强作者队伍的培养。为能在这方面提供一些教材,我们利用在出版社工作之便,先后主编了《中外名家微型小说大展》和《世界华文微型小说大成》二书。《中外名家微型小说大展》精选的 100 篇中外名作,从时间上说,上溯公元三四世纪,下迄当今。从地域上看,包括世界五大洲 28 个国家和地区。作家计 90 人,有雨果、托尔斯泰、鲁迅等被称为巨匠的作家;有泰戈尔、帕尔·拉奎斯特、海明威、斯坦贝克、辛格、川端康成、海因里希·伯尔、马尔克斯等获诺贝尔文学奖的作家;有现实主义、浪漫主义、现代主义等不同流派的

作家。我在"序"中对这些作品作了归纳分析,指出《中外名家微型小说大展》中作品最耀眼的一点,是有一种风格在。我们要从中汲取教益,努力创作富有鲜明风格的作品,让微型小说能无愧为小说"四大家族"的一员。

《世界华文微型小说大成》选的则是世界华文微型小说的精粹,大量是当代的作品,反映这一文体在当代的兴起,同时也选了现代的、近代的、古代的一些优秀之作,表明这一文体的源远流长。鉴于已出版的微型小说集,局限于作品,此书则既选作品,又选理论,并附有资料,比较全面地反映了这一文体的全貌,是故成了"大成"。按柯灵先生的说法,它是"微型小说的百花园"。我在序中对当时比较有争议的微型小说命名问题和大致字数问题,发表了个人看法。全书 60 万字,是一部较有权威的选本,初版不久后即重版,不少地区举办的微型小说学习班、研讨班用它作教材。

学习班、研讨班都受到当地党委宣传部门的关心。《青春》在南京市委宣传部领导下办的学习班,全国各地有 100 多人参加,有效地培养了一批作者。我在这个学习班上讲的课,后来《青春》杂志要我整理成文,以"微型小说讲座"为栏目,分 12 讲,在该杂志上连续刊载了一年。由于这些"讲"是从写作的实际出发,结合中外微型小说名作,进行理论上的剖析和阐发,文字比较平实亲切,因而受到微型小说作者的欢迎。一些报刊有选择地进行了转载。后结集为《微型小说面面观》,由百花洲文艺出版社出版。此书销到东南亚后,泰国《新中原报》等报刊也予以分期连载。

这期间,1985 年 6 月,我被党组织任命为上海文艺出版社总编辑,在年底参加中国出版代表团访问香港,1989 年又作为中国出版代表团的成员出访新加坡,组织上所给予的出访机会,使我实际了解了海外华文出版和华文创作情况。我感到,由于中国的改革开放和发展,也由于海外一些应用华文华语的国家和地区,有加强华文的趋势,华文出版世界出现"整合"的苗头。华文创作的国际交流、交融日益增多。海外的华文创作,微型小说是个重要品种。在新加坡时,几位作家赠我的近著,大都为微型小说集。马来西亚、菲律宾、泰国的华文报刊,近年也增添了微型小说。我国台湾地区有一篇文章《人生处处极短篇》("极短篇"即微型小说),表明这种文体已扎根在人们的生活之中。在这种情况下,我和学会秘书长郏宗培、副秘书长徐如麒商量,是否可在国内多次举行微型小说大赛的基础上,组织一次国际性的大赛,以促进世界华文微型小说的交流、整合和提高,从而进一步扩大微型小说的影响,提升微型小说的品位。

恰好,新加坡作家协会会长黄孟文博士来上海访问,我俩在新加坡已经认识,对发展华文微型小说有着共同的认识。经磋商,决定由中国微型小说学会和新加坡作家协会发起,并征得泰国华文作家协会、英国华文作家协会、荷比卢华文作家协会、香港作家联会以及中华文学基金会、上海文化发展基金会的同意,在春兰公司的赞助下,于 1993 年 5 月 1 日至 1994 年 4 月 30 日,共同主办了"春兰·世界华文微型小说大赛"。此项活动得到了党组织和文化界前辈的大力支持。冰心、汪道涵、夏征农、施蛰存、萧乾任顾问,国际笔会上海中心会长柯灵任组委会主任,上海市委宣传部副部长徐俊西、中国作协书记处书记张锲、新加坡作家协会会长黄孟文、泰国华文作家协会会长司马攻、香港作家联会会长曾敏之、荷比卢华文作家协会会长林湄、英国华文作家协会会长陈伯良、《新民晚报》总编辑丁法章、春兰集团副总经理董木森和我共 10 人任副主任,郏宗培任秘书长,徐如麒、魏铮任副秘书长。海内外共有 28 家报刊参赛,其中有《解放日报》《文汇报》《新华日报》《北京晚报》《新民晚报》《文学报》,以及新加坡《联合早报》、泰国《新中原报》、美国《中外论坛》等。一年中,有近万篇稿件参赛。参赛的作品除来自中国大陆外,还有新加坡、泰国、马来西亚、美国、比利时、荷兰、奥地利、澳大利亚、新西兰等地的作品。此次赛事规模之大,范围之广,时间之长,作品之多,影响之深,在世界华文文坛上实属少见。

1994 年 5 至 7 月间,参赛的 28 家报刊从发表的约 2000 篇作品中,遴选出 300 篇交大赛评委会评选,经过初评、终评,最后评出二等奖九篇,三等奖 14 篇,鼓励奖 94 篇。它集中展现了当时世界华文微型小说创作成果,显示了华文微型小说世界的多姿多彩。不同国家和地区的华文作品,有着不同的特点,但都共同积淀着中华文化的基因,与中华民族的"根"连在一起。这次世界性的大赛,为大家相互比较作品,取长补短,为世界微型小说乃至整个华文学的发展,起了促进作用。正如柯灵所指出的:"海内外的华文作家踊跃参与了大赛,对这一文学老林中的小说新秀,无疑是一次有力的催化和推动。"获奖的作品由上海文艺出版社结集出版,还分别在上海、新加坡、曼谷举行了颁奖仪式。泰华作家协会结合颁奖仪式,举行了盛大的泰华文学座谈会。我在会上代表大赛组委会为泰国获奖作者颁奖,并介绍了中国文学创作的发展情况。曼谷华文报刊对此做了大量报道,并选发了大赛的一些获奖作品,配上大赛评委所写的评语,向读者介绍。

1994 年 12 月,作者在新加坡出席首届世界华文微型小说研讨会

在大赛的基础上,我与黄孟文博士感到有必要举行一次世界华文微型小说研讨会,进一步推动这一文学品种的发展。经协商,由新加坡作家协会出面,向有关国家和地区的文学团体发出邀请。经过一番筹备,研讨会于 1994 年 12 月 26 日至 30 日在新加坡国立大学举行。到会的有中国大陆、日本、澳大利亚、马来西亚、泰国、菲律宾、印尼、文莱、加拿大、德国、新加坡以及中国台湾、香港等地区的作家、学者近百人。我国参加的有郏宗培、左泥、李春林、刘海涛、凌鼎年、沈祖连、张记书、廖怀明、海涛等。大会共收到 60 多篇论文。30 位与会者在大会

上就"世界各国微型小说的发展""微型小说的理论和技巧""微型小说和社会人生""微型小说作家及其作品研究"等专题进行了交流和探讨。这以后,每隔两三年举行一次研讨会,已先后分别在曼谷、吉隆坡、雅加达、文莱、上海、香港等地举行了九次。至此,世界华文微型小说创作基本上连在一起了,特别是东南亚地区,各国华文微型小说作者的交往十分频繁,互发对方的作品也日益增多。新加坡作协还出资在新加坡出了中国作者刘海涛的论著。香港也出版了我的《微型小说的特性与技巧》一书。

1996 年年底,由中国微型小说学会策划,徐如麒责编,上海文艺出版社出版了一套《世界华文微型小说名家名作丛编》,计有中国卷、新马泰卷、欧美卷和台港澳地区卷。各卷分别由当地微型小说的有影响的人物担纲主编。这套书展现了微型小说的兴起,成为一个世界的潮流。微型小说是 20 世纪末文坛的一道亮丽的风景线。1999 年 11 月,在新加坡注册的世界华文微型小说研究会成立,黄孟文任会长,我任名誉会长。

2001 年 10 月中旬,中国微型小说学会与《微型小说选刊》,在南昌联合召开了"面向新世纪的微型小说"研讨会。会上反映了微型小说自 20 世纪八九十年代脱颖而出,从短篇小说分化出来独立成家以来,近年又有长足的发展,已成为深受读者青睐的一种文体。微型小说期刊的销量不断攀高。1984 年创刊的《微型小说选刊》,1994 年由双月刊改为月刊,1996 年又改为半月刊,尽管刊物定价提高,发行量却不断上升,期发行量由 1992 年的不足 10 万册上升到 35 万册,月发行量达 70 万册,在文学刊物中名列前茅。《小小说选刊》的期发行量也超过30 万份。微型小说的图书也受到欢迎。据不完全统计,那些年来出版的各种微型小说合集或综合选集达百种,印数大多超过一般的文学作品集。微型小说逐渐形成了一支创作群。中国微型小说学会经过比较严格的审批,吸纳会员近500 人,还不断有作者要求入会。其中有些自称"微型小说专业户",痴迷微型小

说,创作质量不断提高,写出了一些有影响的作品,如《立正》《餐厅里的爆炸》《剃头阿六》等。一些知名作家也不时贡献出微型小说佳品。更可喜的是,微型小说已进入学校课堂。当时就有十多所大专院校,如四川大学、中国矿大等,开设了微型小说选修课,选修者颇众。还有不少微型小说作品进入了初中、高中、大专、大学的正式教材和大学试卷。凡此种种,说明根基不深的微型小说,尽管处于20世纪90年代文学不够景气的环境下,还是在茁壮成长。它因符合时代的需要和读者的需求而拥有蓬勃的生命力,它是属于新世纪的"朝阳文体"。2001年12月15日,中国作协党组书记、副主席金炳华向中国作家协会第六次代表大会作工作报告,报告在讲述了长篇、中篇、短篇小说取得的成绩后,接着指出:"与此同时,微型小说的创作,也广受读者的欢迎。"这是微型小说第一次在中国作协工作报告中被正式提及,显示了这一文体进一步得到了文学界的肯定与支持。此后,中国作协主办的"鲁迅文学奖",也将微型小说(小小说)单独列入评选项目。

2006年,上海辞书出版社为了适应读者阅读精品的需要,在其著名的《文艺鉴赏辞典系列丛书》中,约我主编一本《微型小说鉴赏辞典》,经过反复斟酌,按照"好中选好,优中选优"的原则,最后选收中外作品320篇,多为在流传中获得广泛声誉的拔尖之作,有些已经具有公认的经典性与权威性。歌德说:"鉴赏力不是靠观赏中等作品而是靠观赏最好作品才能培育成的。"作为"鉴赏辞典",就必须坚持把最好的作品选进来,才能较好地满足读者鉴赏的需要,才能有效地培育读者的鉴赏力。书中的经典性的优秀作品,善于用精短的手法展现人物和情节,虽是小小的"微型",却是精彩的"小说",凸显着微型小说特有的审美特征,以小见大,言微意远。在题材上,以少胜多;在结构上,由点涉面;在情愫上,纸短情长;在内涵上,言不尽意。总之,善于"小""大"结合成"尖",既给人以瞬间的冲击力,又给人以长久的回味力,尽现微型小说特有的美妙。从书中经典性作品中还可以看到,好的微型小说都有自己的艺术个性与艺术风格。风格是作家与作品成熟的表现。这一点,微型小说的作者与作品也不例外。人们常说微型小说"麻雀虽小,五脏俱全"。这个"五脏",不仅是人物、情节、结构、语言等文学因素,同时包括作家的品格、风度、才华、学识在作品中所综合表现出来的风格。风格是"麻雀"的"灵魂"。这部"鉴赏辞典"中的 320 篇作品,呈现出现实主义、浪漫主义、现代主义等不同的风格,反映了各自不同的艺术个性。而这当中,又有着现实、抽象、空灵、象征、怪异、幽默、科幻、寓言、隐喻、错位等手法,被用于不同风格的创造,显示了微型小说世界的多姿多彩。"亦各有美,风格存也。"2007 年出版的《中国新文学大系·第五辑》,收的是 1976—2000 年间的作品,鉴于这一时期微型小说的横空出世,破天荒地将微型小说单独列卷,专门增设了微型小说卷,这就意味着微型小说在文学家族中有了独立占有一席的资格,进入文学史了。

这样,20 世纪 80 年代后兴起的微型小说,就没有再蹈现代文学史上的"三起三落"的覆辙,这第"四起"终于在文学疆土上生了根,站住了脚,不再"落"下去了。之所以如此,首先是由于社会进入以经济建设为中心阶段,现代化进程加速,人们的生活节奏加快,使这一精短文体应运而生,应运而长。同时,党的繁荣文艺的要求,党的双百方针,党的改革开放政策,有力地催生了这一文体。可以说,时代是土壤,党是阳光。自然,也依赖众多作者、评论者、编者和读者的积极耕耘。我由于工作关系,也运用出版平台做了一些工作。姚朝文教授在他所著的《华文微型小说原理与创作》一书中,称我是"中国乃至世界华文微型小说的中坚人物",列举了我"几方面贡献":"一、中国大陆'微型小说'这一名称的引进者;二、改革开放以后,'微型小说'这种文体的倡导者;三、中国大陆微型小说专栏的首创者;四、中国大陆改革开放后最早从事微型小说批评与理论探索的人之一;五、中国大陆第一个出版微型小说理论著

作的人；六、在微型小说领域里，最早实现了与企业联合举办征文大赛的组织者；七、中国大陆第一批将这种文体传播到东南亚及其他国家与地区的文化活动家的代表；八、中国大陆微型小说学会的首任会长。"这有些过誉，在倡导微型小说中所以能"最早""首先"或"第一个""第一批"做些事情，主要是我得天独厚地在出版社工作，如果没有出版这一舞台，也就做不了这些事。何况，有些事并没有做好。还是"众人拾柴火焰高"，是"众人"把微型小说的"火焰"点燃起来的。2010 年 12 月，在第九届世界华文微型小说研讨会上，我因"突出贡献"被世界华文微型小说研讨会和中国微型小说学会授予终身荣誉奖，同时获奖的，还有新加坡作家协会原主席黄孟文和泰国华文作家协会永远名誉会长司马攻。

率先亮出"留学生文学"旗号

基于改革开放的形势，《小说界》从创刊开始，就不断发表一些有关留学生题材的作品，1988 年起更辟出专栏，挂起招牌，亮出旗号，鼓吹"留学生文学"。1998 年《小说界文库》又增设了"旅外作家长篇系列"，推出了严歌苓、薛海翔、张士敏等海外作家的新著，引来文坛与社会关注。

开始，有人对"留学生文学"的提法存疑，怀疑有没有这样的文学。我们认为，文学源于生活。实际上，自 19 世纪中叶，清王朝的闭关锁国政策被洋枪洋炮打破以后，随着我国出现留学生，也就出现了记述留学生生活的文字。自称"第一个中国留学生，毕业于美国第一等大学者"的容闳（1828—1912），就写过一本很有影响的《西学东渐记》。湖南出版的那一套厚厚的《走向世界丛书》，不少都是留学生"走向世界"的记录。自然，《西学东渐记》这类书多系记叙文，还难说是文学作品，但其中不乏情文并茂的篇什，可视为留学生文学的滥觞。"五四"前后，我国留学生人数大增，其中还出现了一些现代文学的大作家。创造社的几位创始人,郭沫若、郁达夫、成仿吾、张资平等,当时就都是留日学生,他们最初的一些有影响之作,如《沉沦》《她怅望着祖国的天空》等,都是写留学生在异国他乡的见闻与感受的。可以说,"留学生文学"是形成中国新文学之河的一条重要支流。此后,老舍、巴金、许地山、钱钟书等名家,都曾以力作拓宽这条文学支流。由于种种政治的、社会的原因,这条文学支流并没有得到很好发展,相反,随着我们的国家重新趋向封闭,这条文学支流是越流越细,以至于断了。20世纪80年代开始,改革开放的政策带来了我国新的出国潮、留学热,大量人马冲出国境,涌向海外,形成一种前所未有的气势恢宏的"世界大串连"。在这种情况下,"留学生文学"又悄然复萌,且进展甚快,迅速成为一种"气候"。在美国纽约,由一批留美学者组成的文学团体"晨边社",就曾专门座谈了"留学生文学"问题。他们认为,"这类作品在现代中国文学中有相当数量,在海外的华文作品中,更是很重要的一个方面",值得重视。台湾对这类文学也有评价,但在大陆的现当代文学的研究中,却很少有人专门涉及。从上述情况中可以看出,留学生与留学生文学,是与我国"走向世界"力求实现现代化紧紧连在一起的。"留学生文学"的盛衰,折射着我国"走向世界"、走向现代化的历程,它有着不同于其他文学的特殊意义,在总的文学筵席中,有意识地给它一个专门席位,是有益的。

有些同志对此有所踌躇,是因为觉得文学中过去还没有出现过这样一个"专门席位"。我们以为,任何事情都是先有事实,后有概念。拿新时期兴起的"知青文学"来说,有谁在过去能想到文学中会设这样一个"席位"呢?但是,当年"全国大串连"与"土插队"的结果,孕育了这样的文学,而且成了"气候",它就自然而然地要占有"席位"了。现在萌动的"留学生文学",则可以说是当前"世界大串连"与"洋插队"所孕育的,并且开始形成自己的独立品格,它为什么就不能有"专门席位"呢?何况,"留学生文学"较之"知青文学",往后看,要源远

流长得多，向前看，来日方长得多。自然，由于它过去没有"席位"，没有定论，今天对它的内涵与外延理解尚不一致，是正常的。它的最后解决，不仅要靠讨论，还要靠实践。我们觉得它不仅指写留学生的文学，而且应包括留学生以及"留学人"写的文学。像苏炜在留学以后作为访问学者所写的那些"西洋镜语"，也属此列。它不仅指写正在留学时的生活，而且可以上延至留学前的准备，下延到学成归国后的表现。前者如戴舫的《牛皮"303"》、程乃珊的《签证》，后者如大名鼎鼎的《围城》。总之，内涵宜宽泛一点好，不要仅仅限于正在留学时的一地一事，以致作茧自缚，当然，也不能"宽大无边"，与海外的华文文学完全相混，搞得失去了特点，失去了自我存在的价值。关键是抓牢"留学生"这一定语，向前后左右展开。

留学生是高层次的知识分子，处于中西两种文化、两种意识形态以至两个世界撞击、冲突、交流、交融的交界点上。他们对西方文明的了解是直接的，不是"二道贩子""三道贩子"。他们大多数人出国，也是为了"窃火"，振兴祖国。他们敏于思考，在思想文化观点的革新上处于先锋地位，因而反映他们的作品，往往率先体现我国改革开放之际的价值观、伦理观、人生观等方面的变动。然而，这个变动并非简单地去"全盘西化"。西方的东西也不都是好的，就像《签证》中所描写的那块"青草地"一样，远远望去，你总会感到远方的草簇较自己脚下的来得翠绿、茂盛，但当你到了那里，又会失望地发现，它并不如你原先估计得那么美好。而且即使是好的东西，也不一定适合我们，即使适合了，也不一定能顺利地拿来为我所用。因而，在"留学生文学"中，往往凸显着人们在变革中那种追求与彷徨、兴奋与痛苦同时交织的复杂心态。加以留学生出国，往往在思想上、观念上、生活上无论如何努力适应国外环境，也难以彻底融入对方世界，而待他们归国后，又难以再彻底融入自己人的圈子。他们成了人们所说的"边缘人"。"边缘人"能"广角镜"式地看东西方世界，但对东西方世界又都有"隔"，因而留学生的内心一般都弥漫着激烈的矛盾冲突。《留美故事》《远行人》等作品所透露的那种接近与疏离、清醒与怅惘、获得与失落以及乡愁与乡怨等情感,从一个新角度,展现了现代人心灵深层的搏动。也正是这种着重写人、写人的内心的做法,使得当前许多留学生题材的作品成为一种文学,并以其独特内涵与价值,成为一种引人注目的新文学现象。

基于这样的认识,《小说界》经常约请留学生和海外华人作家写稿,并与纽约的华人作家、学者王渝、唐翼明等创办的留学生文学团体"晨边社"加强了联系,双方分别组织了留学生文学的专题讨论会,并在《小说界》与《美洲华侨日报》上发表了讨论记录,在海内外产生了广泛影响。此后,散布在美、日、澳、加、英、德、荷等国的留学生与华人、华裔经常寄来稿件,涌现出不少有才华的作者,《我的财富在澳洲》《陪读夫人》等长篇发表后,被改编成话剧或电视剧。"旅外作家长篇系列"的建立,就是为了适应这方面的发展需要。

随着实践的发展,对留学生文学逐步取得共识,原来的一些疑虑被驱散,不少出版社也出版了这方面的作品。这时,我们的眼光由当代伸向近现代,想给留学生文学作一次总的整理,经研究,决定出一套《中国留学生文学大系》,内分小说卷、散文随笔卷和纪实文学卷,其中当代与近现代作品分别列卷,总共六大卷,从文学的侧面精选了自19世纪末以来的留学生写的留学题材的作品,计300多万字,为读者保留了一份真实的历史文学资料,也是对中国近代以来文学发展史的一个补充。大系由我任主编,组织工作主要是副主编郏宗培完成的。季羡林在序中说:"上海文艺出版社,异想天开,编选这样一套留学生作品大系,实在是功德无量。"2001年10月,在第五届国家图书奖评委会上,我恰好是季羡林领导下的文学分评委成员,与他谈起这套大系。他说,中国历来就是文学大国,过去歌咏描绘异域风光者,颇多名篇。到了今天,地球

变小了，我们眼界扩大了，留学生的文学作品又为我们这个姹紫嫣红的百花竞放的文学大花园中增添了不少奇花异草。这不但对我们文学创作有极大的好处，而且对中外文化交流，中国人民了解外国，促进国际上的安定团结，也会有极大的裨益。

2001年10月，在第五届国家图书奖评委会上，作者（前排右一）与季羡林（前排右二）、屠岸、张炯、陈建功、郑法清等合影

《小说界》的创办，《小说界文库》的设立，并充分运用出版平台，促进了微型小说文体的"独立"，以及留学生文学的兴起，为文艺出版王国有力地增添了"新版图"、新景象。这是改革开放的时代春风带来的创新成果，从而更好地发挥了文学与出版在两个文明建设中的积极作用。

以"裂变"方式建立上海文艺出版总社

江曾培

1997 年起,在推行出版体制改革中,为了"造大船",一般的做法,都是依靠行政的力量,用"聚变"方式,将多个出版社联合起来组成大型出版集团。我们想,"造大船"的目的,是为了做大做强出版业。根据我社的情况,则可以通过发掘自身的潜力,采取"裂变"的方法,达到壮大出版社体量和体能的目的。我社有两个副牌:上海文化出版社和上海音乐出版社,并拥有八个期刊、两个丛刊,还有一个广告公司,三个三产公司,一家照排厂,三家联营厂。1996 年书刊销售码洋两亿元,销售利润 1700 万元。这个规模以集团化要求,自然是很小的,但内在潜力很大。我们认为,通过"裂变"可将巨大的潜力发挥出来,伴之以一些必要的兼并,把文艺出版这块蛋糕做大。就是说,决心努力依靠自身的发展,争取逐步形成一个现代化的集团性企业。

为此,经过全社职工讨论,并听取了市委宣传部、市新闻出版局有关同志的意见,确定的体制改革方案是:由一级管理改为二级管理,组成上海文艺出版总社,作为总管理机构。总社为企业法人,设社长,全面负责社的工作。文艺、文化、音乐三个社,分设总编辑,在总社领导下,分别负责各社的编辑业务,集中精力多编好书。出版、发行、后勤等工作,由总社有关部门统一办理,按经济原则记账。改革的目标,是既要更好地发挥文艺、文化、音乐三个社作为出书主体的积极性,又要进一步发挥总社集团经营管理的整体规模效应,争取文艺出书和整个出版事业的一个大发展。同时,为了更好地调动人员的积极性,方案还提出:改

革后的上海文艺出版总社为无级别单位。干部原行政级别存档。现有工资，根据出版社经济实力，在国家规定的工资总额范围内自行决定。每人的报酬，除国家规定的职称或职务工资外，其余的根据各人的实际能力与贡献而定，每年调整一次，"能高能低"。中层干部有岗位工资，但不是终身制，每年也会有所调整，"能上能下"，使职工既有动力，也有压力。当年 8 月，此方案得到上海市新闻出版局的批准。

这一改革有效地提高了出版生产力。1998 年 1 月 31 日，仅仅过了半年多的时间，《文汇报》即以"采用'裂变'模式，做大出版蛋糕"为题，报道了"上海文艺出版总社实行无级别制与两级管理，提高了市场竞争力，去年销售总额近 2.4 亿元，成为全国同行中的佼佼者"。当年 10 月，我在第五届沪港出版年会的报告中，讲到"造大船"时，也应会议的要求，汇报了我社一年多来体制上"裂变"的成果：

一是三个社的出书得到加强。过去，文化社、音乐社由于是从属于文艺社的副牌，在出版上缺乏整体规划。文艺社也因出书面考虑过宽，削弱了重点突破的声势。实行二级管理后，激发了相对独立的三个出版社的出书潜能，给选题开发注入了强劲的活力。出书的担子，由原来一个人挑变成了三个人挑，一个积极性变成了三个积极性，力量是明显加强了。

二是刊物作用进一步得到发挥。我社一贯实施"书刊并重"的方针。体制改革后，三个社进一步加强了刊物工作，实行目标责任制。对一些不符合当前市场需求的刊物，进行了重新定位。为加强刊物的发行，特成立了期刊发行科。除邮发外，《小说界》《上海象棋》等期刊，每期都增发几千册。

三是音像出版得到发展。音像部原来由音乐社管理，体制改革后由总社直接领导，统一三个社的音像出版，选题面较前拓宽。发行办法也由音像部自产自销改为总社发行部统一经销，拓宽了行销渠道。当年音像总码洋较前一年可增长 60%。

四是经营管理效益明显增长。以广告公司为例,改变广告经营方法,7 月,对《故事会》1999 年的部分广告版面实行公开招标,全国有 18 家广告公司前来投标,最终上海西埃广告公司力挫群雄,以 528 万元中标,比原定 192 万的标底价高出 2.75 倍。同时,广告公司还利用出版社的有利条件"自造媒体",发展了不少广告业务,从而提前达到"九五"规划所提出的目标。广告成为我社一个新的增长点。

五是发展了一些新的实体。利用我社出版优势,与上海体育学院签约,与该院合办原由他们主持的《竞技》杂志,编辑工作由我社负责。9 月,又与一个单位合作,成立了一个书刊储运公司,以加强图书运输专业化的经营管理。它除保证我社图书的储运任务外,还面向市场,为扩大我社多形式的发行打下坚实的储运基础。

六是调动了人员积极性。取消单位行政级别,在用人待遇上采取能上能下、能高能低的政策,既有动力,又有压力,积极性得到提高,"拼命三郎"和"智多星"人物在增多。

凡此种种,使得我社在图书市场不景气的情况下,仍保持一个较高的经济增长率。书刊部码洋在上年 2.4 亿元的基础上,增长到 2.7 亿元。另外,广告营业额增长 45.5%。书刊利润增长 16.4%,达 2000 万元。广告利润 400 万,较上年增长 20%。全社总利润达 2400 万元,较上年 2000 万元增长 20%。国有总资产上年为 16427 万元,当年增至两亿元。所有者权益,由上年 6192 万元增至 7510 万元,增长 21.3%。1978 年上海文艺出版社由大社分离出来时,所有者权益仅 89 万元,20 年增长 83 倍。

同时,按照"控制品种,优化结构,突出重点,提高质量"的要求,近年在发稿上,学术著作的比例增大,更加重视原创作品,兼顾了高、中、低层次。已出或即

出的图书，如《从马克思到邓小平》，长篇小说《将军镇》《无字》《英伦汉学家》《长相思》《鲜花和》《门槛》《汽车城》《尹湛纳西》，以及"二十世纪中国学人文库""中国留学生文学书系""文化十全"，《中国文学通史》《中国民俗史》《中国现代戏史》《世界文明图史》《西方美学通史》《语海》《中国野生花卉图谱》《中国音乐主题辞典》等，都是有分量之作。

体制上的"裂变"，促进了我社的发展。不过，这仅仅是开始，离集团化的目标还很远，而且改革中也出现一些新矛盾新问题，需要及时妥善解决。但总的看来，像我们这样的出版社，增强自我发展壮大的意识，通过内涵的发展，尽力把事业做大，应当说也是通向集团化规模经营的一条道路，而且是比较吻合市场经济发展的一条道路。自然，自我"裂变"，并不排斥通过市场的兼并来壮大自己，我们与体院合办原由他们主持的《竞技》杂志就是向这一方向迈开的步子。不过，相比"聚变"来说，它用的不是"1 加 1 加 1 变多"的办法，而是要让 1 裂变为多，因而要很快形成实力很大的集团，是难于做到的。好在集团也应该是有大有小，正像航空母舰与巡洋舰、驱逐舰乃至炮舰、鱼雷舰，都各有各的作用。

1999 年，各项经济指标和书刊出版继续显著上升。是年 6 月，我离职。年底出炉的我的离职审计报告表明，我社的各项经济效益指标均优于行业平均水平。其中 1998 年销售利润率，比同年行业平均 13.15% 高 4.76 个百分点。总资产报酬率，比行业平均 11.90% 高 2.3 个百分点。资本收益率，比行业平均 64.87% 高 97.87 个百分点。资本保值增值率，比行业平均 119.92% 高 5.59 个百分点。而资产负债率，则比行业平均低 1.80 个百分点。社会效益方面，1999 年出版的长篇小说《汽车城》荣获全国"五个一工程奖"。

十年以后，2009 年秋，为庆祝新中国成立 60 周年，新闻出版总署与中国出版协会开展了"新中国 60 年百名优秀出版人物"的评选活动，我荣幸获选"百名优秀出版人物"之一。对我的评介中有这样的话："1997 年推行出版社体制改革,破天荒地将一个大社'裂变'为文艺、文化、音乐三个相对独立的社,走上另一条'造大船'的路,赢得了令人瞩目的经济效益和社会效益,对于中国出版业的发展具有深远意义。"

从上海文艺社离职后半年,1999 年 12 月,我在第六届中国韬奋出版奖的评选中,以最高得票数获奖。2001 年 3 月,中央电视台"东方之子"栏目来上海采访复旦大学原校长杨福家、同济大学校长吴启迪与我,在我社的书吧,主持人张泉灵地问了我的经历和工作情况后,着重要我谈谈出版改革。我讲到"裂变",她说:"1997 年,你已经快退休了,为什么还那么锐意改革,平平稳稳走完最后一站不是更安全吗?"我说:"站一天岗,放一天哨。只有积极地不断地进取,才有人生的价值与人生的乐趣。"采访录像于当年 4 月在央视播出。

1999 年,我在离开文艺社之前,已被选为第四届上海市出版工作者协会主席,6 月以后就到版协工作。后来,上海文艺社在全市出版集团化改革中几经变动,分"裂"为七八个独立单位,它们都不再是文艺社的一部分,现在的上海文艺社反而变小变弱了。这样的"裂变",是完全"裂"开了,利乎,弊乎,有待实践的回答。而当年"无级别制"改革,虽然方向是对的,但时机并不成熟,在整个社会还未触动这一问题时,"单兵突进"是难以成功的。这一改革只是昙花一现,后来是"无疾而终"。

上海三联书店成立的前前后后

林耀琛

林耀琛,1933年冬生于福州。先后在上海科学技术出版社《科学画报》编辑部、上海市出版革命组科技读物编辑组、上海人民出版社编辑部、上海市出版局出版处、学林出版社编辑部、上海三联书店从事编辑和出版管理工作,1997年末在上海三联书店总经理兼总编辑任上退休。

　　虽然生活书店、读书出版社和新知书店三家进步出版公司都诞生于上海,但上海在新中国成立前并没有三联书店。那为什么在20世纪80年代文化部决定恢复三联书店建制的时候,上海也成立了三联书店呢?这就是三联书店的特殊之处了:我国的出版社都是由党组织和政府决定设立的,由于历史原因,唯有三联书店的重建,三联书店的老人们起了决定性的作用。

　　让我们简单回顾一下历史。

　　生活书店、读书出版社和新知书店,在中国共产党的指导下,它们的出版物影响了中国一代进步青年,成为"国统区"的明灯。为了迎接全国解放,中共中央 1947 年在延安通过了《关于成立三联书店的决议》，为贯彻中央决议，三家出版社迅速达成联营决定，原拟在重庆宣布成立"生活·读书·新知三联书店"，由于白色恐怖，才于 1948 年移地香港正式宣布成立。1949 年新中国成立以后，三联书店将分布全国各地的产业一并捐献给国家。1951 年，其编辑出版部门也合并到人民出版社，为新华书店及人民出版社的建立和壮大作出了贡献。但大陆的三联书店也就此歇业，香港的三联书店转变为中国对外的图书发行总代理。以后虽然在人民出版社大门挂了三联书店的牌子，但也仅仅是该社的副牌而已，三联书店已名存实亡了。

"老三联"的梦想与现实

三联书店作为实体虽已名存实亡，三联书店的职员们作为革命者，在中华人民共和国成立后大多从政，但他们始终依恋着三联书店大家庭，对三联书店存有家族式的感情。到了"文革"大潮消退，中国文化事业逐步复苏的 20 世纪 80 年代，他们终于看到了重生他们心中神圣事业——三联书店的希望。1983 年 11 月，邹韬奋夫人沈粹缜先生和周巍峙、胡绳、徐伯昕、徐雪寒、钱俊瑞诸位先生，联名给文化部党组并中共中央宣传部写信，建议三联书店恢复独立建制。他们在信中提出，三联书店恢复建制后，应为直属文化部的事业单位，总店设在北京，分店设在上海和香港，将来可在其他有关省市（如重庆）设立分店。

与此同时，文化界名流也在各种场合呼吁恢复三联书店。特别是在京沪两地举行的纪念生活书店成立 50 周年的会议上，这种呼声更为强烈。我们的老局长罗竹风先生全面论述了恢复三联书店的意义，给与会者留下了强烈的印象。

文化界的呼吁和三联书店老人们的建议，受到领导部门的高度重视。1984 年 2 月 20 日，文化部出版局即报告文化部领导落实沈粹缜等人建议信的具体措施，

朱穆之部长于 2 月 22 日即将文化部出版局《关于三联书店发展为独立的出版机构的请示报告》转报中共中央宣传部,中共中央宣传部于 1984 年 3 月 19 日正式批复文化部党组:"原则上同意三联书店从人民出版社分出,成立独立的出版社,作为文化部下属机构。何时开始正式成立,请你们酌定。"至此,三联书店的重建已获得法定许可,前辈们的梦想终将成为现实。接下来,就是具体的筹建工作了。

1985 年 1 月 10 日,文化部出版局通知:"为三联书店从人民出版社分出来,成为独立的出版社,特设立三联书店筹备小组。筹备小组由下列同志组成:组长陈原,副组长刘杲、吉少甫、范用,组员王仿子、倪子明、戴文葆、沈昌文、董秀玉。"差不多酝酿了一年,三联书店重建的筹备工作才正式开始。后来,三联书店筹备小组又改称三联书店筹备处,成员也增加了边春光、宋木文、张惠卿、蓝真等人。

三联书店筹备处经文化部出版局批准组成后,于当年 4 月 1 日至 5 日,在无锡召开了第一次会议,香港三联的蓝真没有被通知出席,但邀请了上海的原三联老干部毕青、方学武、丁之翔、汪晓光、岳中俊等人参加会议。这次会议对恢复建制后三联书店的方针任务、体制等问题,进行了认真的讨论。会后经京沪两地征求意见,正式向文化部写了报告。报告提出"我们要把三联书店的恢复建制当作出版改革的一种探索来做",在体制上提出三联书店采取两种组织并存的形式,即三联书店是图书的编辑、出版单位,为国家举办的全民所有制企业,设在北京;上海三联书店为上海市投资的全民所有制企业。两店共同执行文化部批准的《三联书店编辑部的方针任务》。两店分别由中央和上海市有关部门领导,以保证出书方针的贯彻。其出版业务机构的具体设想是:(1)在北京成立三联书店编译所,是文化部直属事业单位,主要领导干部由文化部任命。(2)在上海成立三联书店上海编译所,其性质与北京相同,是上海市出版局领导的事业单位,主要领导干部由上海市出版局任命。(3)京沪两店要组成统一的编审委员会,按规定的方针任务,负责审定和协调京沪两店的长期选题和年度出书计划;编审委员会审定的计划报送国家出版局。编审委员会的主持人要选派熟知三联书店传统精神,有影响的适当人选担任,编审委员会应包括三联书店和分店的负责人,办事机构设在北京三联书店内。(4)成立三联书店沪港联营公司,为集资企业,设在上海,统一承担京沪两店所发书稿的出版、印刷、发行业务;必要时可在其他大城市设立分销处;公司进行多种经营,做到以副养书。此时,三联书店筹备处的意见比较一致,也得到文化部的同意,三联书店设在北京,上海和香港设立分店,并成立经营性的公司。如果这些设想当时得到落实,那么中国第一家出版集团在 20 世纪 80 年代就诞生了。

可是结果并不是这样,而是三地三联书店各自独立,除了都要执行文化部规定的出书方针外,三家之间并无组织上的联系,事实上也不存在总店、分店之分了。为什么会这样,具体原因我不清楚,而上海的当事人皆已作古,也无从询问。这里引用三联书店筹备处 1986 年 6 月 17 日报告中的两段话,我们也许可以从中揣摩当时京沪两地筹备组成员不同的心思:"吉少甫同志提出,鉴于香港已称'香港三联书店',不称'香港分店',上海亦可不再叫'分店',直接称'上海三联书店'。""会议最后认为,建议考虑成立包括北京、上海两方面人员组成统一的编委会,协调两店工作。……如果目前不具备此条件而立即成立各地三联书店,那么,照北京三联书店负责人在会上表示,他们不能对由此产生的种种矛盾、龃龉负责。"

最终,京沪两地三联书店还是分道扬镳了。

上海三联书店的成立

1985 年 5 月 28 日,文化部批复三联书店筹备处,其内容为:(1)同意北京三联独立,(2)可考虑建立三联书店上海分店,(3)北京、上海、香港三家三联书店应设立统一的编审委员会,(4)在上海成立三联书店联营股份公司。于是,三联

书店筹备处成立了以吉少甫为组长的三联书店上海分店筹备小组，在上海出版局领导下，开始了上海建店的筹备工作。

三联书店上海分店筹备小组共七个人，他们是：吉少甫、汤季宏、方学武、毕青、丁之翔、汪晓光、岳中俊。他们都是"老三联"职员，当时都在上海出版系统担任一些单位的领导，但他们1949年前后都是从事经营管理工作，没有一位是编辑出身。所以，同样是"老三联"的作家欧阳文彬先生，虽然不是筹备小组成员，在筹备过程中，特别在有关出书方针和编辑业务发展方面，也参与研讨，弥补了筹备小组的不足。

作者（左二）与上海三联书店筹备组组长吉少甫先生（右二）在香港

三联书店上海分店筹备小组的工作，首先是申请正式建制。经过上海市出版局申请，1985年8月26日上海市编制委员会沪编（1985）字第159号文《关于同意成立生活·读书·新知三联书店上海分店的通知》，答复中共上海市委宣传部:"该分店属事业单位,享受县团级待遇,实行企业管理,独立核算,自负盈亏。编制定为30名。"中共上海市委宣传部接到上海市编制委员会通知后,即于1985年9月17日发文指示上海市出版局可据此"向文化部办理申请,并着手按'四化'方针组建该分店领导班子"。上海市出版局于1985年10月10日向文化部呈报《关于建立三联书店上海分店的申请报告》,后又补充报告《关于上海三联书店开展编辑出版工作的意见》。新成立的国家出版局于1986年8月30日,以(1986)出综字第747号文《同意成立三联书店上海分店》批复上海市出版局:"按照文化部出字(1985)第851号文《对三联书店筹备处报告的批复》,根据你局的申请,征求了三联书店筹备处的意见,并经请示中共中央宣传部批准,同意成立生活·读书·新知三联书店上海分店,社号486。三联书店上海分店是三联书店的组成部分,要与北京的三联书店共同执行1985年4月批准的三联书店的方针任务,以及1985年5月三联书店筹备处建议的出书范围。同时,根据三联书店筹备处建议,上海分店可以结合上海市的特点,多出些经济、科技、科学管理图书。三联书店上海分店建立后,设在北京的三联书店和上海分店要组成编制统一的编审委员会,按规定的方针任务,负责审定和协调北京三联书店和上海分店的长期选题计划和年度出书计划,报送国家出版局和上海市出版局审核。……上海分店要建立健全编辑部,配备足够数量的专职编辑,编辑人员的名单并学历、经历报国家出版局备案。上海市出版局应加强对三联书店上海分店的领导和管理,做好协调上海分店与上海其他出版社的出书工作。希望北京的三联书店和上海分店发扬三联书店的优良传统和特色,在改革、创新中向读者提供高质量的优秀读物。"

至此,三联书店上海分店正式获得国家批准成立。筹备小组又争取到上海市出版局拨款20万元作为开办经费,并落实了绍兴路七号的办公地点,从新华书店和印刷厂抽调了一些干部组成了业务班子。但编辑人员的招聘和编辑部的

组成,则是在我到任以后才进行的。应该说,作为出版社,上海三联书店以它的出版物向社会宣示它的存在,是1986年的事了。

在这里要强调的是,上海三联书店之所以能够成立,首先是"老三联"前辈们努力争取的结果。这个主张是由沈粹缜先生首先提出的,她是邹韬奋夫人,时任国务院副总理邹家华的母亲,说话自有分量。代表了上海"老三联"前辈们愿望而行动的吉少甫、汤季宏等筹备小组的先生们,为上海三联书店的建立竭尽心力,令人敬佩。

时任上海市市长汪道涵老先生,王元化、罗竹风等文化界名流,以及时任上海市出版局局长袁是德先生,他们的关心和支持,是上海三联书店顺利成立的另一个重要原因。汪老先生是读书人,也是三联书店的忠实读者。他非常关心上海三联书店的筹建,经常接见筹备小组同仁,参加筹备小组讨论,从方针大略到具体业务,都细加指导。前面说到,文化部批准京、沪、港三联书店成立联营股份公司,汪市长当时即表现出浓厚兴趣,还提出许多具体建议。这个决定后来没有实现。不过,上海三联书店还是贯彻汪市长的意见,在上海出版局的支持下,联合香港三联书店和上海书店,成立了上海香港三联书店有限公司。在这家合资企业申办过程中,因为要申请图书进出口权,没有获得外贸部批准,还是汪市长出面给外贸部写信说明理由,才得到外贸部通融,成立了这个中国第一家合资书店,给当时上海的图书市场,带来了一股新风。当时汪市长对上海三联书店筹备组的谈话中,对出书特色、海内外沟通、作者和读者工作等诸方面提出的要求,也都贯彻到以后上海三联书店的办社实践中。上海三联书店成立后,汪市长还给上海三联书店创造很多有利条件,如汪市长在上海期间,差不多每月都要邀请学者恳谈,议论时局及当前重大课题,上海三联书店负责人有幸都能参加,这对把握形势和设计选题,都深有帮助。汪市长和海内外文化人交游甚广,经常有学者把著作甚至其大陆的出版权赠予汪市长,汪市长又把他认为应予重视的著作推荐给上海三联书店,为上海三联书店增添了许多好书。如今想来,身为上海市市长能如此关照一家小出版社,这在上海文化史上恐怕也是空前绝后的佳话了。

京、沪、港三家三联书店的关系

前面说到,按三联书店筹备处最初设想并得到文化部同意,三家三联书店应当成为一个出版集团,这个设想没有实现,三联同仁们应视为最大的遗憾。但这个遗憾我在三联工作期间,经过三店主事者的努力,多少也得到一些补偿。当时香港由萧滋先生主持,北京是由范用的"金童玉女"沈昌文、董秀玉当家,我们私人关系都很好,又受到前辈们的熏陶,都有"同门意识"。以后萧先生退休,董秀玉担任香港三联总经理,我们三家逐渐建立了联系体制。每年一至两次总经理联席会议,互通选题,交流信息,还谈到虽然不能实现当初的设想,但可以学习五家商务印书馆,建立松散的联盟。作为起始,我们多次酝酿三店先联合出版一套

参加香港三联书店成立40周年庆典(左四为作者,左五为时任香港三联书店总经理董秀玉)

有影响的大型丛书。也是在这个时候，沪港三联成立了合资书店。在人员联系方面，董秀玉在港负责时期，和上海三联书店建立了人员交流关系，中层干部年年互有来往，相互学习。香港同仁到江南一带休假，都由我们接待安排。在作者和书稿方面，也都相互帮助照应。应该说当时三家的关系是相当亲切的，也许这也是一种三联的传统意识在起作用吧。可惜，我退休以后，这种关系便没有发展下去。以后三店的人员都有变动，虽然大家都还用三联书店这块金字招牌，毕竟三联不再是一个"大家庭"了，人员之间自然也淡漠了"自家人"的情感。

（本文审校：上海三联书店首任党支部书记刘凤华）

改革开放初期的上海对外合作出版

任 彦

任彦，1934 年 9 月生，曾任上海市新闻出版局版权处处长。

　　上海的对外合作出版始于 1979 年，这是由于党的十一届三中全会提出了改革开放的战略决策。当时，我国虽然还未颁布实施著作权法和加入国际著作权公约，也没有签署任何著作权保护的双边协定，但上海的出版界却按照有关政策和国际惯例开展了这方面的工作。自 1979 年至 1989 年，上海对外合作出版的方式多种多样，合作对象主要是中国香港地区和日本。除此之外，还涉及美国、英国、法国、联邦德国、新加坡、加拿大、南斯拉夫、澳大利亚和中国台湾等国家和地区。十年间共签约 287 份，涉及的书刊有 557 种，上海有 19 家出版社和这些贸易伙伴进行了业务上的交往。

出版单位积极参与　成果丰硕

对外合作出版的方式，大致有以下一些类型。

1. 上海负责组稿、编辑，对方负责排版，排版后复制一份菲林给上海印刷内地版。例如：上海古籍出版社和香港三联书店出版的《中国历代散文作家选集》。

2. 上海负责组稿（图片稿和文字稿），并负责编辑加工，然后再交对方进一步编辑加工、图片整理、校对、版面设计、整稿制作，著作权共有。例如：上海古籍出版社和香港中华书局合作出版的《图说中国历史》。

3. 代客加工。例如，中方受日方委托在沪印制，然后交日方在日本发行，版权页上注明，出版者是中日双方。日本以每本书七元人民币的价格折成日元付给中方。例如：上海教育出版社为日本内山书店加工的《3500 常用字宝典》。

4. 对方提供文稿，委托中方约请作者绘画。例如：上海少儿出版社和日本曙光社合作出版的《牛郎织女》（日本版）。每幅画按 150 元人民币计酬（折成日元支付）。

5. 中日双方各自负责中文版或日文版的出版与费用，中方负责组稿。例如：上海人民出版社与日本北树出版社合作出版的《日本近代十大哲学家》，日方向作者支付 6% 的版税，向译者支付 4% 的版税。组稿费按定价×印数×2% 的版税率支付。

6. 上海提供修改稿的印刷机样，交给香港剪贴改版并在香港印刷出版，双方共同署名。例如：上海译文出版社与香港商务印书馆合作的《英语常用动词用法》（香港版）。

7. 香港有关出版社提供日本白水社出版的书的译稿给上海译文出版社出版。沪方负责编辑审稿，沪、港双方各自销售国内版和海外版。如双方合作的

《德语基本词词典》《法语基本词词典》和《西班牙语基本词词典》。

8. 上海提供样稿,香港改换书名印刷出版,双方共同署名,例如:上海译文出版社和香港商务印书馆合作出版的《当代英华详解词典》。

9. 上海译文出版社同法国巴黎王氏国际贸易公司合作出版的《世界时装之苑》,由中法双方商定编辑大纲,法方在法国组稿、编写、翻译、设计,尔后将全部稿件交给上海译文出版社,由其定稿,并在上海印刷出版。法方负责稿费、翻译费、拍照费、设计费以及排字、校对、制版、印刷、装订及纸张、材料等费用。法方的目的主要是为了扩大影响,并不多考虑经济因素。《世界时装之苑》已在很多国家出版发行,而中国却还没有。法方为每集出版向中方支付 6000 法郎,其余费用由中方承担。中法双方分别征集到的广告费归各方所有。同时,双方还约定该书在上海印刷,这对促进上海印刷业也有好处。

10. 美国驻沪领事馆和上海几家出版社也有合作。做法是美领馆在美国国内先购买版权,由上海的出版社负责翻译,翻译费由其负担,并购买出版的书,通过买书补贴印刷出版费用。如上海译文出版社和美领馆合作出版的《沃尔福短篇小说集》。

11. 中方提供文稿及图片,对方进行设计加工和译文润色,并负责印刷出版。例如:上海人民美术出版社与南斯拉夫评论出版社合作出版的《中国》《西藏》两本书。

12. 中方组织编委会,负责中、日文版的编辑、翻译和定稿,并拥有中文版的终审权。日方请日本专家协助编译工作。双方分别对中文版和日文版拥有版权,并各自承担中、日文版的费用。日方订购中文版 500 套,以人民币的定价折成美元支付。日文版的第一次印刷,日方支付间接印刷费,每卷人民币 5000 元,直接印刷费人民币 14000 元,每卷印 2000 册。例如上海文艺出版社和日本内山书店合作出版的《中国民族音乐大系》(中、日文版)。

13. 远东出版社前身上海翻译出版公司同联邦德国豪本斯坦茨出版社合作的《联邦德国企业大全》，是对方为介绍德国的工商企业，由德方向中方提供三本德文版的原书和翻译稿，中方负责审校、排版、校对、印刷和销售。中文版的版权由中德双方共有。德方向上海翻译出版公司支付了 21 万德国马克。

14. 上海科技出版社同英国培格曼出版公司对等出版各自的图书，即英国出版上海几本书，上海也出版英方的几本书。英方出版过中方的《精密切削的理论与技术》《建筑物的裂缝控制》，中方也出版过英方的《图解微电子和微计算机辞典》《可靠性和人为因素》，各自按 5% 版税率付给对方。

同海外除进行图书合作出版外，也有期刊社参与了版权贸易。如上海科技出版社和美国物理学会合作，将科技出版社出版的《激光》登在美国《中国物理》期刊上，上海出版的《生物化学与物理学报》杂志也在美国出版了英文版，版税率为 10%。

十年来，上海对外合作出版影响大的图书有：上海学林出版社同香港商务印书馆合作的《中国服饰五千年》、上海人民美术出版社和日本美乃美出版社合作出版的《中国陶瓷全集》、上海科技出版社同我国香港、联邦德国合作出版的《中国珍稀动物》、上海辞书出版社和香港商务印书馆合作出版的《中国成语大词典》、上海辞书出版社和台湾东华书局合作出版的《辞海》(1989 年新版)、上海辞书出版社和台湾五南图书公司合作出版的《唐宋词鉴赏词典》《唐诗鉴赏词典》、上海书画出版社同香港万里书店合作出版的《中国画技法入门》(24 册)、上海文艺出版社与香港三联书店合作出版的《上海博物馆藏宝录》、上海少儿出版社和台湾纪元电脑排版有限公司合作出版的《10 万个为什么?》，以及上海人民美术出版社与日本放送出版协会合作出版的《上海博物馆》等。

政府管理部门保驾护航　营造环境

作为对外合作出版的版权行政管理部门本着"政事分开""政企分工"原则做了一些工作,概括起来为六个字:咨询、指导、管理。

1. 咨询。由于开展对外合作出版是 20 世纪 80 年代初才开始的,如何开展这方面的工作,不少出版社都感到陌生,急需得到帮助。上海市版权局自建立起始,便承担了对外合作出版的管理工作,其中一个重要任务就是做好咨询工作。咨询的方法有三种,即电话咨询、上门咨询和书面咨询。在咨询中要求做到热情接待、耐心细致和据实作答。

2. 指导。坚持"政事分开""政企分工"原则不等于撒手不管。在对外合作出版中,不仅有法律问题,也有政策问题,特别是对台的合作出版、版权贸易等。因此,应加强这方面的指导。为此,首先从思想认识上讲清楚开展对外合作出版及版权贸易的社会意义,如对台版权贸易及合作出版是对台工作的一部分,应服从"一国两制""和平统一"总方针的需要,既要积极又要慎重,坚持经济利益服从政治利益的原则,反对单纯经济观点,在工作中要以我为主、对我有利、注重实效、扩大影响,不能采取来者不拒的态度。其次,在具体工作中做了这几件事:(1)及时转发中央有关主管部门的文件,让各出版社了解中央的方针、政策;(2)举行台情报告会;(3)提供示范合同;(4)总结经验及时交流;(5)编印《台、港(部分)出版单位名录》;(6)发生合同纠纷时主动与出版社一道研究、商量对策等。

3. 管理。加强管理是为了保证对外合作出版顺利健康向前发展,而不是添堵、阻碍发展。再说管理就是服务,为此,版权管理部门做了以下几项工作:(1)制定《关于加强本市版权贸易(合作出版)管理工作的几点意见》;(2)召开"对外合作出版研讨会";(3)在市台办的支持和帮助下召开了"对台版权工作会议",这个会议得到了国务院台湾事务办公室的肯定,并为此颁发了参阅文件

(1990)26 号,文题是"提高认识,强化管理,积极发展对台版权贸易";(4)制定《版权贸易合同审核须知》;(5)审核对外合作出版和版权贸易合同并转报按规定由国家版权局审批的合同;(6)申请、办理、分配使用外国作品所需的外汇;(7)做好统计和档案工作,除月报、年报外,还有半年报,同时还制作了"版权贸易合同审核登记表""合同登记卡"和"对外合作出版、版权贸易图书统计"等报表,及时审核、及时统计、定期归档。

上海在改革开放初期进行的对外合作出版的实践,不仅为出版单位带来了可观的经济效益,也为今后顺利开展版权贸易打下了扎实的基础。

时 代 的 印 迹

——忆突击重排出版《数理化自学丛书》

徐福生

徐福生，1938 年 3 月生。历任上海科学技术出版社数学编辑、理科室主任、副总编辑、社长兼总编辑，上海市新闻出版局副局长，中国大百科全书出版社上海分社党委书记、社长兼总编辑，上海市新闻出版局局长，上海市文史研究馆馆长。

1977 年 8 月下旬，我从苏步青教授处得知，他刚参加的邓小平同志召集的科学与教育座谈会上传出消息：年内即将恢复高考。关闭了 11 年之久的高考大门，终于有望打开，知青们可以通过公平竞争改变自己的命运了，这是何等重大的喜讯呀！我思索着应该如何为考生们提供合适的读本。

在那特殊的年代，我国的文化教育事业混乱不堪，知青们其实只是名义上的中学生，大多数很少受过中学阶段完整的课堂训练，即使上过一点的，所读课本多为《工业基础知识》《农业基础知识》诸类，实际文化水准有的只有初中，甚至

高小。迎考,总得学习、复习,起码要有合适的课本?按理说,复习是指重新梳理过去已经系统学习和训练过的知识,而如今的他们,根本就未受过系统的学习,如何"复"呢?按现行的课本,肯定不行;新编,一时又来不及;若采用当时理工科院校为工农兵学员补习中学数理基础知识的教材加以出版,由于这些读本较简洁、不够严密系统,无师自学恐有困难。反复权衡下来,还是十多年前出版的《数理化自学丛书》是最合适的。

该书是上海科学技术出版社1962年8月着手组织,聘请市内有丰富中学教学经验的教师参与编写的,每人撰写最擅长的部分(分册)。《数理化自学丛书》的编写宗旨是使具有高小文化程度的青少年通过自学读懂、学好高中数理化基础知识。它从1963年起至1965年出版社开展城市"社会主义教育运动"止,《数理化自学丛书》全套17册,出版了除《立体几何》外的16册。在"四清"运动中,《数理化自学丛书》遭批判,说它为升学服务、传授"学好数理化走遍天下都不怕",是培养修正主义苗子的;"文革"中,又批判它与"上山下乡"唱反调,还对其"斩草除根",将所保存的《数理化自学丛书》全副纸型通通焚而弃之。若要《数理化自学丛书》起死回生,想到这些,真是忧虑重重。编辑室内议论时,就有人提醒说:"难道一波三折地挨批还未尝够?"也有的提疑问:"十多年前编的书早已不适合现行教学大纲了,与往后的教学大纲偏离就更远,况且纸型全都毁了,花九牛二虎之力去重排一套早已过了时的读本,划得来吗?"言之有理,风险不小。可是,总不能让考生们"赤手空拳"赴考场呀!科学知识的掌握是需要系统地学习的,学习的节奏可加紧,学习的过程却是省不得的呀!临考在即,现实的急需就是动员令、冲锋号,抓紧出版是唯一选择。经编辑室内再酝酿,提高认识、消除顾虑后,认为:传授数理化基础知识能错到哪里去吗?管不得那么多了!在出版社分管副总编辑蔡明同志的支持下,全室齐心协力,突击重排出版全套《数理化自学丛书》。

《数理化自学丛书》(凌旻摄)

那时的排版印刷工艺仍是传统的"热排",排印过程要从铅字架上一个个铅字撮字起,工序十分繁杂,为突击,商务印刷厂的师傅们分多路齐头并进。为了将好事办得更好,我们想方设法考虑着丛书的开本、定价和进度:趁重排的机会,把重排本的开本,从原版的大 32 开本改成小 32 开本,是为了能较大 32 开本的书价降低 20%;也为了印小 32 开的凸版纸供应较印大 32 开本的纸张多,不致往后因纸张供应问题影响丛书的大印数重印。定价类别,按当时分类最低标准的学习文件类,每印张(32 面)0.08 元,全套(17 册)11.73 元。为了尽量赶上 1977 年冬的恢复高考,虽等不及整套出齐后一并发行,就逐册出版、陆续上市,这给读者购书添了麻烦,却能为第一批考生多争得点宝贵的复习时间。终于,在出版社、上海商务印刷厂和新华书店的通力协作下,从出版社发排起不足一个月,

《代数》（一）就上架发行了。《数理化自学丛书》重排本出版发行的消息传出，各地新华书店顿时排起长龙，广大知青和他们的家长、亲友犹如久旱的禾苗逢甘霖，激动、企求和兴奋难以言表。出版社接连安排重印，仍供不应求，印了435万套，合计6000多万册。考虑到便于各地及部队租印，我社破例一下拷贝了13副纸型提供便利。后来得知，1978年12月，总参谋部、总政治部、总后勤部向全军发出的《关于部队开展科学文化教育几项落实措施的通知》文件中，把科学文化教育作为军队现代化建设的一项重要内容，提出当时以普及中学数理化知识为主、以干部为重点。他们印发了《数理化自学丛书》20万套，共300多万册，发至连队，帮助连队文化教育顺利进行。

至今，好些为纪念恢复高考的回忆文章中常会深情地提及《数理化自学丛书》，《数理化自学丛书》见证了一代人的奋斗之路。如有位广西的刘姓网友说："1978年《数理化自学丛书》重排本出版，对我们这些被"文革"耽误了学业的人来说真是及时雨，《数理化自学丛书》是使人进步的阶梯，既帮我达到了高中文化水平，还提高了良好的自学能力，至今我一直珍藏着它。"《新民晚报》上魏姓读者撰文说，他是"70届初中，文化程度也就是小学五年级，1977年《数理化自学丛书》真是雪中送炭，我如获至宝，成了我的'家教'。辛勤耕耘终于得到了收获，帮我考取了南京航空学院飞机系"。2008年1月3日《中国国防报》有位黄姓博导撰文称，上初二时，因"文革"中断了学业，《数理化自学丛书》帮他进了大学。方志敏烈士的孙女方丽华说："1978年刚好初中毕业，爸爸给我买了一套《数理化自学丛书》，功夫不负有心人，1980年7月终于考上了我梦寐以求的清华大学。"2004年8月23日《人民日报》上赵姓读者撰文说："1978年参军在新疆铁道兵部队任兼职文化教员期间，团部给连队配发了两套上海出版的《数理化自学丛书》，我靠它考上了大学。"北京大学信息科学技术学院梅姓院长撰文说，他在贵州遵义上高中时，自学了《数理化自学丛书》，做习题的草稿叠得有近人高,1980 年帮他考上了大学。有位旅英生物科学家江林华博士 2007 年 3 月 19 日撰文说,他出身农家,1979 年初中毕业,渴望《数理化自学丛书》,得到后如获至宝;《数理化自学丛书》知识系统全面,既弥补课本知识,又培养自学能力,帮他 1982 年考取了华东师范大学。在 2006 年 5 月上海科学技术出版社建社 50 周年庆祝会上,一位市领导在讲话中说:"20 世纪 70 年代末,我有一套《数理化自学丛书》,靠着它,改变了自己的命运。后来,这套书借给了两位朋友,他们的命运也得以改变。现在这套书还放在家里的书架上,几次清理,都没有舍弃。"

《数理化自学丛书》1977 年重排本的突击出版,对于当时的中国社会具有特殊的意义。许多考生在这套《数理化自学丛书》的帮助下,通过考试进入了大学学习,后来,他们之中的许多人都成长为改革开放后中国现代化建设中的骨干力量。这些"文革"前的中学生,甚至小学生,怎么一下子竟能考出如此优异的成绩?不是靠的学校,也不是靠的天才,主要是靠的自学。从这些读者们对《数理化自学丛书》的真切实践检验,可见自学也是一条向知识进军的有效途径。1979年 8 月 14 日至 20 日,中国科学普及创作协会第一次代表大会在北京召开,我以"编写出版自学读物是加速培养建设人才的一条重要途径"为题作了书面发言,在我国教育事业发展尚不平衡的现状下,作为服务全国的上海,如果能组织有丰富经验的教学和科技人员,下功夫多编写出版一些便于自学的优秀读物,对提高中华民族的文化和科学知识素养,加速培养建设人才都是很有现实意义的。

人才是立社之本

李国章

李国章,1938 年 11 月生,福建莆田人。曾担任上海古籍出版社总编辑、社长兼党委书记。曾兼任上海市出版工作者协会副主席、上海市古典文学学会副会长、上海市作家协会理事、上海市社联委员等。

　　上海古籍出版社建社至今已有 60 周年。从 1956 年 11 月古典文学出版社成立,到 1958 年 4 月古典文学出版社与中华书局上海办事处合并改组为中华书局上海编辑所(简称"中华上编"),先后十年时间,是出版社创业阶段。"十年动乱"期间,机构被撤销,出版业务停顿十年。党的十一届三中全会以后,大地回春,古籍整理出版事业迎来蓬勃发展的新时期,在"中华上编"和"文革"中存在的上海人民出版社(大社)古籍编辑室的基础上,恢复出版业务,于 1978 年 1 月更名为上海古籍出版社。由于天时地利人和,上海古籍出版社不断壮大发展,高素质的编辑出版人才层出不穷,出版社优良传统代代相传,图书出版取得辉煌成绩。

李俊民同志是上海古籍出版社的创建者并长期担任出版社的主要领导职务。从古典文学出版社开始,他就拟定正确的办社宗旨和出版方针,从出版规划和图书编辑出版的各个环节都制定了一套完整的规章制度。他特别重视对高素质的古籍编辑出版人才的选拔和培养,他说:"出版社的职责在于出好书,而其关键在于出人。没有人就没有书。关于人的问题,从古籍出版的角度上看,首先是出版社的编辑。"李俊民同志以求贤若渴、海纳百川的胸怀,为出版社培养和造就了一批又一批的学者型的编辑人才。在古典文学出版社和"中华上编"时期,汇聚一批才学之士,人才济济,有被称为"四大编审"的裴柱常、吕贞白、刘拜山、于在春,还有汪原放、刘哲民、胡道静、梅林、瞿兑之、钱伯城、何满子、王勉(鲲西)、金性尧、朱金城、富寿荪、周楞伽等。据何满子先生回忆,俊老"常戏称他主张'人才内阁',私下不无得意地说:我们这个班子办一个大学中文系是胜任的"(《悼胡道静并琐忆往事》,载《新民晚报》2003 年 12 月 22 日)。在李俊民同志的倡导下,尊重知识、尊重人才的观念,在上海古籍出版社深入人心,成为优良的传统。

在新的历史时期,经过"拨乱反正",学术文化与出版事业复苏。李俊民同志不顾 74 岁的高龄和"文革"中个人的创伤,决心率领大家把被"四人帮"夺去的十年时光夺回来,他说:"我们不须抚'伤痕',而应该摩拳擦掌,奋勇前进,克服万般困难,胜利地完成我们的历史任务。"李俊民同志迅速把在"十年动乱"期间被迫去工厂、农村、五七干校劳动的原"中华上编"的编辑人员召集起来,吸收原上海人民出版社(大社)古籍编辑室的编辑,并从其他部门调进对古籍有深入研究、古典文献知识渊博的专门人才,旧雨新知,群贤毕至,他们之中有钱伯城、魏同贤、何满子、金性尧、朱金城、王勉(鲲西)、汪贤度、富寿荪、陆枫,还有包敬第、陈振鹏、李学颖、陈邦炎、华守一、叶冈、徐稷香,以及齐凯、梁国柱、林虞生、王

祖保、陈善祥等。由于优秀的古籍编辑出版人才的聚集，出版业务迅速恢复，李俊民同志为了缓解当时社会上的"书荒"，采取有力措施，组织全社力量，把原古典文学出版社和"中华上编"出版的图书，分批修订再版，并增加新版古籍整理研究和学术图书的出版，在两三年的时间内出版包括文学典籍、诗词、戏曲、小说、历史、哲学、军事等方面内容的图书五百余种，得到学术界和读者广泛好评，迅速扩大了上海古籍出版社在海内外的影响。

1985 年 1 月 30 日，于上海文艺会堂"庆祝李俊民同志从事文化、教育、出版工作五十五周年纪念会"上留影（左一为李俊民）

由于"文革"结束不久，大学恢复招生后还没有毕业生，古籍编辑专业人才出现青黄不接的现象。1980 年冬天，李俊民同志在国内出版界率先公开招聘愿意从事古籍出版的年轻编辑，有 250 余人应聘，参加考试的近 100 人，录取 11 人。他们对传统文化有一定爱好和基础，其中大专以上学历六人，其余五人也有较强的古汉语阅读能力,知识面较宽,而且具有实际工作经验,来社后通过业余学习,有四人取得大学本科学历。这些同仁经过多年的古籍编辑工作的实践,大多数都成为学有专长的学者型编辑,如王维堤、曹光甫、丁如明、李祚唐、曹明纲、聂世美等,为上海古籍出版社的发展作出较大的贡献。

从 1981 年至今,公开招聘古籍专业编辑已成为上海古籍出版社一项制度,那些专业水平较高、立志献身古籍编辑出版事业的年轻学子源源不断充实编辑队伍,不论本科生,还是硕士、博士,德才兼备,是最重要的条件。经过多年的培养,涌现出一批学者型的编辑人才,并有不少人担任社级领导干部。据统计,最近 20 年来,除本社领导班子的更新调整从社内提拔外,还为兄弟出版社输送社级干部九人,其中有原上海文艺出版集团总裁、现上海世纪出版集团副总裁张晓敏、上海人民出版社原社长王兴康、上海人民出版社原总编辑李伟国、上海书店出版社原总编辑金良年、原汉语大词典出版社社长李梦生、上海书画出版社社长王立翔、中西书局总经理秦志华、上海辞书出版社副总编辑童力军。我社现任社长高克勤曾担任远东出版社社长兼总编辑,张晓敏、李伟国曾先后担任上海辞书出版社社长。

回顾 1978 年至今上海古籍出版社持续发展的历史,有一条经验值得总结,那就是发扬"团结、敬业、开拓、奉献"的团队精神,培养高素质的古籍专业人才,使出版社的优良传统代代相传,既出书又出人,为弘扬中华民族优秀传统作出应有的贡献。下面着重介绍上海古籍出版社在古籍专业人才培养方面的具体措施和收效。

选拔人才的标准:热爱专业,德才兼备

作为古籍专业的编辑,对业务上的要求具有较强的古代汉语阅读能力,要有扎实的基本功,较高的学识水平,善于判断书稿的内在质量,并经过认真仔细的

编辑加工,使之达到出版水平。因此,凡参加应聘的人才,必须参加严格的笔试,考核其古代文史哲基本知识和古汉语水平。通过笔试,还不能决定是否录取,必须参加面试,以便优中选优。面试的内容,实际上是考察应聘者在市场经济大潮中,能否有耐得住寂寞、不怕坐冷板凳、甘于清贫的精神,献身于古籍整理出版事业。同时,仔细了解有关高校的推荐意见和档案材料,考察他们的政治表现,选择德才兼备的人才,优先录取。上海古籍出版社长期坚持的招聘人才制度,其效果是较好的。虽然由于种种原因,少数人才的流动是难免的,但是编辑队伍总体是稳定的,有利古籍出版事业的发展。

培养人才的措施:言传身教,健康成长

上海古籍出版社对新招聘的研究生、大学生,在进编辑室前,先去校对科当数月甚至一年的校对,让他们先熟悉编辑和校对的基本知识,了解书稿从发稿、排印,到校对的全过程,了解编辑人员的职责,从书稿加工中体会编辑工作的甘苦,为今后认真做好编辑工作打下较好的基础。新编辑分配到编辑室后,一般采取结对的办法,拜学有专长、富有经验的老编辑为师,使他们在编辑工作实践中,培养认真负责的工作作风和精益求精的工作态度,边干边学,不断充实自己,提高业务能力和学识水平。在日常编辑工作中,还注意不断提高他们开拓选题和联系作者的能力。上海古籍出版社历届领导班子都十分重视青年编辑的培养,在工作实践中注意考察他们,对专业知识扎实、思路开阔、工作成绩优秀的青年编辑,优先选拔到编辑室领导岗位,让他们大胆开展工作,充分发挥他们的主动性和创造性,带领室内编辑人员开拓选题,积极参加各类学术会议,广泛联系海内外作者,认真复审稿件,把好图书质量关。随后根据全面考察和优化选择,把业务水平较高、工作成绩突出的专业人才,选拔到社级领导岗位。上海古籍出版社的社级干部,基本上都是从编辑做起,然后担任编辑室副主任、主任,再提拔到

社领导岗位。这些干部经过比较全面的锻炼,思想水平和业务能力都有较大提高,能很快胜任所担负的职务。由于一批又一批德才兼备的干部不断涌现,社、室两级干部都能及时更新,形成年龄结构比较合理、业务水平比较高的社、室领导班子。

人才积聚的效应:既出书又出人,社会效益与经济效益双丰收

对于出版社来说,人才是第一资源,立社之本。行业的竞争,市场的竞争,归根到底是人才的竞争。能否构筑坚强的人才支撑,决定出版社的地位和前途。上海古籍出版社在选题的开拓与创新方面,能坚持和强化专业意识,处理好继承与创新的关系,既要继承中华民族优秀文化传统,又要推陈出新,加强独创性,使古籍出版光景常新,以适应时代发展和读者需求。60 年来,特别是改革开放以来的近 40 年,上海古籍出版社几代出版人,以弘扬中华民族优秀传统为己任,出版图书一万种。大型与超大型集成性的文献资料的出版,有《四库全书》《续修四库全书》《古本小说集成》《清代诗文集汇编》等,形成规模宏大的古籍书库。《敦煌吐鲁番文献集成》《黑水城文献集成》《上海博物馆藏战国楚竹书》等,对推动有关学科的研究,发挥重要的作用,受到海内外学者的赞誉。古代文史哲名著集成性的整理与出版,有已出版 136 种的《中国古典文学丛书》,成为持续出版时间最长、学术含量最高、能体现本社精品图书特色的一套大型丛书,是新中国古籍整理出版成就的一个标志性项目。此外,还有《中国近代文学丛书》《中华要籍集释丛书》《华阳图志校补图注》《尚书文字合编》《肇域志》等。学术研究著作有著名学者陈寅恪、任半塘、吕思勉、蔡尚思、王运熙等人的文集,还有《中华学术丛书》《海外汉学丛书》《域外汉学名著译丛》等,以及体现新视角、新组合,形成规模效应的《蓬莱阁丛书》《名家说丛书》等。普及传统文化知识读物,有被誉为"青年古典文学爱好者乳汁"的《中国古典文学基本知识丛书》《中

国古典文学作品选注》《中华活叶文选》，以及不断更新换代的《新世纪文史哲经典读本》、古代文史哲经典著作的现代版、唐诗宋词元曲图文版系列读物等。此外，本社还发挥专业优势，出版熔学术性、知识性、鉴赏性于一炉的大中型画册和文物考古类著作。在出书的过程中，培养锻炼出一支高素质的编辑出版人队伍，涌现出一批学有专长、卓有成就的学者型的编辑和出版家。

60 年来，特别是 1978 年以来，上海古籍出版社共有 500 多种图书分获国家图书奖、中国图书奖、全国古籍整理图书奖等国家级以及华东地区、上海市的大奖。2013 年 8 月，由国家新闻出版广电总局、全国古籍整理出版规划领导小组向全国推荐优秀古籍整理图书，从中华人民共和国成立 60 年以来所出版的 2.5 万种古籍图书中推出第一批 91 种古籍整理出版的精品力作的杰出代表，上海古籍出版社就有 25 种，其中《中国古典文学丛书》一种有 75 项列选。上海古籍出版社已成为国内古籍出版重镇、世纪出版集团"古籍产品线"的核心，形成自己的特色并进而打造驰誉海内外的"上古"品牌。

在新时期上海古籍出版社取得的成绩，是几代人努力奋斗的结果。如今虽然老编辑和出版人基本上都已退休，在岗的都是青年人，由于发扬传帮带的优良传统，长江后浪推前浪，使出版保持旺盛的生命力，走上可持续发展的道路，为弘扬中华民族优秀传统、促进精神文明建设继续作出应有的贡献。

改革开放　梦想成真

——记改革开放以后上海外文图书有限公司的发展之路

张瑞芷

张瑞芷，1940 年 8 月生，曾任上海外文图书公司总经理。

　　党的十一届三中全会提出实现全党工作中心向经济建设转移，实行改革开放，加快社会主义建设的重大决策像春风吹遍了全国各地，各行各业都意气风发、信心百倍地结合本单位实际，改革创新把工作推向前进，争取早日改变面貌，使企业上一个台阶。经研究，我们认为应更好地为上海地区的大专院校、科研院所以及广大知识分子服务，更快地为他们提供国外先进的科技图书资料，加快上海的"四化"建设，这是我们长期以来的一个"梦"。

　　1949 年以前和新中国成立初期的上海一直是全国进口图书业的中心，上海原有图书进口公司十几家，即别发洋行、伊文思公司、商务印书馆、中美图书公司、大

华杂志公司、华夏杂志公司等。1953 年 3 月，当时的国家出版主管部门发文通知各地新闻出版机关："凡是经营印刷品进口业务的私商不得再直接经营此项业务，统一归国际书店及其指定的代理店办理。"从此上海私营西文书店一律停止了书刊进口业务，归口北京国际书店办理，从业人员并入上海外文书店，上海外文书店只能为国际书店在上海地区开展代办业务，自己没有进口权。"文革"期间，外文书业是"封、资、修"的重灾区，进口业务被"革"掉了。"文革"结束后，全国出现"书荒"，进口图书更是如此，特别是大专院校、科研院所以及广大中高级知识分子都如饥似渴地需要国外的先进科技图书资料，从而能迎头赶上国际科技发展的步伐。为了把断缺十年的国外图书资料补上，订购进口图书出现了"井喷"。而当时图书进口业务都集中在北京的"中国图书进出口总公司"和"中国国际图书贸易总公司"两大公司，由这两家公司统一编目征订，汇总后统一向国外订货，待统一收货后再分发全国各省市外文书店。由于中间环节太多，一本图书从国外进口时间最短的要半年，最长的要一年半，有时弄得订购的科研人员啼笑皆非。"加速信息传递，加快图书资料进口"已成为上海科技界、教育界普遍的要求，原有图书进口的单一体制已远远不适应时代进步发展的需要。在党的改革开放政策鼓舞下，我们下决心尝试突破一下规定，争取拥有自己的图书进口资质，实现我们的"梦"。

经过调查研究，我们首先向市出版局、市委宣传部提出申请，希望在上海外文书店的基础上成立上海外文图书公司。1984 年 8 月 8 日，市委宣传部批复同意上海外文书店更名为上海外文图书公司，使我们从一家书店转为一家可以开展图书综合性业务的企业，向拥有图书进口资质迈进了一步。1984 年 10 月 16 日，我们正式向市出版局、市委宣传部打报告申请图书进口资质，10 月 20 日市出版局批复同意，10 月 23 日市委宣传部批复同意，11 月 15 日市对外贸易委员会上报市政府，当时的上海市市长汪道涵同志批示："根据改革开放精神拟可考虑同意。"常务副市长阮崇武同志批示："拟应予同意，请按规定办报手续。"1984 年 11 月 19 日，市政府正式批复："经市人民政府研究，同意上海外文图书公司经营进口国外书刊业务，作为该公司业务范围的一部分。"一个基层单位的报告，得到了市长、常务副市长的关心并作批示,一个需经多个政府部门审批的繁复流程在短短一个月之内全部完成,这不仅说明各级领导的关心和重视,也充分体现出党的改革开放政策的巨大推动力。

有了可以进口的资质,还得要有外汇,不然就像一个战士有了枪没有子弹,无法上战场。那时的外汇还不能自由买卖,国家有严格的规定,用于进口图书的外汇属非贸易外汇,由财政部负责,专款供北京一家图书进口公司之用。一次偶然的机会,我们了解到在改革开放政策的指引下,财政部正在搞调研工作,考虑改变一家进口的局面,这真是一个千载难逢的好机会。可是财政部对我们来说是一个高不可攀的大单位,不要说没人认识,就是哪个部门办这种事,甚至财政部的门朝哪里开都不知道,怎么办? 在改革开放精神的鼓舞下,为了企业的发展,为了实现我们的"梦",我们决定无论如何也要去试一试,进北京到财政部"闯一闯"。于是,时任总经理王一尘带着市政府及各级领导部门的批文直"闯"财政部,上门求援。上门第一天,碰到管事的处长要外出开会,希望王一尘改天再去。由于情况紧迫,王一尘没有离开,就在财政部大门口等,一等就是几个小时。处长开会回来看见两人仍在门口等候,十分惊讶,也被王一尘对事业高度的责任心和执着精神深深地打动。处长对我们的要求深表理解和同情,不久就到上海调研。经调研,财政部认为我公司的规模、设施、人员和业务经验都已具备条件,有直接对外开展业务的能力,再根据上海的地位及依据改革开放的精神,遂于 1985 年 2 月批准拨给我们 200 万美元额度用于开展图书进口业务。真是功夫不负有心人,这下不但有了"枪",还有了"弹",可以大干一番了,我们的"梦"也可以实现了。随着图书进口工作的顺利开展,上海地区部分图书资料引进速度比原先大大加快,取得了较好的社会效益,受到不少教育科研单位的赞扬。公司很快与美国、英国、德国、日本、印度、荷兰、新加坡等国家建立起广泛的图书贸易关系,对外汇的需求也越来越大。为进一步解决图书外汇问题,市领导汪道涵和江泽民同志先后于 1985 年 11 月和 1986 年 2 月写信给国家财政部,希望能支持上海外文图书公司图书进口业务的开展,长期给予图书外汇额度支持。由于市领导的关心和支持,外汇问题的后顾之忧终于得到了彻底的解决。到 20 世纪 90 年代后期,外汇就可以自由结算了。

1985 年 4 月 30 日至 5 月 6 日，"1985 年上海国际书展"在上海展览中心举行。刘振元副市长剪彩，市长汪道涵、副市长阮崇武、国家出版局局长边春光等领导和各界著名人士前来参观

上海外文图书公司的正式成立是以"1985 年上海国际书展"的举行为标志的。书展由市出版局主办，上海外文图书公司承办，香港国际展览公司协办，于 1985 年 4 月 30 日至 5 月 6 日在上海展览中心东二馆举行。这是国内第一次大规模的国际书展，书展占地面积 1100 平方米，展出了来自 16 个国家 113 家出版商的科技、社科、文艺等各种图书 11000 余种，盛况空前。书展期间多位市领导专程前往参观并会见各家出版商代表，副市长刘振元亲临会场为开幕式剪彩。美国《出版周刊》杂志刊登了专栏记者的长篇报道，报道中写道："上海外文图书公司是继北京中国图书进出口总公司后第一家地方性的图书进出口公司，这次书展充分体现了中国对外开放的深入发展。""1985 年上海国际书展"也是上海出版系统直接与外商联合举办图书展览会的初次尝试，它对进一步开发在上海图书展览的渠道、增加上海出版界与国外同行接触的机会以及加快信息传递等

起到了积极的作用。在公司成立之际,聂荣臻元帅题词"洋为中用",时任国务院副总理方毅题写了"上海外文图书公司"司名,时任《解放军报》副总编姚远方将军在《解放军报》上发表了一篇重要文章《独木桥还是立交桥》,赞扬并支持上海外文图书公司的成立。在党的改革开放政策的照耀下,在各级领导的关心和支持下,在我们锲而不舍的努力下,我们的"梦"实现了。

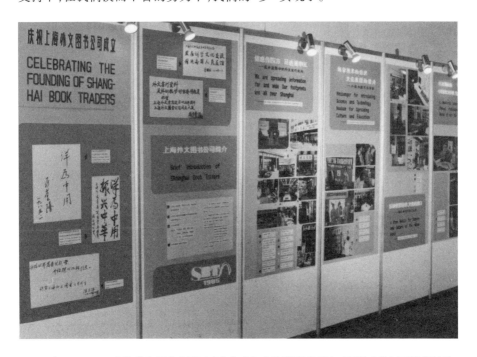

1985 年 4 月 30 日,上海外文图书公司正式宣布成立,以"SBT"为标志对国外直接开展图书贸易业务,时任国务院副总理方毅题写公司名称。全国人大常委会副委员长聂荣臻元帅、全国人大常委会副委员长周谷城、上海市市长汪道涵、上海市政协主席李国豪、上海对外友好协会会长苏步青、复旦大学校长谢希德等题词

　　1986 年,国家新闻出版署和中国图书进出口总公司举办了"北京国际图书博览会(BIBF)",这是我国出版业走向世界的标志,是我国出版业进行国际交流的名片。我们为"1985 年上海国际书展"能为"北京国际图书博览会"做出有益

的探索和尝试感到高兴。

"1985 年上海国际书展"的成功举办也为我们图书经营者走出国门、到海外开阔眼界和洽商业务提供了便利，各级领导给予我们更多的信任与支持。1990 年，我作为总经理率队赴美国考察访问，这是公司第一次组团出国。从此，开启了我们公司每年都有人员及团组走出国门，走上国际舞台，打开图书引进、输出的新局面。

随着中国改革开放的不断深入，出版发行业的国际交流日益增多，我们除了为国内读者引进大量优秀的原版图书，也开始尝试图书"走出去"。随着中国经济的发展和我国在海外新移民的增加，海外对中文图书的需求日益增多，我们有必要进一步加强对海外中文市场的拓展。其中在北美举办"1997 上海书展"是我们成功打入西方主流社会图书市场的有力尝试。

1997 年 8 月 6 日至 19 日，我们与香港联合出版集团（有限）公司合作，在该公司下属洛杉矶三联书店、纽约东方文化事业公司、多伦多三联书店举办"1997 上海书展"。我们组织了上海 38 家出版社近 8000 种图书参加书展展销，码洋约合人民币 100 万元。书展期间，我们还举办了对三地公共图书馆的赠书活动，展示了上海出版界的实力和形象，扩大了沪版图书的影响。通过交流，我们进一步了解了国外的出版信息、管理模式及运作方式，为之后上海的出版、发行改革拓展了思路，特别是给书店的运作机制提供了参考。

在国际舞台摸爬滚打多年以后，我们开始总结经验、吸取养分、剖析教训，思考如何进行创新式的发展。我们感到要将中国图书持续不断地引进国际市场，必须建立一套长效机制，首先应该从国际书展的品牌建设开始。2005 年我们与新加坡当地一家知名图书公司——友联书局合作在新加坡书展上首创"阅读上海"品牌，目前它已发展成为国家级重点文化出口项目。

德国法兰克福书展一直是世界上规模最大、影响力最广的国际书展。2009

年法兰克福书展主办方把中国定为主宾国,为此国家新闻出版总署对我国的参展商进行了主宾国工作部署。我们在上海市新闻出版局的具体领导下,负责中国主宾国上海馆的搭建、对外联络、对外展示、团组接待等工作。这是上海外文书店及上海外文图书公司成立几十年以来从上级主管单位接受的第一项重大政治任务。公司时任总经理吴新华亲自挂帅组成工作筹备小组,夜以继日、认真负责、尽心工作了近 10 个月,顺利完成了筹备工作。在书展期间,上海馆吸引了大量国际出版商、发行商及读者参观,上海馆的活动也得到了参加书展的中央有关部门领导的充分肯定,我们的工作组也得到了市新闻出版局主要领导的高度称赞。

2004 年 9 月,我们与台湾联经出版事业公司共同在台北成立一家销售大陆图书的简体字书店,取名"上海书店"。开设台北上海书店的目的是为台湾地区知识界、学术界及普通民众全面持续地介绍大陆最新出版物。台北上海书店开办以来,得到国台办、海协会、国家新闻出版广电总局、市台办、市新闻出版局、世纪出版集团领导的关注与指导。2008 年和 2010 年,原国家新闻出版总署署长柳斌杰、副署长邬书林与海协会领导分别到访台北上海书店,对两岸出版发行界这一合作模式予以高度肯定,并表示要大力支持像台北上海书店这样的简体字书店。

改革开放政策也催生了国内学习外语的热潮。20 世纪 70 年代末,莘莘学子并不满足单纯地在书本上学外语,配套磁带的需求日渐高涨,而当时市场上外语磁带严重匮乏。为了满足当时市场的迫切需求,我们看准市场,抓住机遇,敢于创新,在公司仓库中辟出一间房,组成了六人录制组,开始了早期的磁带加工。1983 年 4 月,在录制组的基础上成立了上海外文书店视听部,复录设备从盒对盒的复录转变为流水线生产,质量和产量都有了很大的提高,但整个运作过程还只是停留在磁带加工的阶段,没有版号,只是一个"前店后工厂"模式的加工厂。

1987 年 1 月，在中央有关"加强出版行业建设"政策的指导下，我们通过积极申请、各方努力，终于得到了新闻出版署的批准，在视听部的基础上成立了上海海文音像出版社，音像业务又有了新的开拓。国际著名遗传学家、中国现代遗传学奠基人之一、杰出的科学家和教育家谈家桢题写了社名。上海海文音像出版社致力于优秀的教育音像制品的策划、录制和出版，曾出版《贺绿汀作品精选》《自娱自乐学钢琴》《儿童学拼音》《最新国际音标》等社会效益和经济效益俱佳的产品，并获得第二届全国优秀教育音像制品奖、第五届全国优秀教育音像制品奖、第三届中华优秀出版物电子出版物提名奖等。

2013 年初，上海外文图书公司并入上海世纪出版集团，2015 年 11 月公司根据集团改制要求更名为上海外文图书有限公司。作为一家有着 60 多年历史的老品牌，我们在改革开放的洪流中实现了转型发展，迈上了一个新的台阶。目前，公司已发展成为一家拥有各类出版物进口资质，集进出口、零售、馆配、征订、直销、批发、出版、发行、展览和教育培训各种不同业态于一体的外向型文化企业。我们不禁感叹，没有党的改革开放政策，就没有上海外文图书有限公司的今天！

学林出版社的自费出版

雷群明

雷群明,1940 年 10 月生。1981 年入学林出版社任编辑,1986 年任副总编辑,1988 年任社长至 1999 年改任总编辑,2002 年调韬奋纪念馆任馆长、顾问。2007 年退休。

　　自费出版其实并不是什么新事物。不但在世界许多国家都早已存在,就是在中国也可以说是古已有之,很多有名的作家都曾经以自费的方式出版过作品。但是新中国成立以后,随着出版的公有化、国有化,自费出版的形式便消失了。出版一直都是受"官方"严格控制的,出版方被认为是政府的"代表",而自费出版好像是作者的主动权多了一些。因此,20 世纪 80 年代初期,学林社刚诞生就打出自费出版的旗号,颇有些"惊世骇俗"的味道,被普遍认为是一种向民间开放出版的姿态。有人认为,自费出版是在当时民间出版已经初现端倪的情况下,出版界领导睿智的体现,是对民间出版热潮的一种正确疏导。1984 年在香港举

行的上海书展，由刘培康代表学林出版社参加。当时，学林社一共只出版了十几本书，但是却因为首开自费出版之风而受到热烈的追捧，大小媒体纷纷予以报道并且给予好评。据说，各种消息、评论有数百条之多，有的报纸甚至因此直接把学林社称为"民间出版社"。

1980 年年底，上海市出版局在酝酿成立学林出版社时，在全国首次提出了"接受自费出版"的问题。1981 年 2 月 18 日，上海市出版局在给国家出版事业管理局《关于学林出版社改名的报告》中说："关于自费出版的办法，正在草拟中。待讨论确定后报你局。"其实出版局已在 2 月 16 日将草拟的办法上报市委宣传部了，市委宣传部在 3 月 30 日批复中要求上海市出版局报国家出版局"审定"。当时拟定并上报的《学林出版社关于自费出版图书的暂行办法（讨论稿）》共十条，全文如下：

一、为繁荣社会主义文化事业，贯彻百花齐放、百家争鸣方针，根据宪法规定的公民有出版自由的原则，本社办理自费出版图书的业务。

二、符合下列条件的著作，可接受自费出版。

1. 不违背中华人民共和国宪法和人民政府现行政策法令。

2. 申请者应是中华人民共和国公民（包括台、港、澳同胞，华侨），外籍华人亦可以申请。

3. 为申请者本人著作的有一定学术价值的书稿或文集等非营利性著作物。

三、不接受刊物、单位集体著作、汇编他人作品及译稿等非个人本人著作自费出版。

四、自费出版的图书，文责自负。

五、自费出版的图书，版权归作者所有。

六、自费出版图书的印数，由本社视纸张、印刷等情况与作者商定。图书出版后,由本人自行处理;如需委托书店代销,本社可代为接洽。

七、自费出版的图书,凡公开出售者,一律按国家规定的书籍定价标准标明定价。

八、凡本社办理的自费出版的图书,均印本社社名,并在版权页上印有"自费出版"的标记。

九、自费出版稿件在本社接受后,申请者需交纳纸张、印刷、管理费等款项,图书出版后,结清账目。

十、在本社办理自费出版图书者,均须按本办法,与本社签订合同,双方按合同办事。

学林社上报的自费出版办法,在以后具体执行的过程中,有过许多变通和发展,有些地方也有所突破,譬如说,出书范围从单纯学术著作和个人文集扩大到几乎所有作品;作者从只能是国内扩大到了国外作者等,但总的原则和精神基本上没有太大的变化。当时曾被人风趣而精到地概括为"三自一包",即:文责自负,费用自理,版权自有,出版社通过书店包发行。

文责自负。是针对内容来说的,主要是说作者要对自己的作品内容负责。当然,这并不是说谁只要有钱就可以想出什么就出什么。其实,出版社仍然负有把关的责任。首先,出版社对自费出版物有一个范围要求,主要接受人文社会科学方面的学术著作和纪念性的诗文集,其他著作一般不予考虑,小说则基本上不接受。其次,自费书稿要有一定的质量。政治上必须遵守国家法令法规,符合党和人民的根本利益。在此前提下,可以容许有一些自己独特的见解甚至某些唯心主义的东西。但明显违背四项基本原则或不符合党和政府的基本方针政策的内容,仍要求在商得作者同意后进行修改。如果作者不同意,则不接受出版。对于学术著作,还要求有一定的学术价值,有一定新意,能自圆其说,基本上达到公

开出版水平;对纪念性诗文集,也要求具有一定的社会内容和文字水平,对单位或个人确有某种纪念意义,譬如个人的诗集,一般要求作者是省市一级的作家协会会员,或有这一级及以上的作家协会会员的推荐。这样做,一方面是替社会把关,尽量为读者筛选有益的出版物,另一方面,也是鉴于我社编辑力量的不足,不得不如此从严掌握。当然,总的来说,我们在自费图书的内容把握上,尺度比非自费的书要宽松些,标准要稍低一些。

费用自理。是说自费图书出版中的一切成本费用均由作者承担,出版社另外适当收取一些管理费。刚开始时,我们对待自费图书,主要是把它看作是落实我们国家《宪法》规定的言论、出版自由和缓解学术著作出版难的一项措施,再加上局里没有要求我们自负盈亏,经济上没有压力,所以,几乎没有考虑什么赚钱的问题,管理费收得非常低。最初的收费标准是:每 10 万字收 3000 元,给作者 2000 册书,出书后结算,出版社按生产成本收 30% 的管理费。有的作者的书字数不多,出版社辛辛苦苦帮他做出来,只拿到几百元甚至更少的管理费。我记得有一本书法书,因为只有三个印张,成本很低,出版后,我们只拿到几十元管理费。有的作者因为个人出资有困难,只要书稿质量还可以但尚达不到公费出版要求,我们就以自费出版的名义接受,除了不付稿费外,其余费用均由出版社承担,有的书社里因此还贴了一些钱。可以说,当时的自费出版差不多是一种尽义务性质的工作,出版社根本赚不到钱,如果纯粹搞自费出版,我们根本无法养活自己的职工,更不要说有利润了。正因为如此,为了保证出版社的正常运转,当时我们不得不控制自费出版书的数量,一般每年都在出书总量的 20% 左右,最多不超过 30%。

版权自有。是说在我社自费出版的书,版权归作者所有,我社不享有专有出版权。作者的书在我社自费出版后,还可以拿到其他出版社去出版。但是我们规定,我社对自费书有优先选用权。就是说,作者在另投他社时,应首先征求我们的意见,在我们不准备作为公费出版接受的前提下,才可以他投。自费图书出书后,书稿和纸型均退交作者保管。如果作者要利用旧纸型重印,必须到我社重办手续并且再交一定的费用。不过,有些不讲诚信的作者,根本就不管你这一套,拿到纸型后,想印就印,不与你打招呼,我们也难以发现,就是发现了也无可奈何。

虽然我社有自费书,但大多数是非自费书,为了体现二者的区别,原来明确规定,凡是自费出版的书,在版权页上一律标明"代理出版"和"代理发行"。但在执行的过程中,遇到了困难。有的作者对此视作理所当然,并无异议,如梁漱溟先生的《人心与人生》来自费出版时,书上就是印的"代理出版"。但是绝大多数的自费作者都要求去掉"代理"二字,有的甚至提出,不如此他们情愿不出。最后我们也只好让步,后来无形中取消了这项规定。因此,学林社虽然出了数以百计的自费图书,但除了作者和出版社之外,别人是很难知道的。由于自费和非自费外人并不知晓,而学林社的牌子还比较吃香,不少作者都愿意来找我们。也许正因为如此,我们社的自费出版业务常常忙不过来,而后来成立的专门的自费出版社——文津出版社和天地出版社则往往感叹业务量不足。

出版社通过书店包发行。是说作者如果希望自己的书公开发行,我们可以与公费书一样通过新华书店代为征订和销售,然后按照书店包的订数加上作者自己需要的数字确定总的印数。书店的销售收入也全部归作者所有。作者要求自己销售的,只要他有合法的渠道,我们一般也会同意。

这个"三自一包"的总原则,后来基本上没有变,但是具体内容和操作上不断有所修改、补充和丰富,使之日益完整和严密,特别是在 1988 年左右协作出版兴起并且出了一些问题后,我们强调了以下几条,注意划清自费出版与协作出版的界限:

一是自费出版的书稿坚持正常的三审制,特别是编辑初审的把关,以区别于

协作出版的书稿只需终审的做法；二是自费出版的书稿坚持"体内循环"，即编辑、校对、印刷、发行全部由出版社控制，以区别于协作出版的书稿除了终审其余均在外面的做法；三是对自费出版书稿的范围加以约束，基本上只接受学术著作和纪念性的诗文集，而对其他方面的书稿尤其是畅销书则基本上不考虑；四是规定自费出版的书稿如果发行量大，有了盈利，则自动转为公费书处理，除了退还作者以前交的有关费用外，再按规定发给稿费，以防止作者像某些协作出版的书那样牟取过高的利润。这最后一条曾引起有些作者的异议，说我们"门槛精"，是做"包赚不赔的生意"。但当我们说明情况后，大多数人都表示能够理解。事实上，自费出版的书稿因为发行量大自动转为公费书的例子并不多，比较有名的只有梁漱溟先生的《人心与人生》和周宏溟的《五用成语词典》。前者是因为梁先生是毛主席点名批评过的人，我们在接受时思想不够解放，怕内容有争议引起不良反应，故作为自费出版处理，但是随着改革开放的深入，人们思想的逐渐解放，此书后来作为公费书一版再版，并且作为重点书列入了我社的"学林文库"的第一批书目。后者则是在接受出版后正赶上辞书热，加上书店和出版社的努力宣传，此书因为书名出挑而获得了较大的印数，也从自费转为公费，后来作者又在此基础上加以扩充，将"五用"变为"九用"，一度占领了成语书市场的不小份额。

在我社出版的自费图书中，初期比较有名而且有一定影响的除了上面提到的《人心与人生》和《五用成语词典》外，值得一提的还有：郁达夫的侄女、著名女诗人郁风编的《郁曼陀陈碧岑诗抄》（1983 年），黄仲则的后人黄葆树编著的《纪念诗人黄仲则》（1983 年），著名作家徐朔方的诗集《似水流年》（1986 年），著名作家、书画家钱君匋的《冰壶韵墨》（1987 年），巴金题写书名的《陈范予日记》，真禅法师的《玉佛丈室集⑤》（1992 年）、《玉佛丈室集⑦》（1994 年），明旸法师的《明旸诗选》（1992 年）等。还有一套由上海老中医何时希编校的《何嗣宗医案丛书》,是他整理家传的 28 代祖先留下的医案,他一共交了一万元钱,从 1982 年起的几年内,采取以旧书的销售费用补新书的出版费用的滚动办法,陆续出了近 30 种书,不仅名声大振,而且经济上也大有收获,最后结算时,投入的一万元收回不算,还赚了不少钱。

我社的自费出版,名气之所以比较大,在全国办得最早是一个重要原因。另外的原因可能是,国家出版局曾经在 1985 年发文将我社总结的自费出版经验向全国的出版社推广,《出版工作》在 1985 年第二期还配发了《出版改革的一项试验》一文加以宣传。当时的文件规定是各省、市、自治区可以有一家出版社接受自费出版,但是事实上,后来差不多所有的出版社都开展了自费出版的业务,不过,有的明一些,有的暗一些,另外取了比较好听的名目罢了。

20 世纪 90 年代初,在国家叫停出了不少问题的"协作出版"后,似乎曾希望通过发展自费出版来作为弥补措施。我自己经历的就有这么几件事:1992 年 9 月,在北京图书博览会期间,北京的文津出版社在美丽的怀柔雁栖湖畔召开了一次小型的自费出版研讨会,也邀请我作为代表参加。国家出版委员会主任委员王子野同志也出席会议并且发表了重要的意见,热情支持扩大自费出版。1993 年 9 月 7 日,新闻出版署通过上海市出版局,说杨牧之同志急着要学林社马上汇报有关自费出版的情况,我于当日下午即写了一份材料用传真发出,比较详细地报告了我社自费出版的基本情况、发展历史和出现的新情况、新问题。1993 年 9 月 17 日,中宣部副部长徐惟诚、龚心瀚同志还专门把我召到北京,与文津出版社的同志当面向他汇报自费出版问题。第二天,他们在中宣部召开了一个小型座谈会,参加的除学林社和文津社外,还有河北、天津、北京的一些出版社、发行协会及新闻出版署的一些同志。会上,针对已经开始的对出版社实行书号控制的情况,徐惟诚同志对我说,为了落实宪法规定的出版自由,他主张扩大自费出版,满足人们对出版的需要,譬如某家一个老人去世了,他的后人如果希望给他出一个集子,就应该

让人家出版。为此,可以另外每年拨给我社100个书号用于自费出版。1994年4月底,新闻出版署领导于友先同志又直接向我们要有关自费出版的情况,我于5月1日给他写了一份材料,约3000字,就自费出版的基本情况和那时出现的新情况、新问题再一次作了较详细的汇报,但不知道他派了什么用场。

我社的自费出版也有一个发展的过程。刚开始时,全部是个人自费出版学术著作和纪念性诗文集,发展到后来,出现了一些新的情况:一是个人自费向单位自费的发展。不少单位以公款来出书,如地名志、厂史之类,还有的作者拉了单位的赞助款来为自己出书,有些"路子粗"的人,往往拉的赞助款很可观,除了支付出书款外,还有多余,在如何退还这些钱的问题上,常常令我们很伤脑筋:不退吧,与合同相左;退吧,明明是纵容了一种化公为私的错误行为。二是从国内的自费发展到国外和中国港台地区的自费。日本、新加坡、韩国、美国等一些国家和中国港台地区的作者知道我们可以自费出版,常常慕名而来,要求也接受他们的著作。一来按照他们的收入,我们的收费标准实在低廉,比他们在本地出版要便宜许多;二来,他们可以在中国大陆争取到一份市场。我们按照自费出版的原则,主要看内容,以学术著作和纪念性著作为主,也适当接受了一些。既满足了作者的要求,又替国家创收了宝贵的外汇,还扩大了我们社的影响。由于我们对于这些书特别重视,编校、设计和印制质量都比较高,作者也十分满意。新加坡作者谢世涯先生在我社出了一本《南唐李后主词研究》,他拿到书后,十分高兴,写信给我说:"《李后主词研究》,由版面设计、印刷和装订,都可见出你花了很多时间精心设计出来的,精装的封面和彩色封套,都尽善尽美,我和内人都非常喜欢,就我所看过的有关李后主词的书,这本是最精致美观的一本。"为此,他后来又介绍了几位新加坡的作者来自费出版。

2002年,我离开了学林社。这以后,学林社的自费出版又有了许多新的发展,取得了许多新的成绩,出版了一大批好书,所有这些,有待别的同志来介绍。

协作出版的始末与教训

雷群明

1989 年 7 月 11 日,新闻出版署发布《关于在全国出版社整顿协作出版、代印代发的通知》指出:"协作出版是出版改革中出现的一个新做法,它的本意是利用社会力量,扩大资金来源,解决学术著作、自然科学和工程技术方面图书出版难的问题。这种做法自 1984 年试行以来,对缓解学术著作出版难起了一定的积极作用。但也出现过不少问题。因此,1986 年 6 月,国家出版局决定暂停协作出版业务,进行检查和整顿。1988 年 5 月,新闻出版署与中宣部联合发出《关于当前出版社改革的若干意见》,肯定了协作出版、代印代发对于解决学术著作出版难的作用,同时为了克服弊端,提出了加强管理的要求。1989 年 1 月,新闻出版署又发出《关于协作出版、代印代发的补充规定》。这两个文件明确规定了协作出版的目的、协作出版图书的范围(目前应限于学术著作、自然科学和工程技术方面的著作)、协作的对象(目前应限于国家科研、教学单位、机关和国营企事业单位,不能是集体和个人),以及协作出版的书稿要经过出版社终审、终校等;对代印、代发的有关问题也作了明确规定。"

学林社的自费出版出名以后,引起了不少人的注意。他们很希望能够进入这块原来无法觊觎的禁地,从出版利润中分一杯羹。但是,我们执行的"三自一包"政策,是通往这一目标的最大障碍。于是,有人就开始了"突破"的尝试。最早成功的是两家单位。一家是出版局属下的上海出版服务公司,一家是民营性质的书刊发行社"求知书刊社"。上海出版服务公司是出版局为机关人员谋福利成立的

"三产"，它在做纸张等生意的同时，也希望做点图书发行，主要是书法字帖方面的书和少量连环画。大家都是"自己人"，他们来要求书号，焉有不肯之理？另一家"求知书刊社"，原是一个民营发行机构，无权出版书籍，但是它的负责人葛伟昌同志很是能干，在体制改革中以"新生事物"脱颖而出，曾在上海得到正面宣传而受到认可。该社以我社名义出版的许多书，诸如《上海》《旋风》《鼠王》《裸猿》等，都是外国翻译作品，是思想性、艺术性都比较好的，据说都是汪道涵同志亲自挑选或关心的结果。可能是由于这层关系，它也得到了出版局的支持。该社组织的书稿，都以"自费出版"的名义由学林社出版，但从编辑、印刷到发行，基本上都是由他们自己负责解决。编辑有时候也请我社的人担任，有时候，则由他们在外面找人做，我们只负责终审和开印单，他们则按一定比例向我社缴纳"管理费"。这种做法，已经与我们的"三自一包"政策大相径庭，实际上就是协作出版了。由于这两个单位的书数量少，质量也还不错，所以，除了"求知书刊社"曾因两本书的定价问题招来物价局查处、引起过一点风波外，基本上相安无事。

"求知书刊社"出的部分翻译书

学林社还有一套大书实际上也是属于协作出版项目,它就是上海市经济学会编的《上海经济区工业概貌》。这是一套反映上海及上海周边地区市级单位的基本经济情况的书,主事的是经济学会的负责人、老出版家巢峰同志。上海本市除综合卷外,是按行业立卷,分为机电、冶金、纺织、化工、轻工、建筑建材、信息电子仪表、交运工具等,周边地区则有绍兴、杭州、台州、湖州、嘉兴、淮阴、舟山、南通、温州、无锡、苏州、常州、镇江、宁波等卷,一共有20多卷。由于这套书规模宏大,全部16开本,每卷多的上百万字,少的也有几十万字,所以拖了几年才陆续完成。以上的协作出版书,都是用的自费出版的名义,但是其做法已经明显偏离了我们当初规定的轨道。不过因为内容没有问题,背景也很好,所以,不但没有受到质疑,而且还受到一些表扬。

学林出版社早期协作出版图书《上海经济区工业概貌》

1988年5月,新闻出版署在重新恢复暂停的协作出版业务以后,协作出版开始了一个报复性的大规模反弹,全国以协作出版名义出版的图书,不仅数量大增,而且越来越显示出"擦边"甚至"出格"的苗头。

当时,学林出版社由于1987年成立五周年的宣传和新社等关系,名气比较

响，又有自费出版这个独特的业务，所以，颇为有些人所青睐。在协作出版得到肯定的时候，很多人都乐意以自费出版的名义到我社来协作出书，其中有些人是出版自己的学术著作，但是，更多的人则是与书商连档，通过出版组来的稿件谋取发行利润。其中有的人是为了所在的单位，有的人则是完全为了个人。为了多赚钱，他们送来的选题基本上都是所谓的"畅销书"。而在那个不是很正常的年代，书要畅销，就得靠打一点"擦边球"，即在"迷（信）、暴（力）、黄（色）"方面下点工夫，要做到使该书看起来好像有一点"迷、暴、黄"，但实际上并不是"迷、暴、黄"的。比较多的是在书名或封面设计上做文章，如把书名取得香糯、暧昧或者骇人听闻，在封面或封底用一些艳丽、恶俗的照片或图画，但是内容其实并没有什么问题。

正当我们大量操作协作出版书的时候，关于协作出版的噩耗就接踵而来。1989 年 8 月，我社与上海的《文学报》协作出版的两本书《阴影下的男男女女》《宾馆门前的女人》被新闻出版署发文（新闻出版署 8 月 14 日《新出明电第 69 号特急电报通知》）公开点名查封。9 月 27 日，新闻出版署《（89）新出明电第 90 号特急电报通知》"收缴销毁" 69 种图书，第四类包括"夹杂淫秽色情内容、低级庸俗""宣扬封建迷信、凶杀、暴力""封面、插图、提要渲染色情、凶杀、暴力，以招徕读者"等 57 种书中，又有我社与《西湖》杂志社的协作书《手相之谜》。接着又先后查禁了矫健以《胶东文学》杂志社名义与我社的协作书《奇闻大观》和与温州新华书店协作出版的翻译书

《手相之谜》书影

《兽性》,查禁理由是:"严重超专业分工范围出版的《兽性》一书,封底有性虐待画面,内容简介格调庸俗低下、渲染色情,有害青少年身心健康。"

但是,我们那时仍不"觉悟",仍然努力为这些书辩解。譬如《手相之谜》,我们有一个前言,自认为表明了我们对这类书的科学态度。前言全文如下:

《特异文化现象研究丛书》前言

我们生活在一个纷繁复杂的世界。这个世界充满了许多未解的、难解的谜,有着许多特异的文化现象。

这些特异的文化现象几乎都有着长达数千年的历史,而且几乎都是带有世界性的,它们超越民族,超越语言,真可以说是无时不在,无处不在;它们又几乎都是面目模糊、性质含混、介于是非之间的,信之者说"有",攻之者说"无",有人奉为圭臬,有人斥为迷信,长期以来,至今尚未得出众口一词的结论。

这些特异文化现象中最常见、最普通的有:

占卜:在我国是最早见之于文字的主要内容,烧灼龟甲以占卜休咎,曾经是我们祖先的一项重要的仪式和生活内容;在外国,占星术也有着很悠久的历史。如今,操占卜术者仍遍及世界,而且花样繁多,"流派"林立。据报载,美国总统里根也是占星术的信奉者之一;在我国,尽管占卜被目为"迷信",但或明或暗地愿意花上若干钱去占卜的仍大有人在。

相术:有面相、手相之分。是全球风行、久盛不衰的,甚至还出现了以精于看手相著称的吉卜赛民族,虽然我们把它称为"封建迷信",但是在科学技术发达的资本主义国家,它仍然很有市场,甚至还有把相术与电脑结合的"新成果"。

看风水:早在先秦文献中就有记载。据说我国的风水盘已成为国

外爱好者重金收购的对象之一；而看风水的理论已被人认为是我国最早的建筑学理论。

析梦：对于人人都做的梦，很早就有人企图做出理论上的解释，甚至还出现过专业的"圆梦者"，对于梦的解析在文学作品中更是被千百次地描述过，许多名著就是以写"梦"出名的。

鬼神现象：也是遍及全球、绵亘数千年的特异文化现象。对于这些目前一般认为并不存在的东西，古今中外的人们曾作过亿万次的不同描述，在理论上还有过激烈的争论，但迄今仍缺少有洞察力的巨著来科学地解释这些现象。

……

这些特异的文化现象本身就极其复杂，加上千百年来各种不同的人有意无意往它们身上掺水、掺假、掺杂质，致使它们在历史的尘埃污染下面目更加模糊，性质更难分辨，成了我们背负的一宗沉重的精神遗产。

对这宗遗产，采取不承认主义，视而不见，置之不理不行，简单地一笔抹杀，一概骂倒，虽然痛快，但事实证明，这样做非但不能解决问题，反而使问题变得更加复杂。因为，人们对这类特异文化现象，会由于被忽视和被骂倒而来的逆反心理，更加好奇、更加热衷起来。

要承认这一点是痛苦的，但毕竟比拒绝承认要好得多。在这方面，我们的确需要一点"彻底的唯物主义者""无所畏惧"的勇气。正因为如此，我们决定编辑出版一套《特异文化现象研究丛书》。

这套丛书的目的在于通过扎扎实实的研究，希望对流传甚久、涉及面甚广的特异文化现象作出实事求是的、有分析的、令人信服的结论：如果它确有存在的价值，要揭示其生命力之所在；如果它确是胡说八道的"迷信"，也要揭穿其骗人伎俩的"奥秘"，庶几不至于再让人上当受骗。总之,对这些特异文化现象裁判,不是权势,不是气候,不是帽子和口号,而只能是艰苦的研究,是大量占有材料基础上的科学结论!

考虑到历史的和现实的状况,我们不大可能一蹴而就地达到这个目的,因此,我们打算以较长的时间来完成这套丛书,做到成熟一本出版一本,并不想匆匆忙忙,一哄而上,把那些不该拿出来的东西硬拿来上市。但是,为了促使这种研究的顺利发展和便于读者进行横向比较,我们也严格挑选了少量国外的有关著作作为借鉴资料予以出版,这些书中可能会有一些令我们看不顺眼或并不习惯的东西,希望读者能以冷静、客观的态度去对待,不要过于匆忙地作结论——无论是肯定还是否定的结论。

我们期望这套丛书能够"长命百岁"。我们欢迎读者的各种意见。

具有讽刺意味的是,我在该书的前言中"期望这套丛书能够'长命百岁'",实际上第一本书便胎死腹中。这种情况下,我们约的洪丕谟的《中国古代算命术》和《中国风水术》稿件,也被吓得不敢再要,结果前者却被上海人民出版社拿去,出版发行了几十万册!后者也由中国文联出版公司正式出版,并且安然无恙!

在这个查禁风潮中,涉及的出版社数以十计,涉及的书更是数以百计,其中颇不乏大社名社,但是在上海,除了上海文艺出版社的《性风俗》"性质"比我们严重、遭到伊斯兰群众抗议外,我社以查禁书数量最多而显得十分突出。

不过,我当时的态度仍然很"顽固",坚持认为这些被查禁的书有些问题,主要是低俗,但是不到应该查禁的程度。在查禁的暴风雨过去后,学林出版社倒也安然无恙。现在,回过头来看,当时协作出版的疯狂并不是偶然的,也不是简单的所谓"逼良为娼",而是自有它的深刻的时代背景和社会基础。刚刚从"文革"的禁锢中解放出来不久的读者,在基本的阅读得到满足之后,开始寻求新的方向

和新的领域，对于过去一直属于禁区的"擦边"作品，总怀着某种企图一阅的冲动。协作出版中的许多书，当时之所以有市场，甚至能够畅销，就与此有莫大的关系。我们不能全怪读者的趣味"低级"，也不能全怪出版者的"见利忘义"。当时有那么多的社和人卷入了协作出版的狂潮，其中不乏大社、名社，不乏资深编辑和"有识之士"。如果没有客观的大环境支撑，是无法想象的。据我的记忆，当时找我们来要求协作出版的就有《文学报》《联合时报》、新华书店、社联、电视大学、出版局的三产"友联"、司法局、自然博物馆、管理学院、上海武警、上大文学院、北京新华社、《青年报》等单位的同志，也有文艺、古籍、交通大学、人民、少儿等出版社的编辑人员。他们送来的书稿五花八门，除了一些学术著作和儿童读物外，基本上都是着眼于赚钱的书，其中就不乏有着这样那样"擦边"问题的所谓"畅销书"。有的资深编辑明知有些书不能在自己的出版社通过，就拿到我们社来，希望让它们以协作出版的名义出笼。我们也不是一点没有警惕，"照单全收"，其实被我们"枪毙"的选题还不少。仅仅经过我审读被否决的书稿我记得的就有：《浪漫人生》《人类性风俗》（不知道与文艺社被查的是否同一本书）、《玻璃钥匙》《爱情机器》《魔障》《花花世界》《爱情夺标》《西方娼妓史》《中央情报局的谋杀案》《好莱坞的男人们》《赌城》《恐怖的星期五》《法宫秘史》《神谍迷踪》《色情新潮》《夷陵血泪》《都市魔性》《乱世情女》《东方预知术》《面相与公共关系》，等等。

我这样说，丝毫没有为自己开脱的意思，不过说明当时的我并非完全"丧失理智"，到了"利令智昏"的地步。我在离开学林社社长位子后曾写了一篇文章，真诚忏悔自己的这一段历史。当初，别人要我检讨，但我就是不服气。后来，没有人来批评我了，我却对当时的做法深感后悔。老出版家巢峰在学林出版社成立五周年的会上曾经说过，一个出版社赚钱再多，也是过眼云烟，而出版了好书，则会永载史册。我认为，这话值得我和每个出版人牢记。

上海香港三联书店的创建和发展

樊秀珍

樊秀珍，1942年2月生。曾任上海图书公司总经理兼上海书店（出版社）社长、中共上海图书公司党总支书记。代表上海图书公司兼任沪港三联第一任董事长。

上海香港三联书店有限公司（以下简称沪港三联）是全国第一家沪港合资书店，成立于1990年，是由上海图书公司、上海三联书店、三联书店（香港）有限公司联合投资成立的。

沪港三联的建立是出版界坚持改革、积极向外拓展的重要成果，也是三联书店的老前辈共同努力的结果。早在1983年11月，胡绳、徐伯昕、钱俊瑞、徐雪寒、周巍峙、沈粹缜（邹韬奋夫人）六位老同志向中共中央宣传部提出三联书店成立独立出版机构的建议，1984年获得同意。1985年，沈粹缜同志向文化部仲秋元副部长提出，上海是三联书店发源地、韬奋在世时的主要活动地，希望三联书店在上海早

日建制的要求。1985年5月28日，文化部下文同意恢复三联书店建制，同时表示可以考虑建立三联书店上海分店和经营出版、印刷、发行等业务的三联书店联营股份有限公司。于是，由汤季宏、汪晓光、丁之翔等组成了筹备组，并开展工作。

在筹建上海三联书店的同时，汤季宏等同志开始酝酿三联书店联营股份有限公司的联营事宜。当时正值20世纪80年代中期，我国的改革开放正在深入发展，而图书出版发行也在谋求体制上有所突破，在管理上希望有所创新，在向外拓展上能有所作为。在这样改革开放的大环境下，汤季宏等老同志认为：新办的公司既要继承"老三联"的优良传统，又要在出版体制改革前提下，有所革新和创造。当时，上海三联尚在初建中，一无资金，二无房子，三缺人员，而上海图书公司虽已是一家集出版、印刷、发行三位一体的综合性书店，拥有较多门市部，自办影印厂、出版社，基础较好，但没有书号，没有图书进出口权，在国内图书市场中所占份额不多，需要寻求发展。因此，大家认为如果双方全面合作，可以互补，于双方都有益。于是他们专程到上海书店福州路门市部（福州路415号）研究，并提出扩建改造的设想，后因周围居民较多，动迁有难度而作罢，继后又与徐汇区政府商议在徐汇中学原址征地建造，同时考虑向外集资。上海图书公司对此规划极感兴趣，认为是一个大手笔。于是双方一致同意先行筹建一家"三联书店读者服务中心"以扩大影响，作为综合性联营公司的第一步。

1986年6月，三联书店（香港）有限公司经理肖滋先生来沪访问，筹备组就此事与他协商，他也认为有利于发展香港与内地的合作，并商定将淮海中路624号上海书店淮海路门市部原址改造成沪港合资的三联书店读者服务中心，并于同年6月21日由上海图书公司俞子林、林国华，上海三联书店（代表）汪晓光、丁之翔，三联书店（香港）有限公司肖滋代表三方签订了意向书。同时确定了由我和邵杏生负责日常筹备组工作。

1986年10月15日，筹备组草拟了"中外合资经营沪港三联书店读者服中心项目建议书", 11 月 6 日由上海新闻出版局向上海市外经贸委申请立项, 并抄报市委宣传部。12 月 15 日市委宣传部批复同意, 但在市外经贸委方面遇到了困难, 主要因为当时政策精神是: 商业和文化单位原则上都不搞中外合资。后在原上海市市长汪道涵同志的关心下, 上海市外经贸委于 1987 年 3 月 2 日将此项目向外贸部呈报, 并委派外资处黄国英同志去北京说明情况, 同行的还有丁之翔同志。根据丁之翔同志回忆, 在他去北京之前, 在北京的原三联书店老同志已向新闻出版署打了招呼, 但是署领导仍感为难: 如果同意了, 别的地方也提出申请怎么办? 经再三协商, 署领导表示此事只能上海自己解决。而外贸部则认为, 从项目注册金额(40 万元)来看, 上海可以批, 但从行业管理来看, 办合资书店还应由主管部门(新闻出版署)审批。

由于北京两领导机关未能明确表示同意, 上海有关方面也迟迟难以批复, 直到 1988 年, 随着党的改革开放政策深化, 市领导指示上海吸引外资态度要积极, 强调审批手续要快速高效。筹备组抓住这一机遇, 重新启动申办工作, 再次递上项目建议书, 在上海出版局支持下, 多次与市外经贸委联系, 终于在 1988 年 5 月 4 日获批。

1990 年 10 月 17 日, 沪港三联开业, 在沪港三联办公室合影: 左起冯文莊、丁之翔、汪道涵、樊秀珍、方行

　　为了做好立项后各方面申办工作，上海市新闻出版局重组筹备组，明确由我和王福康负责，具体工作人员是翁铭泽、韦开堂、张玉珍。筹备组着手起草各类文件和办理各项审批手续。

　　1989 年 3 月 1 日，在上海市新闻出版局外宾室，由上海图书公司总经理俞子林、上海三联书店总经理林耀琛、三联书店（香港）有限公司副总经理区镜林代表合资三方正式签订了合资企业的合同、章程、协议书和可行性研究报告。同年 9 月 13 日，由上海市新闻出版局主持，与上海市外经贸委联合召集了上海市工商局、劳动局、财政局、银行、海关、会计事务所等有关单位，对合资企业的可行性研究报告进行了论证。论证通过后，于 1990 年 3 月 8 日，上海市外经贸委下达批准书，同年 4 月 4 日上海市工商局批准下达了营业执照，合作年限十年。

　　筹备组办理各项审批手续的同时，在上海市新闻出版局支持下，又解决了以下几个问题：

　　一、正式确定合资企业的名称：上海香港三联书店有限公司。

　　二、为了使合资企业做到外汇平衡，要求上海各出版社向三联书店（香港）有限公司的出口业务，全部由沪港三联办理，由于出版外贸公司强烈反对而未果。

　　三、合资三方的投资问题：根据实际需要，注册资金改为 60 万元，上海图书公司投资 30 万元（其中 15 万元是货物投资，15 万元现金投资由上海市出版局借与）；上海三联书店投资 15 万元（由上海市出版局借与）；三联书店（香港）有限公司 15 万元以外汇形式投入。出版局表示合资企业在初建阶段资金周转困难时，可以在 20 万元额度内向出版局暂借。可见出版局对沪港三联给予了充分的支持，而且在酝酿、立项、筹建过程中，袁是德、徐福生、刘培康等局领导曾先后参与协调。

　　四、上海图书公司为合资企业提供的淮海中路经营场地，因当时房产政策原因作价投资未成,上海图书公司不但还需另筹资金投入,而且还减少了淮海中路门市部,由此也影响到公司的承包利润,后经出版局协调,明确上海图书公司可在合资企业获利后,优先提取,出版局也答应当上海图书公司完不成承包额度时,出版局可以予以补贴(3.5万元以内)。

五、"上海画廊"原是上海图书公司所属的注册单位,经协商后,无偿提供合资企业使用。

(从四、五两点可以看出上海图书公司在开办合资企业中所作出的贡献和牺牲。)

六、任命干部人选。经三方协商,上海两方的人选又经出版局批准,沪港三联董事长:樊秀珍,副董事长:林耀琛、区镜林,董事:李守坚、王克中、翁铭泽、王福康、王铭朋,总经理:翁铭泽,副总经理:张玉珍。

董事会会议合影,一排左起张玉珍、刘凤华、樊秀珍、朱莉莉、来亚娟,二排左起陈匡中、翁铭泽、区镜林、林耀琛、戴承平、陈金造

1990年5月1日，沪港三联召开了第一次董事会，同年10月17日正式对外营业。

开业后的沪港三联面临着在改革开放形势下如何办好书店的重大课题。公司的全体员工深知组建沪港三联的初衷。多年来，他们坚持发扬韬奋精神和三联书店的优良传统，勇于改革，积极创新，使公司在激烈的图书市场竞争中始终保持优势。

"竭诚为读者服务"是韬奋先生提倡的服务宗旨，也是韬奋精神之精髓。沪港三联自开创以来坚持以崭新的管理方式和服务理念在工作中加以发扬光大。首先，公司根据市场需要，将门市部陈列图书品种正确定位，以专精取胜，树立品牌，强化特色经营。为了让新书尽早与读者见面，公司与各出版社建立了直接进货的购销关系，减少中间环节，加速了图书流转，使门市在新书供应的时间上赢得了优势，也提高了公司的经济效益。而公司的业务人员又能及时掌握出版信息，策划多种形式的营销活动和采用灵活多样的促销手段，曾一度成为各新闻媒体争相报道的热点。在门市服务方面，除了要求营业员接待读者要精神饱满，服务热情周到以外，还在上海书业界创立了四个第一：第一家采取开架售书；第一家实行站立服务；第一家使用条形码；第一家开办书店夜市。以上这些举措深受读者欢迎，也得到了社会好评。多年来公司获得了诸多荣誉：1997年被评为首批达标单位；1998年荣获优质服务星级单位称号；1997—1999年连续三年被评为上海市商业系统优质服务先进单位；2000年荣获全国发行协会颁发的"双优单位"称号。

经营图书进出口业务是沪港三联区别于其他书店的一大优势，但对于白手起家的新企业来讲既是机遇更是挑战。沪港三联的图书进出口业务是在一无业务人员，二无客户资料，三缺资金的情况下起步的，先由办公室主任兼职，从港版图书着手，公司趁香港中华书局因仓库搬迁而急需处理库存的机会，以优惠价引进了一批优秀的港版图书,在门市举办了首届港版图书展,由于当时港版书在上海市场供应有限,而书展集中较多品种展出,引起了轰动。特别是艺术类、建筑设计、家庭装潢等品种深受读者欢迎。初试成功后,公司不仅在门市部加强了港版图书的专柜管理,而且逐步从门市零售发展到了同行批发,再组织图书馆采购。经过一段时间的工作积累,1993年,公司正式成立图书进出口部,由专人负责,吸收高学历的毕业生和有工作经验的业务人员充实力量。为了累积资料,图书进出口部的业务人员广开思路,通过电话问询千方百计积累客户资料,又经过反复为他们提供信息,不厌其烦帮助查询,合理地推荐,有效地出谋划策等服务,以诚信赢得了客户。在与客户交流中又以信息新、速度快、服务周到的优质服务为公司树立了良好形象,增强了公司的信誉度。在开拓国外市场中,以艰苦创业精神为公司争得了市场。在征订上海古籍版《续修四库全书》时,为了在日本打开销路,业务人员不辞辛劳带着五公斤重的样书挨家挨户上门宣传推销,功夫不负有心人,在他们的努力下,终于拿下了11套订单,码洋37万元。并且因此而拥有了日本代理权。在图书进出口部全体员工努力下,图书销售逐年上升,2000年销售码洋已达1167万元。

为了适应业务发展需要,公司在取得一定效益的基础上依靠自身力量,先后动迁了七户居民,公司的使用面积从原来的261平方米发展到680.13平方米,扩大了419.13平方米(其中包括门市经营面积增加了124平方米),为企业的后续发展打下了扎实基础。

在企业管理制度上,沪港三联认真吸取国外先进管理经验,积极改善企业内部的管理制度。在1990年公司成立时,在书业界率先实现劳动合同制,坚持做到员工能进能出,干部能上能下,在分配上坚持按劳分配,实行奖勤罚懒,按功论赏,有效调动员工积极性。为了提高员工的业务素质,公司结合业务发展需要有针对性地开展专题培训和业务学习,在公司内部逐步形成了一支组织纪律好、服

从调配、竞争意识强，具有一定业务水平的员工队伍，成为企业发展的有力保障。

1999 年 6 月 1 日，沪港三联召开了第十次董事会，合资三方一致肯定了沪港三联在合作期内的突出成绩：销售成倍增长，场地得到了扩充，获得了良好社会反响。董事会对全体员工的辛勤工作表示了感谢，对两任总经理（翁铭泽、戴承平）的工作成绩表示肯定。董事会一致同意继续合作。

沪港三联全体员工在总经理的带领下，多年来能坚持改革，积极创新，不仅使公司得到了迅速发展，而且作为全国第一家合资书店为同行提供了可贵经验，对促进发行体制改革和加强对外文化交流作出了一定的贡献，通过多年努力，他们向社会交出了一份满意的答卷。

我参与的上海出版改革记事

沈同华

沈同华，1942 年 7 月生。曾任上海市新闻出版局原计划财务处处长，2002 年 7 月退休。2003 年返聘于中共上海市委宣传部国有资产监督管理办公室，担任顾问工作至 2012 年。

笔者 1964 年进入上海新华印刷厂任财务科科员、科长，1986 年调入上海市新闻出版局计划财务处先后担任主任科员、副处长、处长，2003 年退休返聘于中共上海市委宣传部国有资产监督管理办公室，担任顾问工作至 2012 年，从事出版财务会计和资产管理近 50 年。鉴于所处工作环境，有幸直接经办或参与改革开放时期发生的两件重大历史事件，现整理成文如下。鉴于时间久远，所需材料数据及个人参与、认知程度的局限，不足之处敬祈指正。

文化经济改革政策推进上海出版产业的发展

改革开放以来,国家逐步推进的文化事业发展和经济改革政策,通过财政税收返还扶持方式加大对文化事业的投入,有力推进了上海出版事业和产业的发展。

20世纪80年代前期,上海出版社经济一直执行"统收统支"财政拨款政策,直至1980年结束。这种经济上不独立的缺陷,制约了上海出版社的经济发展。进入20世纪80年代,在国务院、财政部推出一系列文化经济优惠政策支持下,上海实施税收扶持政策一直走在全国前列。上海出版社逐步积累了属于自己的生产资金。自1993年起,上海市新闻出版局所属出版社(简称"局属出版社"),真正走上独立核算、自负盈亏的发展历程。

跨入新世纪,为进一步推动文化体制改革工作进展,2003年12月31日国发办105号文规定,文化体制改革试点中经营性文化事业单位转制为企业、免征企业所得税。财税(2009)34号、(2014)84号文又将免征企业所得税执行期限延长至2018年12月31日。国家相继出台一系列文化改革财政税收优惠政策,为加快局属出版社转制和产业资源调整的步伐,增强市场经济条件下的竞争能力和获利能力,发挥了积极的作用。

(一) 1981—1982年实施"利润留成"税收优惠政策

1981年,按国务院《关于国营企业实行利润留成的规定》,局属出版社的经营成果与事业发展资金挂钩,不再将利润全部上交上海财政。出版社从实现利润中按规定比例提取"利润留成",建立了生产发展基金、职工福利基金、职工住宅基金和职工奖励基金。据统计,1982年留用净利润483万元(注:1978年1月1日上海出版系统重建上海市出版局,出版社10家,1980年、1981年资料缺失),出版社开始有了自己可以支配的部分资金。

（二）1983—1986 年实施"利改税"税收优惠政策试行

1983 年,局属出版社将上缴上海财政利润改为缴纳税金,即"利改税",按 55% 缴纳所得税,其余 45% 留存出版社,按核定比例建立生产发展基金、后备基金、职工福利基金和职工奖励基金,使出版社向企业化道路上跨出一步。据统计,三年"利改税"出版社留用利润 5571 万元,仅 1985 年,实现利润 5018 万元,留存利润 3246 万元,比 1982 年增加 2763 万元。

1986 年上海财政对局属出版社(含印刷、发行)实行"减税 20%"优惠,将所得税率 55% 改为 35%,超额 20% 部分由上海市新闻出版局集中,建立"上海出版印刷企业专项改造资金",用于出版系统学术著作出版补贴、书刊印刷技术改造和新华书店发行网点建设。

（三）1987—1992 年实施"利润基数包干、超收分成"税收优惠政策

1987 年,上海财政所得税率恢复按 55% 征收,将收回 20% 部分再返还更名为"上海出版事业发展专项资金",制订《关于设立学术著作出版基金的决定》《关于建立印刷技术改造基金的决定》和《图书发行网点建设基金暂行使用办法》。

1988 年上海财政推行上缴利润"基数包干、超收分成"承包经营扶持政策。对局属出版社(含印刷、发行,共计 71 家)实行承包经营责任制,将超额计征 20% 改为上缴利润基数包干,超收分成承包办法。

1989 年,再次核定上海市新闻出版局 1989 年至 1992 年经营承包(按 1988 年确定基数)一定四年不变,由上海市新闻出版局和上海市财政局对实行承包经营责任制局属出版社签订承包经营合同,规定完成承包"标的利润"后,超额利润上缴所得税额全部"返还"出版社。

五年承包期,局属出版社承包应税利润 13854.8 万元,实际完成应税利润 27563.4 万元,超承包利润 13708.6 万元,按所得税率 35% 计算,出版社超收分成

获得所得税返还 4798.01 万元。据 1992 年末统计,局属出版社留用净利润 5937 万元,比承包前 1987 年增加 4145 万元。承包经营责任制的实施,为局属出版社持续发展创建了一定的财力基础,至 1992 年年底,实施已五年的局属出版社"承包经营责任制"按承包经营合同规定到期结束。

五年来,局属出版社(含印刷、发行)缴纳所得税除市委宣传部集中 1060 万元用于统筹外,其余全额返还作为上海出版事业发展专项资金。

（四） 1993—1996 年实施"税利分流、列收列支"及部分返还税收优惠政策

1993 年始,为加速经营机制的转换,上海财政改按"税利分流"试点,对局属出版社(含印刷、发行)实施所得税 33% 比例缴纳,免缴"两金",实行税后还贷。至此,出版社才成为一个真正意义上独立核算、自负盈亏的经济实体。

1993 年至 1995 年止,缴纳所得税返还从 50% 调整为 90%,除市委宣传部集中 1500 万元(注:新闻、出版各按比例分摊)统筹外,其余部分分别返回有关单位,用于事业发展专项款,一定三年不变。

1994 年 1 月 1 日起,根据新颁布《中华人民共和国企业所得税暂行条例》规定,所有企业一律按税率 33% 征收所得税,并实行税后还贷,原实行的零承包优惠政策停止执行。为减少新闻出版企业执行新税制带来"增负"的影响,规定 1994 年至 1995 年年底,继续按 1993 年政策对新闻出版系统应纳所得税部分返回。

1994 年至 1996 年,更改为"列收列支"文化经济扶持政策,将集中宣传文化专项资金改为 380 万元,其余由市财政专项列支,用于新闻出版系统基本建设与技术改造。

（五） 1997—2002 年实施"列收列支"及全部返还税收优惠政策

1997 年 11 月,上海财政继续实行"列收列支"扶持政策,规定上海市新闻出版局所属国有企业缴纳所得税全部返还,统筹用于上海书城还贷及印刷技术改造和扶持优秀书刊出版、发行。

1998 年 9 月,上海财政局认定上海市新闻出版局所属国有文教企业缴纳所得税全部返还优惠政策不变,直到 2000 年年底,统筹用于上海书城的还贷及新闻出版事业发展过程中印刷技术改造和扶持优秀书刊的编撰、出版和发行。

2000 年 12 月,国发(2000)41 号"十五"期间进一步完善文化经济政策,继续执行国发(1996)37 号文件规定在预算中列支政策。

据统计,2002 年局属出版社完成主营业务收入 12.37 亿元,比 1982 年增加 10.47 亿元;利润总额 2.08 亿元,增加 1.84 亿元;企业留存利润 1.41 亿元,增加 1.36 亿元;取得了一定的社会效益和经济效益。

(六) 2003—2005 年实施"基数核定、每年递增 6%"税收优惠政策

2002 年 12 月,财政部财税(2002)175 号文件对"十五"期间宣传文化单位所得税优惠政策进行调整,从 2003 年起,为保证支持文化事业发展的财税政策平稳过渡,按 175 号文件规定,对局属出版社(含印刷、发行)缴纳所得税实施"基数核定、每年递增 6%"。

(七) 2004 年始实施"文化体制改革、转制"免征所得税优惠政策

2003 年,国务院办公厅、财政部颁发一系列文化体制改革政策和税收优惠政策,对文化体制改革试点和已转制为企业的经营性文化事业单位继续实行免征所得税等财税优惠政策,从 2004 年至 2008 年年底。为加快上海文化体制改革和经营性文化事业单位转制为企业创造了有利条件。上海市新闻出版局将局属上海人民出版社、上海教育出版社、上海科学技术出版社、上海科技教育出版社、上海辞书出版社、少年儿童出版社、上海译文出版社、汉语大词典出版社、上海古籍出版社、上海远东出版社、上海学林出版社、上海声像读物出版社、上海书店出版社等 13 家出版社从新闻出版局剥离,组成上海世纪出版集团(简称"世纪集团")。同年 6 月,世纪集团被确定为全国文化体制改革试点单位。由世纪集团与上海大盛资产有限公司、上海精文投资公司、浙江出版联合集团等五家国

有投资主体，共同发起设立上海世纪出版股份有限公司，实现了世纪出版集团整体转制为企业。

2004 年 10 月，上海市新闻出版局将尚未转制的上海文艺出版社、上海人民美术出版社、上海书画出版社、上海画报出版社、百家出版社、上海三联书店、交际与口才杂志社、东方出版中心等八家局属出版社从新闻出版局再次剥离，成立上海文艺出版总社（简称：文艺出版总社）。2005 年 10 月，文艺出版总社吸收合并市国资委持有上海印刷新技术（集团）有限公司四分之三股权、收购上海新华发行集团有限公司部分股权投资、增资中华印刷厂，同时转让文艺出版总社持有印刷集团部分股权划入文新报业集团。通过收购和吸收合并行为，上海文艺出版总社从图书出版业为主，进入到印刷制造以及图书发行等业务。

2005 年，按照文化体制综合试点工作的总体要求，上海加快推进世纪集团整体转企改制暨上海世纪出版股份有限公司的组建、文艺出版总社事转企的改制等有关文件的落实。同年 12 月 5 日，世纪集团将所属四家分支机构、十家全资企业，以及世纪集团部分资产负债投资注入上海世纪出版股份有限公司，进一步确立国内出版企业市场主体地位，实现以资产为纽带的资源整合和跨地区、跨媒体的整合，进一步扩大了我国出版集团在国际上的影响力。

2006 年 12 月，当全国出版单位第二批转企改制工作全面推进时，上海世纪出版集团和上海文艺出版集团下属 23 家出版单位已提前、全面实现出版单位整体转企改制任务。到 2010 年，上海世纪出版集团、上海文艺出版总社两大出版集团公司，再一次完成两大出版集团的资产重组，合并后成立上海世纪出版集团。

据资料统计，2015 年上海世纪出版集团主营业务收入高达 34.9728 亿元，比 1982 年（注：缺少 1981 年财务数据）局属出版社增加 33.0763 亿元、利润总额 1.9006 亿元增加 1.6576 亿元、净利润 1.6860 亿元增加 1.6377 亿元、总资产 66.5551 亿元增加 66.0806 亿元、所有者权益 37.1591 亿元增加 36.9754 亿元。

总的来说,在国家逐步完善文化体制改革和税收优惠政策的扶持下,进一步推动上海市新闻出版局文化管理体制改革步伐,加大局属出版社经营性文化事业单位转企改制力度,提高企业内部经营激励机制和经济效益的积极性,为实现出版社自主财力的集聚和发展,为推进上海文化出版事业和出版产业的发展创造有利条件。

上海市会计学会新闻出版工作委员会成立及活动

1988 年 5 月,新闻出版署新出计字第 495 号文函各省(市、区)新闻出版局,可成立本省(市、区)出版会计学会,参加中国出版会计学会成为团体会员。1988 年 7 月,经上海市出版局领导核准,在原先出版行业组的基础上,成立"上海市出版会计学会出版分会",主管单位为上海市新闻出版局。1988 年 8 月,上海市会计学会批复"上海出版会计学会"的申请,同意出版会计学会成为其属下的一个团体会员(市会 88 字第 8-5)。1993 年初,按照上海市民政局关于整顿社会团体组织规定,改称为"上海市会计学会新闻出版工作委员会"。至 2015 年年末,有团体会员 96 户,划分为新闻报业、高校出版、世纪出版、印刷、发行、综合六个学术研究小组,以便于分组活动。

学会工作紧紧围绕国家各个时期经济形势和当前财会工作重点,结合新闻出版行业的实际情况,开展多种形式的会计学术研究,探索出版财务会计和经营管理的途径,运用会计知识讲座、报告会等形式,宣传普及会计法制、会计理论和会计知识,开展财会人员科普研讨交流,组织会员撰写论文等活动。

学会中心工作是开展学术研究活动,如组织财会人员撰写论文,曾获中国出

版会计学会颁发的 1992 年出版财会和经营管理学术研讨会优秀论文奖,1996 年新闻出版财务会计征文活动组织奖,上海市会计学会颁发的 1995 年度潘序伦中青年论文奖,2008 年纪念改革开放 30 周年理论研讨征文评选优秀组织奖表彰,2011 年纪念建党 90 周年征文、纪念活动、科普活动组织奖,2012 年中国特色社会主义理论体系与科学发展理论研讨征文评定组织奖等。有 13 篇论文刊登在上海市会计学会主办的《新会计》上。为了提高、鼓励会员参与论文写作积极性,便于财会人员学习交流、借鉴。跨入新世纪后,先后组织编辑《会计理论与实践》(2001 年)、《会计实践与探索》(2004 年)、《会计探索与发展》(2013 年)系列论文集,由上海财经大学出版社出版发行。

2002 年 4 月,学会参与财政部会计司、新闻出版总署计划财务司组织、中国会计学会出版分会承担编写《企业会计制度——新闻出版业会计核算办法》课题研究,由上海承担编写第五章《印刷、复制企业成本核算办法》。财政部于 2004 年 1 月 14 日以财会[2004]1 号颁发《财政部关于印发〈新闻出版业会计核算办法〉的通知》。《新闻出版业会计核算办法》为规范新闻出版业会计核算,提高新闻出版业会计信息质量,促进新闻出版业财务管理具有十分重要的现实意义。

学会成立至今,紧跟当前经济体制改革步伐,组织会员从严履行财会职责,工作中勇于探索,积极进取并有所收获,并得到上海市会计学会的肯定。自 2007 年始学会年度考评至 2015 年止,学会历年荣获"开展论文征集、科普活动周、学术活动达标"的表彰。

学会工作在于:紧紧围绕改革开放的精神,积极联系和团结新闻出版财会人员,开展科研、学术活动,发挥学会组织协调和桥梁纽带作用,不断提高财会人员政策理论水平和业务能力,为开创上海出版财会工作新局面作出应有的贡献。

发展变化中的上海旧书店

吴明霞　　殷小定　　陈克希

吴明霞,1944 年 7 月生。曾任上海图书有限公司(原上海图书公司)办公室副主任、业务部副经理、上海旧书店经理等职。

陈克希,1950 年 11 月生。曾任上海图书有限公司(原上海图书公司)《博古》杂志编辑、上海旧书店收购部主任等职。现退休返聘上海博古斋商场部任收购处首席标价师。

殷小定,1961 年 6 月生。曾任上海旧书店分店部门经理等职。现任上海旧书店、上海市黄浦区新文化服务社有限公司经理。

上海旧书店是上海图书有限公司旗下一家经营古旧书刊、新版旧书、特价图书的专业书店。

源远流长的古旧图书积淀了深厚的文化底蕴，有别于现代出版物，由此引发一代又一代文化人孜孜不倦寻踪觅迹的求书情结。书店在"为读者找书，为书找读者""让一本书发挥几本书作用"的经营理念中，为广大古旧书刊爱好者提供了大量的精神食粮，为各个领域的专家、学者送上了宝贵的图书资料，莘莘学子在成才之路上与旧书店结下了不解之缘，与书店的资深业务员结成了好友。他们见证了古旧书发行工作对文化传承不可或缺的重要作用。古旧书店在新中国文化建设事业中的积极作用，也造就了古旧书业的社会地位。

20 世纪 50 年代，上海旧书店是"淘书者"的乐园，也是福州路上一个独特的文化景点，更是上海旧书发行的龙头企业，撑起了全国古旧书业的半壁江山。

上海书店福州路门市部

20 世纪 60 年代，暴风骤雨般席卷而来的"文革"，冲击了集"封、资、修"大成的上海旧书店。书店经历了歇业关门、清仓、烧四旧（书）的灭顶之灾，遭受了惨烈的摧残。

然而,我们古旧书工作者同心同德、上下一致,顶着巨大的政治压力,还是封存保留了一部分有价值的图书资料。

"文革"期间,我们还在民间收购到了首次发现的"明成化说唱本",当时门店都关掉了,收购员轮流去郊县流动收购。一位叫宣稼生的收购员到嘉定农村去收购,一农民拿来了当年"破四旧"时挖古墓挖到的古旧书,其中一本已经黏连在一起像块砖头。这些书带回来后经顾廷龙、赵景深、韩振刚、王兆文、马栋臣、韩士保等专家鉴定,确认是海内孤本,价值非凡。该书被认为是第二个"马王堆"发现,一时轰动全国,现已归入上海博物馆,丰富了馆藏文物资源。

因为我们的胆识和远见,为古旧书业的后续发展留下了一线生机。

20世纪70年代末,党的十一届三中全会精神驱除了"文革"的噩梦,迎来了百废待举、万象更新的春天。改革开放的东风鼓舞士气,振奋人心,各行各业生机勃勃,文教战线蓬勃发展,图书出版发行系统欣欣向荣,上海旧书店也在福州路文化街上劫后重生,开门迎客。其下属的淮海中路、南京西路、四川北路等几家分店同时开业。

上海书店淮海中路门市部

上海书店四川北路门市部

当时，经过"文革"扫荡的文化市场一片萧条。为满足读者如饥似渴的读书需求，我们挖掘有限的库存，选取尚有价值的旧书，联手出版单位再版重印。此举不仅拓展了书店的销售业务，补充出版社的选题，还拯救了一家濒临倒闭的印刷厂，活跃了图书市场。当年书店门前排队买书的盛况我还记忆犹新。

同时，我们配合市内有关重大科技项目、学术研究、文艺创作等活动，积极提供历史资料，得到社会各界的好评，在文化复苏的进程中发挥古旧书店特有的功能。

在计划经济向市场经济转化的20世纪80年代，上海旧书店颠沛在改革开放的大潮中。各区发展经济、繁荣商业的市政规划迫使旧书店的几个分店先后迁出热闹的中心城区。外部环境使我们网点萎缩，社会反响极大，每年都有政协委员"救救旧书店"的提案，更有热心读者通过广播电台和我们对话，质疑我们无所作为，倾诉他们对旧书店的思念之情！面对如此强烈的呼声我们百感交集，感动不已。我们也曾走街串巷寻找合适的旧书店店址，四方呼吁争取财税优惠政策，然收效甚微。

　　为了扩大旧书业的社会影响,我们提议创办文庙古旧书市场,为读书人建立一个精神家园。此举得到黄浦区文化局的支持和合作,许多个体书商纷纷入驻,广大读者热情追捧,我们参与了前期的市场管理工作,市场的社会效应经久不衰。

1987 年 4 月 24 日至 5 月 5 日,公司举办"文庙首届旧书集市"

　　因原有旧书店已变成以经营新书为主的旧书店,上海图书公司于 1991 年将福州路 338 号的原上海书店期刊部停业,在原址上开设上海旧书店。开业这天,电视台及报界诸媒体纷纷前往参加新闻发布会,当日店堂人气旺盛,书源充足。

　　古旧书收购处地址在福建中路广东路角,门面朝东南方向。此时段,社会上的货源充裕,收购处共四人,每日都有做不完的事。门面收购属日常事宜,上门收购更加络绎不绝。当时,上海市民的住房还很小,记忆深刻的是,有几户人家为腾出地方给儿子做婚房,不得不卖出心爱的书。书主人那种依依不舍之神态,令人不忍。

古籍书店收购处　　　　　　　　上海书店古旧书收购处

　　为了丰富书源，我们收购处还会利用与各家出版社的朋友关系，从出版社准备报废送造纸厂的库内，收些许书来充实旧书货源。事实上，这工作不属我们旧书收购的范围。原来是因为有一收购员偶尔到某出版社朋友处去拜访，碰巧在他准备送造纸厂的报废图书中，看见有少量可在旧书店销售的书，于是按分量收购。尝到了甜头后，便开始从几家有关系的出版社，抢救出不少准备送出做纸浆而我们书店还可卖的书籍。此举在为书店创利的同时，也为读者挽回尚可使用的书籍。

　　当时书价已从原本长期的一角钱一个印张，渐渐涨到了两角一个印张。于是，我们的收购价也做了相应调整。对中华书局、人民文学出版社、上海译文出版社等一些大牌出版社，及其他出版社出版的名家著作，均将收购价稍许提高。如原本我们总是根据书的版权页定价与书的质量，按那些前辈规定的方法，收三折卖五折，收五折卖七至八折。而现在我们不管书籍原定价，全以当时的印张价为准引进收购,有些还超过了版权页的定价。如此操作,让许多藏家很赞同,都愿将自己不再用的书出让给我们。

然而,这种收购的创新,也使旧书的卖价超过了原定价。在门市,大多读者均能理解,但也有少数读者认为,旧书的定价打破了旧书历来比新书便宜的规矩,提出异议,有的甚至告到了物价局。记得有一次,有位物价局的工作人员到收购处来暗访,见我们做了几笔生意后,问为何要超过原定价收购。当时并不知道来者是物价局工作人员,回答说,书籍是标定价在版权页上的,而其他商品价是根据市场变化而定的。同样的钱以前买两只苹果,现在只能买一只,书籍也是一样。来者听完后才笑着告知,自己是物价局的,因有人反映旧书标价混乱而实地看看。

为了标价合理,收购处人员还要常到旧书门市去了解销售情况。如该书上架后立即卖出,说明定价低了。反之,如几个月依然在架上,那么,应将书取回重新调低标价。

此外,为给旧书门市增加人气,我们有时特意明显标低书价,让读者以为该店淘书能捡到漏,以吸引老读者勤进书店光顾。另一有效之法是,将陈列旧书经常变换架位,使老读者入店堂会产生耳目一新之感。如此窍门,只需少许动动手就有奇效。

旧书店是一个微利行业,具有一定的公益性,社会需求是其存在的必要性,市场经济条件下又必须考量其生存模式。早在20世纪50年代初,陈云同志曾经有过关于旧书业可以暂缓公私合营的讲话,今天看来卓有远见,小型、个体的旧书店更适合灵活的市场经济。纵观日本、欧美等国际旧书市场的繁荣,也只是胜在数量而非规模。近年来,我们在充分听取业内专家意见的前提下,采取了主要门店国营,小型网点国有民营的办法,扩大了销售,赢得了效益,国有民营中的国有,指公司申领相关证照,并负责政策、法规方面的管理,民营即由职工承包经营,符合一定条件的古旧书刊收藏家、经营者也可以承包经营。

20世纪90年代,上海旧书店在公司的授权下化整为零,将下属各地区的小型网点组建成各种不同经济形式的旧书店。有职工集体租赁承包的,也有个人加盟自营的。这些店规模不大,运转灵活,服务贴切,立足市场,细水长流,得到了读者的认可和社会的接纳。特别是离退休干部集资经营的"新文化服务社",虽然是民营,然而却是上海旧书店的缩影。在有经验的"老法师"的掌控下,各类旧书刊品种齐全,库存图书丰富,淘书人口碑相传、声誉日隆,有一定的社会知名度。

1993年,上海博古斋创建。博古斋是将古籍书店的线装古书和字画,与上海旧书店的民国老期刊和民国旧平装等组合在一起经营。1994年"古籍善本"进入拍卖会,原本古旧书刊指导价是由作为主渠道的我店决定,而拍卖会让该类价格变化由市场决定,于是,收购处必须时时关注国内的每一场"古籍善本"及"图书资料"拍卖会,以保证收购价紧跟市场变化。

《上海古旧书会》上刊登的周振鹤文章

上海旧书店倡导的"为读者找书,为书找读者"服务准则,是店员的座右铭。经常到旧书店淘书的人,有专家学者,有藏书家,也有作家和寻常读者。店员在为他们服务的同时,亦可学到许多图书版本知识,因而很快便成为朋友。复旦的周振鹤、华东师大的陈子善、《新民晚报》的曹正文、中百集团老总蒋禹照等均因淘书,为上海旧书店的同事们熟悉。反过来,这些名家和普通读者也会介绍藏家,将书出让给我们收购处。更有几位老先生,生前叮嘱家人,其过世后,书籍由上海旧书店处理。究其原因,此乃上海旧书店的真情服务所致。

1997 年,上海旧书店又出新举措,在福建中路 118 号开出了国营旧书门市部。书店不大客流大,书架不多品种多,欣喜的读者都有旧书店归来的认同感。十几年来凭借国营书店的信誉和职工优良的业务素质,我们积累了一大批读者,书店稳步发展。足见在市场经济机制下,国营旧书店还是有它存在的意义,成了读者心目中一座标杆。

从 1999 年开始,公司着力于旧书网点建设。在网点建设上,采取公司投放大型网点、标志性网点,动员职工承包的方式,建设小型网点。经过几年的努力,公司有大型旧书店——瑞金二路新文化旧书店,面积 300 平方米左右,陈列品种 6000 余种;标志性门店——福州路 401 号 4 楼上海旧书店,面积 400 平方米左右;大小网点共计 20 余个。网点建设使古旧书刊的经营有了物质基础。货源匮乏是古旧书经营的瓶颈问题,巧妇难为无米之炊。公司从两方面解决这一问题:一是成立古旧书刊经营中心,把博古斋、上海旧书店、新文化旧书店三家连为一体,来充分发挥专业优势。二是加强收购,社会收购是古旧书刊货源的主要来源。长期以来,公司有上门收购的传统,老一代从业者不辞艰辛,走乡串户的吃苦精神传到年轻一代职工身上。随着市场经济的发展,古旧书刊的价值也在变化,靠传统的收购方式已不足以完全解决货源问题。近年来,我们也采用寄销的方式,让有古旧书刊的藏家把古旧书刊拿到我们店堂里寄卖,这一方式既丰富了古旧书店的品种,又让藏家、卖家双赢。

我们还在瑞金二路新文化旧书店内设立了九华堂古旧书刊精品馆,2002 年 5 月,成立了中国第一个古旧书刊爱好者俱乐部——"淘友俱乐部"。俱乐部不定期组织讲座、联谊活动等。展销往往是聚集人气,扩大影响的销售方式之一。在 2004 年,我们在福州路 401 号四楼开设上海旧书店旧书刊交易中心,经营户有 21 个摊位,在 2004 年至 2005 年期间,我们已举办了两届古旧书刊展销会。

沪上一些知名藏家如孙伟时、瞿永发、张宗祥、王德等倾其所藏前来助阵，江、浙、沪、皖等地收藏者、爱好者络绎不绝，在赢得经济效益的同时，也扩大了上海古旧书业的影响。

上海书店编印

古旧书讯

1979.1

《古旧书讯》（1979 年第 1 期）

古旧书业的本质是文化事业。一个民族的古旧书也体现着一国的文化底蕴，城市的古旧书业亦反映其地域文化底蕴。近年来，我们每年举办一次古旧书业研讨会，专家、学者、经营者济济一堂，从文化层面对古旧书业进行了阐释、研讨。2003 年，我们成功举办了"世界级城市与古旧书业高级论坛"，著名藏书文化研究专家，南京大学教授徐雁等学者做了精彩演讲。创办于 20 世纪 50 年代的《古旧书讯》在许多古旧书刊爱好者的记忆中印象深刻。2003 年，公司继承《古旧书讯》的传统，创办了《博古》杂志（内部准印证），在充分反映古旧书业有关信息的同时，向文化收藏渗透，《博古》为以阐述收藏文化为主的收藏刊物，共出版 12 期。

值得一提的是，为了提高收购货源的质量，上海旧书店将目光投向拍卖市场。收购员以其业务精湛的优势，去拍卖行举牌，充实货源。此举为国内业界首创，亦带动兄弟省市旧书店纷纷效仿。

适者生存是市场经济铁的规律。通过不断探索反复实践，我们走出了一条迎合市场特点的旧书经营之路。在改革开放的今天，上海旧书店仍要站在风口浪尖迎接新一轮市场浪潮的挑战！

我的译文记忆

杨心慈

杨心慈，1945 年 11 月生。1975 年进入上海人民出版社编译室，1978 年转入上海译文出版社。曾任《外国文艺》编辑室主任，曾任上海译文出版社副总编、社长。

　　我是 1975 年进上海人民出版社编译室的，后转入上海译文出版社，一直工作到退休。虽然退休已有时日，但对于我们社在走过的路中的这样一些事，记忆是深刻的。

译文社的成立

　　上海译文出版社是 1978 年 1 月 1 日成立的，和局系统里有的出版社比起来，历史似算不上悠久。但我们也不是一个完全新建的出版社，她是由当时的人民出版社编译室（关于"编译室"的由来，我们原社长孙家晋同志在《回首当年》一文中

写道："当年我们在干校接受改造，因'写作班'需要有'翻译机器'为他们赶译资料，就把干校里懂得外文的人陆续组成一个连，最后则皇恩浩荡，成为'四人帮'党羽控制的'上海人民出版社'的一个组成部分——'编译室'。"）转变而来的。社内的主要编辑都来自"文革"前的上海各出版社，包括文艺出版社、人民出版社、少儿出版社、教育出版社等。因此，比较客观地说，上海译文应该是一个"重新组合"的出版社，一个社名是新的，而其实是有传承的老出版社。

记得当时为了给社起个合适的名字，时任领导希望大家出主意，想点子。按获批规定，我们这个新成立的社是个综合性的专业出版社。所谓综合性，就是出书不是单一性的，而是范围很广，涉及外国文学、社科、外语教学和工具书等各大类，而专业性指的是出的书都与外语相关。于是有同志提出叫"翻译读物出版社"，但也有同志觉得太一般。后来，我们社原总编辑包文棣同志提议："鲁迅先生所积极支持的《译文》杂志有过光荣的战斗历史，不如就称为'译文出版社'吧。"这个提议得到了采纳并获得批准。

我和当年"编译室"的同事一起见证了译文社的成立。

"三套丛书"与缓解"书荒"

我们社成立之初，正是全国书荒最严重的时期。当时，高考刚刚恢复，无论是莘莘学子还是普通读者，都处于一种"饥渴"的状态中，急需也极需（精神）食粮。当时市委宣传部部长洪泽同志在一次大会上提出要重版一些世界文学名著："'文革'以前出版的书，你十里挑一，挑不出好的，百里挑一总该有好的吧?"（引自包文棣《走过的路》）有了上级的指示，我们社迅速行动起来。经过仔细挑选（当然事实上不是百里挑一，而是十里挑一），确定了一批重印书目。我记得有《艰难时世》《斯巴达克斯》《红与黑》《奥德修记》《简·爱》《哈克贝里·芬历险记》《当代英雄》《叶甫盖尼·奥涅金》《喜剧六种》《别林斯基选集》等，每一种的印数都很大。书一上市，立即引起了轰动，新华书店门口都排起了长队，广大读者尤其是青年读者竞相争购。上海作家协会副主席赵丽宏同志在《作家谈译文》中写道："70 年代末 80 年代初，上海译文出版社又开始大量出版外国文学名著，我很难忘年轻人在书店柜台前排队争购的情景，当时我正在华东师大上大学，我也是等在书店门口排队的热心读者之一。"这些名著的重版出版为缓解"书荒"起了很大作用。

我们社之所以能这么快重印外国文学名著，得益于从"文革"前的上海文艺出版社外国文学编辑室传承过来的大量纸型和文稿，得益于"三套丛书"这一宏大的出版工程。"三套丛书"是《外国古典文学名著丛书》《外国古典文艺理论丛书》和《马克思主义文艺理论丛书》的简称。20 世纪 60 年代初，文艺社外编室开始参与"三套丛书"的出版工作。从我们老社长孙家晋同志处了解到："三套丛书"是一项大工程，创始于 1959 年，是在中宣部直接领导下，经中国社科院文学研究所（1964 年外国文学研究所成立后，由外文所负责）组织"编委会"和"工作组"规划编审，由人民文学出版社负责出版。编委会成员有：巴金、朱光潜、冯至、季羡林、卞之琳、戈宝权、叶水夫、钱锺书、罗大冈、杨绛、杨周翰、杨宪益、罗念孙、楼适夷、陈占元等数十人，都是全国外国文学权威。"三套丛书"的标准很高：要第一流的原著，第一流的译本。原著是大作家的一两本代表作，译者需经两位编委推荐，全体编委认可。出版应由人民文学出版社独家负责。后来上海了解到情况后，认为上海有过去出版外国文学作品的基础，应参与这项工程。当时的市委宣传部白彦副部长力推此事，亲自带领出版社同志赴京"奔走呼号""穿梭联系"，最后得到"文研所"和"出版局"（即现在的新闻出版署）同意，上海文艺社外编室也参与这项出版大工程了。经协商同意，后两套书仍由北京单独承担出版，《外国古典文学名著丛书》上海分得规划（120 种）中约三分之一选题。有荷马史诗《奥德修纪》、弥尔顿的《失乐园》、勃朗特姐妹的《简·爱》和《呼啸山庄》、司汤达的《红与黑》和《巴马修道院》、狄更斯的《大卫·考坡菲》、斯陀夫人的《汤姆叔叔的

小屋》、显克微支的《十字军骑士》，等等。于是社里据此制定计划，没有译稿的，组稿约译；已有译稿的，认真审稿，组写前言。1966 年"文革"开始，工作被迫中断。

1976 年 10 月"四人帮"粉碎，出版也迎来了春天！1978 年 5 月，中宣部发文，批准恢复"三套丛书"的出版工作。我们译文社承接了这项工作。经编委会研究，"名著"和"理论"两套丛书都删去了"古典"两字，以避免古典和名著两个概念在含义上的重复，同时也是为打破所选作家作品的时间下限。《外国文学名著丛书》选题扩容至200 种，我们社承担的品种超过三分之一；《外国文艺理论丛书》也扩容，我们社也开始承担部分选题。1985 年后，因编委会成员大多年事已高，开会不便，由工作组承担处理协调工作中的各种问题。"三套丛书"的出版任务已于 1999 年年底完成，整个工程历时 40 年。

"三套丛书"是我们社外国文学的奠基石、出版核心。有了"三套丛书"，我们才能快速重印名著，为缓解"书荒"作贡献；我们才能在改革开放时，适应市场需求，及时推出"名著珍藏本"和"普及本"。第一批"珍藏本"15 种，从 1990 年起陆续推出，受到爱好藏书的读书人的喜爱，总印数达 98 万册，平均每本超过 6万册。20 世纪 80 年代末，因受利益驱动，图书市场充斥着格调低下、内容庸俗的非法出版物，这时我们又适时推出了内容健康、情操高尚的"名著普及本"，都是全译本，但价格亲民，质量上乘，市场反响热烈，受到追捧。1993 年，"名著普及本"曾创下日销万册的纪录，为我们社带来了双效益丰收。有了"三套丛书"，我们才能陆续规划出版有关作家的选集、文集甚至全集，如乔叟、狄更斯、勃朗特姐妹、司汤达、法郎士、高尔士华绥、契诃夫、普希金、托尔斯泰、赫尔岑、别林斯基等。后来我们在此基础上又作了大幅度的扩充，至今，我们社出版文集的作家已达数百位。大作家文集的出版既反映了我们社对外国文学作家的研究成果和水平，也体现了一个出版社的出版阵容、社会责任和担当。

"三套丛书"永远是译文社的资源宝库。

几次首创性的工作

（一）在全国率先创刊介绍现当代外国文学的双月刊《外国文艺》

1978年，我们社刚建立，一面开始外国文学名著的重印，一面着手筹划办一份介绍现当代外国文学的刊物。外国现当代文学在当时还是个不敢触碰的禁区，是个空白。时任社副总编的汤永宽在《开辟面向当今世界文学窗口》一文中写道，我们社成立后，市委宣传部和出版局领导指示我们与"文革"中的文艺《摘译》接触，告诉他们，我们社有意在改弦更张的原则下接受该刊，并愿意吸收留用原有的编辑人员，但遭到拒绝。于是我们社决定自己办。

经出版局同意并转报市委宣传部批准，在首任主编汤永宽和任溶溶两位领导带领下，经过编辑部同仁紧张、精心地编辑，《外国文艺》创刊号于1978年7月面世了。

《外国文艺》编辑部成员，前排左起：叶麟鎏、任以奇；后排左起：王招弟、王仲豪、施正庆、吴洪、戴际安、杨心慈（摄于20世纪90年代初）

《外国文艺》是我国新时期最早通向当今世界各国文学的窗口，她让读者开阔了视野，及时了解到第二次世界大战前后以来世界各国文学和艺术的新作家、新作品、新流派、新思潮、新动态；了解到外国文学创作的最新理论、创作手法和创作成果。刊物出版后，受到读者的欢迎，不少作家和学者也给予了很高的评价。作家刘心武曾高度赞扬《外国文艺》的"胆识气魄"，他在《作家谈译文》中写道："当时翻阅着这期新到手的刊物，真是由衷地感到：我们的国家真是走向开放了！我们的文化与外来文化，真是在进行良性的碰撞与交流了！"学者陈思和也在同一本书中写道，至今一想起自己的思想学术道路经过，对这份杂志还是充满感激。

《外国文艺》是在改革开放形势下，打破"左"的思想禁锢的产物，她对外国新时期文学创作的繁荣和丰富多彩的发展具有很大的推动促进作用。

（二）创办了第一本与国外合作出版的高端女性杂志《世界时装之苑——ELLE》

《世界时装之苑》创始于 1988 年，经过两年的探索、磨合，1990 年经新闻出版署批准，《世界时装之苑——ELLE》成为第一本与国外合作出版（合作方为法国阿歇特出版集团）的高端女性杂志。该刊是我国著作权法于 1990 年全国人大通过后，首家从国外引进版权，将本土编辑内容与境外版 ELLE 杂志进行版权交易的杂志。其出版宗旨是促进中外文化交流，使读者及时了解当今世界时装流行趋势，开阔视野，提高对美化生活的鉴赏能力；对外传播中国传统和当代服饰文化的历史与现状；反映我国改革开放后人民生活水平提高的现状。

骆兆添在《世界时装之苑——ELLE》新闻发布会上讲话

《世界时装之苑——ELLE》集欣赏性、通俗性和实用性于一体,内容活泼健康,印刷精美,深受读者喜爱,也受到国外的热切关注,被视为我国改革开放的风向标。原社长、首任主编骆兆添同志在《走过的路》中写道:"某国驻沪领馆人员说,每逢有客人从本国来,我们都送给他们《世界时装之苑——ELLE》,因为不用向他们说什么,看到这本杂志他们就知道中国改革开放了。"

（三）率先购买外国文学畅销书《斯佳丽》版权

1991 年,美国通俗小说《乱世佳人》的作者米切尔的继承人找了一位美国作家写了该作的续集《斯佳丽》,并广泛出售版权,准备于当年的 9 月 25 日在全球同步推出各种版本,以引起轰动效应。我们社获知这一消息后很想出版中文本,因为当时我们已经出版了全译本的《乱世佳人》,便积极联系。当时,我们国家尚未加入世界版权公约,但正在进行有关保护知识产权的谈判。如

果按过去的做法，我们只要拿到原作找人翻译就是。但我们考虑到，随着我国改革开放的深入，中国要走向世界，要加入 WTO，加入世界版权公约是第一步，知识产权的保护势在必行，因此我们必须先走一步，按国际惯例办事，应该先去购买中文本版权，然后再出版。这样做必将有利于提高译文社在国际上的形象和声誉。

那时，台湾中华书局已通过大苹果版权代理公司高价购得《斯佳丽》全球中文版权（包括繁、简体字版），正急于找一家大陆出版社共同出版这本书，共同分担沉重的版税。台湾中华书局总经理到上海找到了我们社，经过多次协商，我们社终于按正规途径签下合约，争取与国际上同步出版简体字版本（后来因繁体本译稿的质量问题，修改费时颇多，未能赶上同步出版）。

当时国内已有八家出版社在抢译抢出此书，他们派人买来原著，将书拆成若干份，分头赶译，有的社还发出了征订广告。我们将此事经出版局上报给新闻出版署和国家版权局，力陈保护此书版权的重要性以及会在国际上带来的影响。最后，新闻出版署和国家版权局决定并发文：我国虽尚未加入世界版权公约，但由于译文社和海外出版社已签有协议，其权益应予以保护。除译文出版社外，其他社一律不得翻译出版《斯佳丽》一书。这个消息在《人民日报》头版显著位置公布，在国际上产生极为良好的影响。外刊也纷纷发表消息，说上海译文出版社购买海外畅销书版权，在大陆出版社中开了先例，意义十分重大。

界龙发展回忆录

费钧德

费钧德，1946 年 4 月生。现任上海界龙集团有限公司董事局主席、党委书记，上海市乡镇企业协会会长，上海市包装技术协会会长，上海市浦东新区川沙新镇侨联主席。

　　界龙以前穷得叮当响，尤其在"三年自然灾害"时期，真是吃不饱穿不暖，家里经常揭不开锅。1961 年，我的父亲就是因为饥饿，吃了很长一段时间的菜根、木排草根而生了肠梗阻，腹膜炎病发开刀不及时而去世，才 49 岁，当时我在川沙中学读书。1962 年我要考高中了，可我不得不退学，一是因为家庭成分是富农，不能上高中；二是因为家里穷，也交不起学费。所以，我拿到初中毕业文凭后，就回乡种田了。班主任当时找我说："你成绩前 10 名的，为什么不考高中呢？"我讲了这些原因后，老师说："那也好，你去建设社会主义新农村吧。"我很崇拜我的中学老师说的一句话：中国的出路是农业国转变为工业国，即农民变为工人。

就这样，我回到界龙种田，开始了一个传统农民的生活。虽然并不安分，但是农活我样样干得出色，我肯吃苦是出了名的。让我想不通的是，做学生的时候，只要努力勤奋，成绩就好；回家当了农民，我起早贪黑地做，为什么还吃不饱穿不暖？农民的出路在哪里？

当时我想起读中学时，地理老师用"一分地、三分山、六分水"来形容我们国家，他说这 10% 的地要养活几亿人，太难了，全国十亿人口八亿是农民，靠这些土地的话，经济是很难好转的，所以农村劳动力要向工业转移。界龙村是一个很好的例子：人口 2500 人，劳动力 1100 个，种植 1800 亩土地，年成最好时每亩产出 100 元，每个劳动力每年的收入最好在 170 元。这些情况和老师教的这句话，我悄悄说给大队干部听，他们也说对啊。不过议论归议论，却一直没办法有什么改变，直到 1966 年，形势开始有点"乱"了。

五金"开关厂"：五天挣了 500 斤麦子

消息不断以一种隐秘的方式传来，说江苏在偷偷办企业，周边一些村里都在偷偷摸摸地办小工厂，还赚了蛮多钱。我毕竟读过书，在当时也已经算是知识分子了，知道一些社会上的事情，而且也不甘心一辈子做一个农民，就去和大队长周祥贤建议办企业。一天下午，作为村里知识分子的我和几名干部来到周祥贤家开会。我们达成一致：要办一家自己的工厂。对于世世代代的农民来说，工厂是一个遥远而陌生的名词。村里委我以重任，到市区考察调研，因为我是知识分子，又是小工厂的积极鼓动者，也是大家公认最吃得起苦的人；还有一点，是看中我脑子活络，点子多，办法多，善于交朋友。说白了，"考察调研"就是找老乡打探消息。

那是 1968 年。别看现在从界龙到人民广场只要 45 分钟车程，但当年得先步行 45 分钟到川沙小火车站，乘一小时火车到庆宁寺终点站再乘摆渡船到浦西轮渡站,再走 15 分钟到杨树浦路乘 8 路电车到市中心。我到了上海市区,人生地不熟,不要说后门开不到,连前门也不认得。我想到了旅社,那里住的都是南来北往出差的人,他们会有各种业务信息,我想听他们说说他们的业务,请他们帮我们界龙村办厂出出主意,说不定就可以找到捷径。我现在还记得那一年住的旅社,就在南京东路旁边一条小马路上的"兰考旅社"。一个大房间分上下铺,能住上百人。在那里,我和很多人聊天,聊着聊着,一名旅客告诉我办家小五金厂最方便,几百元一台的小车床投入少,而且可以专接大工厂不愿做的小生意,比如一些仪表用的非标准螺丝螺帽。我回村一报告,大家很高兴,咬牙投资1000 元买来两台简易小车床,用几块木板拼成台面,用砖头砌成一套车床加工设备,经一年多的筹备,就这样用农机修配站的牌子,修理农机具,又接加工铜的非标准件活,实际上是一家小五金厂,成为界龙村创办工业的开端。

可是,没想到车床由于精度不够,不能生产出产品,必须维修。我又得"进城"找人整修及学习相关技术。巧得很,我在市区工作的大哥家对面,卢湾区丽园路上就有一家梦想中的加工厂——建国螺丝厂。这家厂不仅仅是在当时给我留下深刻的印象,而且也是我们界龙小五金起步的直接引路人,是我们界龙集团的第一口母乳。

当初看来这厂真大,三层高,面积有五六千平方米。螺丝厂就在眼前,但是我没有任何熟人。开后门的资格也没有,门房间阿姨将我挡在了厂门外。这时候,我的倔脾气上来了:我一定要想办法进去,要是眼前的螺丝厂也进不去,那还有什么厂进得去?我每天就到螺丝厂跟门房间阿姨"软磨硬缠",要她们帮忙。一天、两天,到了第三天,我终于像"愚公移山"一样感动了上帝。门房间阿姨看我认真,真是要学本事的样子,就答应我说,"等一会厂领导出来送客户,我帮侬'撬撬边'"。厂领导送了客户要回身进去的时候,发现了我,阿姨就对领导介绍说,这是贫下中农派来的代表,要来学习。那年头实习也不简单,要有厂的上级单

位批准，厂领导要我自己去找手工业局。但我怎么能够开得出手工业局的批条？我真是一路愚公移山，一次次感动上帝，同时也耍了一些小聪明，也"忽悠"了许多环节，终于建国螺丝厂接受了我们界龙的实习。当我们四个界龙青年农民穿上了蓝色的工作裤走进车间的时候，真是要用激动来形容自己的心情。

一个月后，我们不但掌握了技术，还能顶班生产。几个月后我们生产加工的产品数量多，质量也不差，与他们工厂的工人相差无几。我还帮工人理发、打扫、搬机器等，脏活累活不分昼夜都干，厂里黑板报还刊登文章表扬我："向贫下中农学习，能吃苦耐劳，还专心学习技术……"

本领一天一天学到了，我的心思又活了，建国螺丝厂业务很忙，是不是可以介绍一点给我们村办小五金厂？有什么事可以让建国螺丝厂对我们界龙有更好的印象？车间师傅建议，一定要和领导挂上钩，厂里才能大力支持。也正好这个时候，建国螺丝厂要组织工人到上海郊区"野营拉练"，在选择拉练目的地。听到这个消息，我就马上去找厂党支部书记，说听说你们要野营拉练，拉到界龙去最好。领导说考虑考虑，我二话没说，当天午后 1 点左右从工厂开始一路走回界龙，我要试一试这条路怎么走最合理，看一看这条路要走多少时间。我一直走回大队长老周家，走到晚上 8 点，脚上也起泡了。我和老周说这是个机会，让社员把茶水准备好，因为估计他们早上四五点出发，到了正好午饭，饭是他们自带的，我们只要准备热水热茶（大麦茶）招待好，随后开场忆苦思甜会，再领他们参观我们社会主义新农村：种田不用牛，用拖拉机了；点灯不用油，用上电灯泡了；地下渠道统一灌溉；大型饲养场（养猪、鸡、鸭）副业生产，等等。第二天一清早，我回到了建国螺丝厂，报告领导说一切都准备好了。厂支部书记听到我带去的接待方案，看到我那双满是血泡的脚走起路来很吃力，感到我的诚心和细心。没多久，就把去界龙拉练的决定通知我，并让我带路。那天，我们凌晨 2 点半出发，从建国螺丝厂野营拉练到了界龙，我们贫下中农夹道欢迎，而且送上热茶热水，午餐后,召开了贫下中农忆苦思甜大会,又参观了我们社会主义新农村,然后村领导向厂方提出全方位支持我们村办小五金厂的要求,厂方领导当场拍板同意,工人阶级为贫下中农修好了坏机器,还把加工业务介绍给了我们的小五金厂。

当初第一个产品是上海灯具厂的航空指示灯插销。我们的第一笔业务,五天赚了35元,相当于500斤麦子的价钱。这在当时盛行"宁要社会主义草,不要资本主义苗"的社会环境下,是不得了的事情。可惜,甜头没尝多久,人民公社领导知道后,在大会上不点名地批评了界龙领导在走资本主义道路,还说阶级路线不清,用富农子女搞外勤。我们农机修配站被贴了好几张大字报,称"挂羊头卖狗肉"。在各种压力之下,我又开始回家种田了。当时我心里有点想不通,幸好我的母亲开导我,她说:"不要想不通,只要为大家好的事情,终有一天大家会明白的。"

但是穷是摆在每个农民面前的事实。所以到了第二年,新任党支部书记到位后,我们的小五金厂又悄悄地开张了。那几年,一阵政治运动来,小五金厂就关,风头过去又开;春耕双抢、三秋农忙来了就关,农闲又开。开开关关,我们自嘲为"开关厂"。有许多地方的村办厂,就是因为开开关关伤了元气,后来一蹶不振。而我一直在想,我们界龙人多田少,平均每个劳动力才1.7亩田都不到,而且每亩田的收成最好才100元,一年的收入平均100多元;界龙人种田的收成还不够界龙人吃。只有坚持办厂,才是出路。因此,我的决心没有改变过,我的热情没有减退,业务也没有荒废过。到1972年,小厂年利润两万元,村里添置了拖拉机、收割机。那时,村里的开支可以不向农民摊派了,这也为之后印刷厂的创建,打好了厚实的基础。

印刷组:鸡窝里飞出金凤凰

1973年,是我一生中极其重要的一年,我完成了两件大事情。一是我的儿子出生了,我给他取名"屹立",就是希望我们乡镇企业要屹立在世界东方。那

时我们厂开开关关，每年冬春之际还要停工接受社会主义教育，我心里不是滋味，就想，起码得让我们厂屹立不倒。还有一件事情，那就是我们筹建了印刷厂，没有它，就没有现在的界龙。

历经几年开开关关的小五金厂，逐渐显露出了发展空间的狭小，已经跟不上我们发展的思路和生活的需要。就在那一年春节，村里开了一个外出工人回乡座谈会，统计外出工人工种的时候，发现四五十人中有 12 名印刷工人。我觉得这其中包含了两个重要信息：一是印刷是市场比较大的行业，二是既然我们村里有 12 个人在印刷厂工作，而且还分布在流水作业的各个位置，我们自己何不就开一家印刷厂？

我向领导提议开一家印刷厂，领导觉得我分析得有道理，要我负责筹备。于是就打报告给川沙县工业局。报告打上去以后，我才知道，印刷厂是特别难批准的，因为涉及印刷宣传，涉及当时阶级斗争的复杂性，而且还需要公安局和文化局的批准。几个月后，报告被批准了。但当时不能叫界龙印刷厂，只能称"上海市川沙县黄楼人民公社界龙大队印刷组"。

我在这个印刷组的职务，和在小五金厂一样，是业务员兼管理员，没有厂长，副业大队长就是印刷组的领导。因为村办厂最重要的角色和工作就是业务员和管理员，支部书记和副业大队长就把大大小小的事情都交给了我负责。办小五金厂已经五年了，领导对我比较赏识，也比较放心，对我的要求和期待也比较高。我也是对领导发了誓的，一定会把这个印刷厂办好。

一个以"组"为级别的印刷厂能接到什么业务？在要买机器的时候，我就感受到了寸步难行。买第一台印刷机，我连跑了五家印刷机械厂，也连被五家门房赶出来。第五家的门房说："农村人怎么能买，我们的机器可都是部配的。"我问他"部"在哪，他说北京。这下头疼了。我琢磨来琢磨去，最后还是找了在上海人民印刷厂工作的老乡，通过他的介绍找到了渠道，买了两台要淘汰的脚踏圆盘机,花了700块,还耗了几个月盖了十几个图章。再加上添置一些辅助的设备,村里一共投资了1000元。1973年10月,印刷厂正式开业了。选择在10月开业是有道理的,10月份田里的农活少了,可以定定心心做一个冬天了。

一边在等十多个图章的批文,我一边已经在找印刷业务。要是等到脚踏机买回来再去找业务就是一个冬天浪费掉了。印刷厂的第一笔业务,也是我们的老乡介绍来的,他在上海城隍庙纸袋一厂上班,其中有个业务是为上海龙王庙化学厂代加工的"六六六农药"纸袋印上各种规格的使用说明,且数量很大,每印一个纸袋的印刷加工费是一厘,算下来一台圆盘机一天可以赚10元,两台机器就是20元。在当时,20元相当于400斤麦子。400斤麦子从播种到收割,要经历近180个日日夜夜,如果收成时碰上黄梅天,还要看天吃饭。现在两台脚踏机赚这些钱只用了一天的时间!

印刷厂钱是好赚了,但是它还需要延伸配套,不是两台脚踏机就可以对付的,还需要有自己的切纸机。当切纸机终于求爷爷告奶奶买回来之后,又觉得两台脚踏机的生产能力不够了;当新的印刷机费了多方周折终于买回来后,又对印刷业务的量提出了高要求。新规模新要求不断地相互对应产生,还要千方百计地节约人力物力成本。创建初期有一次接到了一笔业务,是印刷厂的第二笔业务,要求有画稿,我们先去专业单位,但是他们对这种小生意都要拖很长时间,来不及,我只好自己动手。虽然只有三五十个美术字,关在房间里三天,我用鸭嘴笔一笔一笔画了下来。印刷厂就是在这样的条件下,一笔生意一笔生意地做了下来。

就这样,我们从印制这些最简单的产品开始,再用边角料、白板纸印刷饭菜票等。1973年以后,小五金厂和印刷组虽然转起来了,但上级不时来提醒我们,要求我们不能与国营大工厂争原料、争燃料、争市场。怎么办?我又进城调研,经过老乡指点,结识了在上海服装进出口公司包装科、手帕科跑手帕出口业务的杨志科长和外销员王贤坊。他们的出现给厂里带来了意料不到的收获。

那时上海的手帕已经做得很漂亮,但都是一打装、五打装和一匹一匹销售给国外。当初,国外进口商提出国外已流行超级市场,简称超市,是不用售货员的,要对产品进行分装后挂在货架上,顾客可根据需要随意取货。为此要求供货商服装进出口公司把手帕分装成一条装一个盒子,两三条一个盒子,六条装一个盒子,而且要有透明的包装盒,让手帕摆的造型和数量看得一清二楚。其实,这就是今天看来普通至极的 PVC 包装盒,不过当时是个稀罕物,我们别说不会做,连见都没见过。但我们贵在有恒心,不会可以学嘛。我们就一遍遍地向内行求教试做,再去等当时很忙的王贤坊下班后给他看,请他把国外的生产工艺大致回忆给我们,然后一点点地改进,最后成功了。我们花了半年多的时间,终于实现了第一笔外销生意,让这批手帕多出口创汇 22 万美元。

作者早年研究产品时的工作照

我们这家村办小厂的事迹被上报到中国外贸部包装局。包装局的领导实地考察后,内部通报表扬了上海服装进出口公司改进手帕包装、为国家增值创汇 22 万美元的事迹,顺便还给我们小厂里的工人拍了合影。那时是 1978 年,举世闻名的党的十一届三中全会召开了,我第一次照相了。从此,我们小厂的名声也在外贸领域传开了。我们与上海外贸进出口公司下属企业的合作,也从服装进出口公司一家,扩展到 20 多家外贸进出口公司的包装业务。

外贸彩印厂:借船出海,送股扩容大发展

1979 年,我的二儿子费屹豪出生。取名用意,一是自豪,1978 年党的十一届

三中全会以前,上级领导说我走资本主义道路,但会议决定改革开放,分地包产到户、农村办的企业也要支持和办好,所以感到我以前走的路没有错,感到自豪;二是富豪,我们农民也要富起来。我的心里开始激荡一个雄心勃勃的想法:要升级,要做别人做不到的。

1984 年,中央发文将社队企业改名为乡镇企业,明确鼓励乡镇企业的发展。那时各个村和个人都学着我们办印刷厂,光川沙县就有 100 多家印刷厂,所以我们企业 80% 以上的印刷主营业务放在高质量的国际包装印刷业务上。但这时界龙使用国产印刷设备印制的产品质量明显跟不上国际市场的要求,我希望从发达国家引进四色以上的大型胶印机。这种机器国际市场价每台需要 120 万美元,那时的川沙县根本拿不出那么多外汇。另一个制约是当时国家对乡镇企业进口大型设备一律不批。怎么办?我在上海外贸局和上海包装进出口公司领导的指引下跑到北京,向国家外贸部求援。凭着界龙长期以来积极参与外贸包装产品印刷,外贸部官员建议我与中国包装进出口总公司联营,因为外贸系统的联营企业可以拿出外汇指标,国家机械部可审批进口大型印刷机。

我回来后想了很多天,最后提出了一个大胆的想法:赠送 40% 的资产给中国包装进出口总公司和上海包装进出口分公司,成立三方联营的上海外贸界龙彩印厂。当时界龙彩印厂的总资产是 250 万元,送出去 40% ,就是送出去 100 万元钱,拿到的只是 120 万美元的购汇额度!在当时很多人看来,这个想法确实太大胆了,特别是村里一些干部和村民议论纷纷,然而,为了发展,我却认准了这条路,"吃了秤砣铁了心"。我的这个意见很快获得了班子的认同,1987 年 8 月 1 日和 1988 年 10 月 20 日,两家公司分别加盟界龙,签署了联营协议。为进一步发展,充分发挥工贸双方的优势,把厂名改为"上海外贸界龙彩印厂"。从此,界龙厂走上了国集联营的道路。事实证

明，我们的这步棋没有走错。进口机器投产后，印刷品的质量获得了海内外客户的认可，界龙的声誉迅速盖过竞争对手，订单源源而来。1989 年产值猛增至 2589 万元，利润达 385 万元。只花了短短一年多时间，界龙就收回了 120 万美元的投资。

企业规模的扩大不仅体现在产值产量上，还体现在产业结构上。1984 年，成立界龙金属拉丝厂。1987 年，我们和新加坡公司合资成立了现代印刷纸品公司，专门生产电脑用纸和无碳打印复写纸。20 世纪 90 年代初，我们建立了塑料印刷制品厂。当时国内的制版设备和技术落后，造成制版质量差、速度慢，印刷质量受到了很大影响，以致大量的印刷品要发往港澳地区印刷。为了争取这块市场，我们又投入巨资与日本厂商合资组建了专业制版公司——龙樱彩色制版公司。

发展印刷的同时，我们也开始涉足其他产业。1992 年，建立了界龙房地产公司，开始进入房地产业，盖起了"界龙花苑""界龙商务大楼"。在不同行业的探索，为我们界龙以后多元产业的发展和上市奠定了基础。

上市：浦东崛起印刷城

改革开放之后，原有的约束没有了，有的就是一个平台，是真正的"海阔凭鱼跃，天高任鸟飞"。不管是我个人还是界龙，都踏进了一个飞跃发展的空间。1984 年，我担任了彩印厂的厂长，这时候界龙已经不需要为了一个厂名打申请报告了。1986 年，我入了党，这对于一个"成分高"的人来说，以前简直就是不能想象的事情。1987 年，我担任了界龙村的党支部书记，这个职务虽然每三年换届一次，但每次大家都选举我担任书记，至今已 28 年了。1998 年界龙党支部升级为党委之后，我依旧担任书记。所以村和企业的主要责任一肩挑，担任支部书记第一年，就统管企业和一个村，工业农业副业一肩挑。

在我责任越来越大的时候，我所遇到的时代也是越来越鼓舞人心。如果说十一届三中全会确定的改革开放政策，让我们界龙从此飞速发展，那么1990年的浦东开发开放，就像是火箭的助推器，将我们界龙送到了太空遨游，让我们在世界的大舞台展现自己的实力。

1990年12月19日，中国大陆第一家证券交易所——上海证券交易所正式成立。我有个买了100辆面包车跑川沙到上海客运的朋友，他的企业（申华）居然上市了，只有160万元资产，上市后身价升了80倍，不得了。而我们界龙资产评估为3100万元，且印刷包装行业是一个朝阳产业，获利虽然不大，但包装产业一定会不断扩大的，股民一定会喜欢。我在干部会议上提出，我们也要搞股份制，也要争取上市。我们要按照股份制企业的模式从严规范自己，在乡镇企业的基础上再前进一大步。在1991年组建界龙工贸实业公司和1992年组建界龙彩印总公司的基础上，从1992年下半年开始，我们就开始着手筹建界龙实业股份有限公司。与此同时，我们也不断地扩大投资，积极筹建成立界龙浦东彩印公司和永发凹印公司。这期间，界龙又与跨国公司加拿大摩亚公司洽谈合资意向。

当时一个乡镇企业要上市，首先要做好内部村民职工的宣传引导工作，还要不厌其烦地去向上级相关主管部门申请沟通。我们沟通的理由是印刷是中国四大发明之一，但印刷工业已远远落后于中国香港、韩国、新加坡、日本等国家和地区，我们上市是为了奠定雄厚的发展实力，提升国内印刷包装产业发展水平。通过反复的沟通、汇报，一年多下来，功夫不负苦心人，上级领导被我们一个小企业有这样的决心所感动。1993年10月上海市经济委员会批准我们企业改制为股份制公司，于是我们于1993年12月28日正式工商登记注册改制成立"上海界龙实业股份有限公司"。1994年2月24日，接到上海证券交易所批准挂牌上市

股票,简称"界龙实业",开盘就从 8 元升到 12 元,赢得"中国乡村第一股"的美誉。

在上市股票资金的支持下,界龙的投资规模进一步扩大。1994 年 8 月,界龙与台湾芬瑟贸易有限公司、中国印刷科学技术研究所三方合资筹建了界龙印刷器材有限公司;界龙食品公司于 1996 年 1 月成立。随着公司上市,我们界龙由一个乡镇企业逐步向现代企业转变,规模不断扩大,各个子公司按照专业化发展方向,能为客户提供胶版印刷、凹版印刷、柔版印刷、塑料印刷、丝网印刷等全方位的印刷加工服务。可以说,一座现代化的印刷城在浦东悄然崛起。

1998 年 7 月作者(右一)受到美国前总统克林顿接见

当然,上市之后企业发展并非坦途。利用上市良机我们加大投资,但后来国家银根紧缩,东南亚金融危机爆发,企业陷入经营困境。接下来发生的两件事又雪上加霜:一是,1995年,界龙投资1000万元购买远洋货轮发展国际海运业务,承运第一笔棕榈油业务即遭遇不明官司,企业白白损失上千万元;二是,一个子公司总经理以公司名义非法为别的公司担保3000万元,给界龙留下了3000万元债务的沉重包袱和一场官司。(被担保公司中的一家在被我们的诚意感动之后,主动解决了其中的1000多万元债务。)此外,界龙与世界最大的票据企业加拿大摩亚公司投资1.5亿元成立的商业表格公司,因经营分歧合资方退出合资。经过轮番打击后,界龙元气大伤,外界甚至传出公司重组的消息,通过各种渠道来找我的人也接踵而至,他们极力游说我卖掉上市公司壳资源。但我相信困难只是一时的,而且我们必须对两三千名村民职工负起责任。我们进行了深刻反思,全面调整经营战略,严格规范聘请职业经理人的管理制度,还聘请了一批专家组成智囊团,协助企业决策。经过一番艰苦的努力,企业很快就转危为安,逐步站稳了脚跟。

改制:重掘活力之源

20世纪90年代末,随着市场经济的迅速发展,农村集体经济所处的市场环境产生了重要变化,村办企业发展中长期积累下来的一些深层次矛盾日益暴露出来,许多不适应新形势的新问题日益显现。曾经风光一时的乡镇企业,遭遇了普遍的困境。同一时代的企业家中,有的下了海,有的移民远走他乡,有的甚至因为侵吞集体资产进了牢笼……

要知道,村办企业有个大烦恼:人人都是主人,人人都要管,又人人都不管。打雷了,下雨了,正在车间的工人立刻就会放下手里的活,跑回家收衣服、收粮食。不少人寻思:反正企业是我们村的,想做就做,不想做也照样拿工钱。有顺手把印刷用纸拿回家给孩子当草稿的,甚至有业务员把销售款放进自己口袋的……长此以往怎么行?我开始找乡亲谈话,定村规民约、厂规厂纪,还

请了一个成人教育学校的校长来做职业教育，可有人就是不服，觉得你又不是老板，你凭什么管。产权不明晰，要管人管事，风言风语就多得很，我家玻璃窗还被人砸石子，妻子和弟兄都劝我当心点。尽管压力巨大，但我们还是坚持了下来。

2000年，浦东做出了加快农村改革的决定，计划在三五年内将浦东的数千家乡镇企业全面改制。市、区多位主要领导来界龙公司参观调研时，也着重提出将继续加大国有及集体企业的改制力度，界龙也要在企业改制方面继续深化。2001年，在浦东新区农工委、农发局和川沙镇党委、政府的关心和支持下，界龙村集体企业改制工作全面展开，从海外学成归来的大儿子也参与进来。我们深思熟虑、巧妙构划，编制了界龙企业改制的方案。这次改制，做到了"公开、公正、公平"。方案中，以成绩与贡献为主要依据，分别有偿给予40多位经营者不同比例的股权。改制后，首先确保村民就业和村集体经济的收入不减少，确保集体资产的保值、增值。承诺确保村民职工无一人因改制而下岗；拿出企业7%的股份留给集体持股；把非竞争的两个企业界龙古园、界龙水厂仍留由集体经营；把一部分土地厂房留给集体所有，这笔收入我们结算每年近2000多万元，有这几笔稳定的收入，村集体经济必定是富余的了。至今十多年事实证明的确如此。为此，广大村民都非常高兴。这一方案兼顾了国家、集体、个人三方利益，获得上级领导、股东和村民职工的高度认可。2001年9月6日，村民代表大会表决全票通过了界龙改制方案。改制后的公司成为一个由42位自然人股东和界龙村投资管理中心共同投资的经济实体，一个完全符合公司法的公司。新一轮的改制给企业注入了新的活力：企业运作机制有了极大的改善，主要经营者和管理者的工作积极性大大提高，与改制前相比，界龙企业销售持续增长，利润增长明显。

2003 年 8 月 13 日,时任中共江西省委书记孟建柱与作者(左)会谈

界龙村:践行党的誓言

界龙人的生活,当然也是我作为村党委书记的重要工作,我不忘当初的承诺,要给哺育我成长的乡亲以实实在在的感恩回报。这也是为人民服务的具体体现,我要做一个界龙人精神文明、物质文明共富的带头人。为了持续增加村民的收入和福利,我们界龙村对退休工人和退休农民除了正常的退休金1000 多元之外,目前 50 岁退休的农民工人补贴 500 元,到 60 岁补贴 600 元,70 岁补贴 700 元,80 岁补贴 800 元,90 岁补贴 900 元,95 岁补贴 1200 元,100岁以上的老人最高补贴额达到 1800 元,这对于界龙人来说当然是一件有益于颐养天年的大好事。

此外,我们还将当年收入的资金按农龄和 60 岁以上人的户口给予分利。在精神上,我们还是坚持以培训、教育创办职工培训班,并请上海市出版专科学校的老师每周来企业为职工培训二至三次,提高印刷专业业务水平。在村里创建

了文化活动中心，也开设兴趣班，对村民在健身、家庭、环境卫生等各方面进行培训，综合性地提高村民和职工的文明素质。

在企业的发展过程中，界龙村的 1000 多个劳动力全部进了村办企业就业，村企关系密切。我们在不断提高村民职工收入和福利水平的同时，坚持以文化培育为抓手，创造性地开展了传唱《劝民歌》、撰写家训词、现代生活指导、十星级家庭评比、征集"界龙新三字经"等形式多样的活动，不断丰富村民精神文化生活，有效推动员工的职业道德教育，取得良好效果。界龙村家家户户都有家训词，我们费家的家训词是这样的：凡我子女，谨守家训；克勤克俭，以史为鉴；志在天涯，学无止境；尊老爱幼，修身养性；遵纪守法，一介平民；一旦为官，清正廉明；报国为家，吾日三省。

结　语

近年来，界龙印刷品在国内外行业评比或大赛中连获桂冠，连续获得全球印刷界最高奖——第 58 届、59 届美国印刷大奖赛金奖。界龙印刷的《锦绣文章》获得首届中国出版政府奖印刷复制类大奖，还成为胡锦涛主席出访的国礼。"界龙"也先后被评为上海市名牌产品、上海市著名商标、中国驰名商标。公司先后获评为"首批国家印刷复制示范企业""首批中国印刷行业企业信用等级 AAA 级""国家文化出口重点企业"。我个人也当选上海市人大代表、浦东新区政协委员等职务，并先后获得中国印刷界最高奖——毕昇奖、上海市劳动模范、全国农业劳动模范、全国优秀乡镇企业家、全国优秀包装企业家、全国优秀乡镇企业家杰出成就奖等荣誉称号。

回想从 1968 年我 23 岁开始筹办村小五金厂，1973 年创办村印刷组起步，到今天的中国印刷百强企业第七名，我在界龙这块土地上已打拼了 48 个年头，为了当初对乡亲们的承诺，顶住压力、坚守道德底线，抓住联营、上市、改制这三大契机,发扬界龙精神,创立界龙品牌,推动转型升级,坚韧不拔带领乡亲走小康富裕之路,付出了我毕生的精力。界龙也从一个普普通通的穷乡僻壤行政村,发展成为中国农村第一家上市公司——界龙实业。2001年界龙村党委荣获了中组部命名的全国先进基层党组织,2009年获得全国文明村镇的称号。村级经济不断壮大,村民收入逐年提高。

虽然在40多年的发展中,我们遇到种种的困难和艰辛,但我们有坚定的信念和长远的规划,始终坚信我们的企业要在未来"屹立在世界的东方",我们也将世界500强企业作为我们向前发展的标杆。在坚定的信念和长远目标的推动下,我们的企业要每个十年都有大跨步的发展,逐步实现我们的"界龙梦"!

沪港出版界的合作与沪港出版年会

陈志雄

陈志雄，1947 年 4 月生。曾任上海市新闻出版局外事处（对外合作处）处长。

沪港出版界的合作

　　沪港出版界的合作始于 20 世纪 70 年代后期，上海是中国近现代出版的发源地，香港又是中国出版走向世界的桥头堡和重要基地。沪港两地又是最具综合实力的大都市，很有代表性。香港方面通过合作依托了内地的出版资源和编辑人才，学习到了内地特别是上海的出版经验；上海方面通过合作获得了海外出版信息，了解了海外图书市场，获得了很多经验。双方合作出版的第一本书，是上海科学技术出版社与商务印书馆香港分馆 1978 年合作出版的《中药大辞典》

（海外中文版），双方的合作大致经历了四个阶段。

第一阶段，前后方的合作。中国内地改革开放后，香港成为内地经济与世界的连接点，内地经济发展刺激了香港中文出版业的兴起，资源的匮乏使得香港中文出版业急需得到内地的出版资源和编辑人才，从政治上考虑，内地出版业有义务支援在前方的香港中资出版机构，巩固在香港的出版阵地。当时的合作主要表现为，上海以低版税向香港提供出版资源，并派编辑骨干到香港参加工作。

第二阶段，合作出版的深化。20世纪80年代中期，内地经济开始向市场经济过渡，初步繁荣的上海出版界开始尝试通过香港走向世界。沪港双方通过共同策划选题，共同编辑制作，挖掘出一大批珍贵的中华文化资源，出版了《名家鉴赏唐诗大观》《中国珍宝鉴赏丛书》《汉语大辞典》（第一卷）、《英语常用动词用法词典》《段注说文解字》《扬州园林》等图书，对两地出版业的发展都产生了深远的影响。可以说，上海出版业与海外的合作是从香港起步的，在合作过程中香港同行主动向上海提供海外出版信息，无私地传授合作出版经验，使上海出版界逐步了解世界市场。学林出版社的《中国历代服饰》就是通过与香港商务印书馆合作改编为《中华服饰五千年》后被翻译成英、法、德等多种文本，先后获得美国《传艺》杂志、民主德国莱比锡、中国香港市政局授予的1984年度书籍设计优异奖、全世界最佳书籍设计铜质奖、最佳中文艺术图书奖。1984年上海在香港举办了"香港1984年上海书展"，展出图书6000余种，销出图书17.3万册；1986年又在香港举办了"上海朵云轩书画展览"。

第三阶段，从版权贸易到探索全方位合作，1987年台湾当局开禁后，台湾出版界来大陆洽谈版权者络绎不绝。由于台湾的版税率和印数均稍高于香港，内地出版社受惠较大，故多愿意与台湾合作，沪港合作虽然一度受到冲击，但也推动了双方在市场经济基础上更亲密的合作。这一时期沪港出版合作更多地采取了版权贸易的形式，并开始探索在发行和印刷上合作。1990年、1992年，沪港双

方先后在上海建立了"上海香港三联书店有限公司"和"上海安全印务有限公司"，这两家公司的成立，既是沪港在发行、印刷领域合作的起步，也是沪港合作从项目合作向资产合作的跨越。

第四阶段，共同面向世界。1997年，香港回归祖国前后，如何整合中文图书市场，如何推动中文图书走向世界，成为沪港出版人共同关心的问题。中文出版业经过近20年的持续发展，逐步形成了北京、上海、香港、台湾等出版中心，出现了一体化的趋势，内地长期积累的文化出版资源很多已输出到港台，香港、台湾文化也有了长足的发展，在出版上呈现出相互引进版权的格局。这时沪港开始尝试合作引进外国优秀图书，共同分担成本，分头出版繁、简体字本。在香港联合出版集团的帮助下，上海出版界与海外华人图书市场有了更进一步的接触，从1997年开始，上海每年在北美举办上海书展，扩大了在海外的影响。新世纪的来临，中国加入WTO，也为沪港出版合作开辟了更美好的前景。

沪港出版年会

1988年上海市新闻出版局与三联书店、中华书局、商务印书馆香港总管理处在上海联合举办了首届"沪港出版年会"。1988年9月，香港联合出版集团成立。双方商定，每年在内地或香港轮流举办"沪港出版年会"，年会成为沪港出版人分析出版形势、交流出版理念、处理合作问题的协商机制，更重要的是它为沪港出版人沟通交流、增进友谊提供了时机和场合，为进一步洽谈合作创造了良好条件。

笔者印象比较深的有第七届、第八届和第九届沪港出版年会。

(一) 第七届沪港出版年会(2000年11月1日—3日在浙江省金华市举行)

沪港出版界50余人出席了会议（其中港方代表13名）。本届年会以

"21 世纪数码化、网络化及电子商贸对出版的挑战：中国出版业近期发展趋势"为主题，探讨新技术和加入 WTO 对出版业带来的机遇和挑战。会议共收到论文 16 篇，其中香港出版界七篇、上海出版界九篇，共有 15 位代表在会上作了演讲。本次年会有三个特点：高效率、年轻化、务实化；有两个收获：不但交流了信息，有利于理清发展思路，还有力地推动了沪港出版业的进一步合作。

第七届沪港出版年会与会人员合影

发言者及其演讲有：上海复旦大学出版社社长贺圣遂《图书出版与中国文化创新》；利文出版社出版人钟洁雄《数码时代的文化现象与出版》；少年儿童出版社副总编辑丁晓玲《加入 WTO 后期刊经营模式探望》；香港新雅文化事业公司高级编辑甄艳慈《网络时代幼儿刊物发展的新空间——由〈小跳豆〉的多媒体出版谈起》；华东师范大学出版社文科编辑室主任王子奇《出版全球化与沪港出版合作的选择》；上海辞书出版社社长李伟国《辞海：新世纪的前瞻》；香港商务

印书馆出版经理李家驹《适者生存——谈学习革命与教育出版模式转变》；上海世纪出版集团电子出版公司副总经理周澍民《浅谈大型图书数据库制作和应用》；香港万里机构出版有限公司编辑经理黎承显《数码化时代下的传统出版》；上海市新闻出版局图书处、电子出版处处长陈纪宁《关于网络、出版经营与管理的思考》；香港三联书店副总编辑陈翠玲《中国出版的专业化趋势》；上海新华发行集团总裁哈九如《网络与图书销售》；上海科学技术出版社副总编辑史领空《中国加入 WTO 对中国内地图书市场的影响和商机》；上海世纪出版集团总裁陈昕《中国出版业应积极迎接加入 WTO 的挑战》；香港联合出版（集团）副董事长、副总裁，香港商务印书馆总经理陈万雄《革命与被革命：网络化下传统图书经营和出版的挑战与回应》；上海辞书出版社副社长朱明钰书面发言《关于中国加入 WTO 后内地出版体制变动趋势的刍议》等。

新闻出版总署署长于友先同志与会并讲话：希望沪港出版年会能够越办越好，紧紧抓住当今世界出版业的最新问题。他说，我们已经进入数字化和网络化时代，这对出版业的直接影响是不可估量的，沪港两地各有特色，要深入研究，抓紧实践，然后形成合力，对中国出版业发展之路进行更充分的探索，这对内地整个出版业的发展和走向世界是大有裨益的。上海市新闻出版局党委书记钟修身、局长孙颙参加会议并作了发言。浙江省新闻出版局和金华市宣传部领导也应邀参加了会议。

（二）第八届沪港出版年会（2002 年 7 月 22 日—26 日在香港举行）

以面向新世纪的沪港出版全方位合作为主题的第八届沪港出版年会于 2002 年 7 月 22 日—26 日在香港举行。上海市新闻出版局副局长祝君波率上海出版代表团 11 人出席会议，代表团成员有：上海人民出版社党委书记、副总编丁荣生，上海辞书出版社社长李伟国，少年儿童出版社社长周舜培，百家出版社社长顾林凡，上海交通大学出版社社长张天蔚，上海外文图书公司总经理张瑞芷，上海新华发行集团副总经理陈木林,上海印刷集团董事长胡南榆,上海市新闻出版局出版管理处副处长许乃青以及对外合作处成丽华。

上海代表团抵港后,稍事休息,便由香港联合出版集团总裁赵斌先生陪同前往参观香港书展。当年的香港书展在香港会展中心举行,可谓盛况空前,场外等候入场的"长龙"足有数百米,场内气氛热烈,真有点儿水泄不通的感觉。港台著名作家柏杨、张五常等也到场签名售书,为书展增色。展出的图书分为五个板块,底层左侧,内地图书沿馆墙排开,上海图书占了三分之一,其他的有北京、江苏、安徽等;中间和右侧均为香港图书,联合出版集团(商务、中华、三联、万里等)占了中部一大块;后面是台湾图书,品种甚多。二楼是宗教图书,五楼是少儿读物。香港的读者似乎对都市青春小说和旅游读物更感兴趣,都市青春小说数量多,设计和书名都力求迎合当代都市青年的情感需求;台湾 MOOK 公司的旅游杂志书,竟有上百个品种,世界各地每处一本,精美、实用,又可吸引广告,还能长期保存。据赵斌介绍,每年一届的香港书展已由最初的版权交易、批发业务转为零售书市,估计联合出版集团所属出版社在书展期间能售出约 1000 万港币的图书。

7 月 22 日起,第八届沪港出版年会在香港联合出版集团会议室举行。根据香港联合出版集团总裁赵斌先生的提议,先集中一天讨论中文出版的形势,香港方面,赵斌、陈万雄、李昕、曾协泰四位代表作了主力发言,上海方面,祝君波、周舜培、李伟国、丁荣生、顾林凡、张天蔚、许乃青七位代表作了有准备的发言。然后进行了即席发言,代表们对发行问题表现出浓厚的兴趣,讨论十分热烈。第二天会议的主题是沪港合作,上午集中讨论,沪港双方代表就新的合作各抒己见,对出版、发行、印刷领域各种合作的可能性做了探讨;下午分出版、发行、印刷三个组,就具体项目进行洽谈和磋商,香港联合集团领导赵斌、陈万雄、罗志雄、雷渝平等与上海市新闻出版局副局长祝君波就《沪港合作备忘录》作了进一步会谈。下午,举行了年会闭幕式和《沪港合作备忘录》签署仪式,赵斌先生对会议

进行了总结,祝君波先生也作了总结发言。双方一致认为,本次年会体现了沪港合作在新世纪的新开端,会议集中讨论了沪港合作的重要性和新机遇,双方表达了强烈的合作愿望和诚意,达成了一些重要的共识。这次会议再次确认了沪港全方位合作的意愿,突破了原有框架。大家意识到沪港两地的出版都有了相当的实力,新的合作应站在面向未来、面向世界的高度加以考虑。最后上海市新闻出版局副局长祝君波和香港联合出版集团副总裁陈万雄签署了《沪港合作备忘录》。

香港联合出版集团还安排上海出版代表团考察了香港历史文化博物馆、香港中央图书馆、集团新建的书店等,使上海代表团对香港历史、文化有了进一步的了解。

（三）第九届沪港出版年会（2004 年 11 月 29 日—12 月 2 日在江西庐山举行）

凝聚着沪港两地的出版界智慧与友情的 2004 年第九届沪港出版年会,于 11 月 29 至 12 月 2 日在庐山之巅——美丽而别致的牯岭山镇召开。根据上海市新闻出版局孙颙局长的倡议,本届年会主要由两地出版界年轻人士出席,并且分别由香港联合出版集团和上海版协青年工作委员会具体负责年会议题。上海市委宣传部、上海市新闻出版局及江西省新闻出版局的有关负责同志也出席了会议。

在这一思想交流的盛会中,与会的近 40 位代表畅所欲言,共同反思昨天的得失、辨析今日的成就、擘画明天的魅力,显示出了两地出版界锐意进取、勇于创新的勃勃生机。与会人士纷纷对步入 21 世纪后的香港和上海的出版业出现的许多新问题进行了深入细致的探讨,并提出了相应的对策——诸如出版业范式变迁与应对、都市社会异质性的不断提升导致的城市图书市场细分的不确定性、电子传媒地位的不断提高造成日益削弱了图书的传统影响力、大众阅读习惯的整体性改变带来的图书消费习惯以及欲望的式微与疲软、新技术运用与当前出版业发展的关系等。此外,不少年轻的出版人还主动走上讲坛,交流了各自的策划、编辑、制作、营销个案心得,博得了同道们的热烈掌声。

第九届沪港出版年会与会者合影

年会发言围绕出版大格局、出版与流行、E 时代的出版等三个主题。发言者及发言内容有:香港教育图书公司副总编辑李家驹的《谈出版的范式革命——在全球化的影响和压力下》;远东出版社副总编辑匡志宏的《中国出版业新规则——大变局中的思考》;香港商务印书馆总编辑张倩仪的《国际大都会与出版中心的关系——从世界经验看上海和香港的出版条件》;香港商务印书馆副总编辑毛永波的《弱势产业下的出版选择》;上海人民出版社总编助理邱昌瑜的《几点随想:双重压力下的专业出版发展》;上海百家出版社副总编辑姜逸青的《文化工作室对上海出版业的影响》;上海人民出版社副总编辑何元龙的《出版

集团的转型努力》；上海辞书出版社社长、总编辑张晓敏的《辞书出版的发展趋势》；上海文化出版社总编辑陈鸣华的《对出版社核心竞争力的再思考》；邀请嘉宾著名出版策划人杨葵的《青春文学的出版热潮》；香港知出版社总编辑梁嘉麒的《香港流行书出版运作》；上海少儿出版社编辑室主任周晴的《迎合与引导——从编辑思路看原创读物的畅销与长销》；香港三联书店出版社助理总编辑李安的《图文书的滥用与出路》；香港万里机构出版有限公司副总经理雷思娅的《包装改变命运》；上海辞书出版社副总编辑上官消波的《大众期刊运作模式的现状与发展》；上海百家出版社经理部经理汪麟的《书业的营销策略》；邀请嘉宾美国华盛顿大学传播学院刘端裕博士的《电子出版的未来》；上海科技出版社社长助理姜复生的《出版信息化和信息化出版》；香港三联书店出版社电子出版总监刘园才的《多媒体出版的普及与电子出版软件的开发》；深圳中华商务安全印务股份有限公司常务副总经理潘晓山的《从德鲁巴印展看印刷技术发展最新趋势》等。

年会开幕式上，上海市新闻出版局党委副书记曹培章致开幕词。闭幕式上，上海市新闻出版局祝君波副局长作了主题为"上海出版业赢利结构分析"的精彩演讲；上海版协青委会主任顾林凡代表所有与会成员作了总结发言，并代表两地所有的青年出版人对创办沪港年会的出版界前辈表示由衷的敬意。香港联合出版集团总裁陈万雄先生也对本届年会予以了高度评价，他寄语两地广大青年出版人，要理直气壮地拒绝妄自菲薄，在摒弃书业中或多或少存在的市侩的庸俗气息的同时，秉持出版文化整体性的自觉回归理念，以之应对不断变化的社会和文化环境，开创出版文化事业不拘一格的崭新局面。

上海教育出版社社长负责制试点追忆

陈 和

陈和,1947 年 8 月生。1974 年 1 月参加出版工作,1988 年 10 月至 1999 年 2 月任上海教育出版社社长兼总编辑,后任上海世纪出版集团副总裁。

　　1987 年 8 月中旬,我在上海教育出版社副总编任上突然接到上海市新闻出版局组织处的通知,要我立即去体检,准备月底到中央党校出版系统培训班学习半年。当时我正在华东师范大学夜大学读数学专业,已读了四年,还有最后一年。我以此向局陈情,希望免了这一次,但遭到严拒。只得转而向学校请求免修一学期,回来补考,不料竟获得允准。于是我就带着下学期要读的《实变函数》等数学教材上京学习政治经济学了。到了北京才知道,这是一个局级干部学习班,学员都是地方出版局和一些中央出版社的领导,我是顶缺破格去的。在北京时,我社老总编曹余章来信说,我又被破格评为副编审。我逐渐意识到,这两个

破格是局党委对年轻干部的有意栽培。后来就更清楚了，这是在为上海教育出版社社长负责制试点做人事准备。

1988 年春节过后，局长袁是德找我个别谈话，说我社老社长、老总编陈义君、曹余章两人已年过六旬，本人都主动要求离职退休，要我准备接任上教社社长兼总编辑，并试行社长负责制。之所以要我兼任总编辑，是组织上对我的信任和支持。谈话中，局长着重是给予鼓励、打气，提出一些针对性的指导意见。我已是箭在弦上不得不发。谈话结束，我带着三个有关社长负责制的文件回去学习。这三个文件分别是经营承包合同、社长负责制条例和职代会条例。此前出版社的管理体制是党组领导下的行政分工负责，党组是上级党委的派出机构，基本上由行政领导班子的核心人员组成。随着国家改革开放的深入和出版社企业化管理的推进，出版社管理体制的改革也进入了出版界的议题。究竟是社长负责制好还是总编辑负责制好，抑或是社长总编共同负责好？上海出版界对此在松江红楼曾有过一场热烈的讨论。1988 年随着上海经营承包责任制的层层推开，上海出版社试行社长负责制也就势所必然了。

三个文件的精神，印象中主要有这样几点：一是撤销出版社党组，保留原来机关党组织性质的总支，做好党务工作，领导工青妇等群众团体等，对行政领导班子起监督作用。二是总编辑为行政副职，社长有对行政领导班子的组阁权，有对选题的最后决定权，有对中层干部的任免权（除组织人事科长、财务科长要报局审批外），有对日常经营管理的决策权。三是成立职工代表大会，社长需向职代会述职和报告工作，接受职代会的监督和考察，重大的经营决策和涉及职工工资福利等的安排和改革方案，须经职代会审议通过。四是社长承包经营利润，对社的经营结果负责。

6 月，出版局来我社宣布上教社将试行社长负责制，由我负责筹备，老班子照常工作。筹备工作主要有三项。第一项是组建班子。由我拟一份领导班子的名单，签字后报局审批。我社老的领导班子、加上两位助理共有九人。听取了各方面的意见,考虑领导班子还是以精干、集中为好,以提高工作效率。班子拟设五人,不设助理。第二项是制订社长任期目标,主要是讨论并确认经营承包合同中的两个关键的经济指标:年利润的承包基数和今后几年的增长比例。记得当时定下的基数就是上一年的实际利润。等新班子成立后正式签合同。第三项是组织全社职工学习社长负责制和职代会的条例,制订社长负责制和职代会的工作细则,酝酿成立职代会。

9 月 30 日出版局主要领导袁是德、贾树枚、赵鉴等一行来我社参加全社职工大会,为上教社社长负责制的正式启动点火并保驾护航。局长袁是德代表局党委宣布:撤销原上教社党组,实行社长负责制,由陈和任社长兼总编辑,任期四年。接着由我报告任期目标,并宣布经出版局同意的新领导班子成员的聘任名单:梁国书任副社长兼总经理,戴可霁、戚华、包南麟任副总编辑。党总支书记和工会主席也在会上发言,表示支持。

社长负责制可不是说着玩的。一上任就碰到了两个难题,备受压力。一个事关大局,事关上教社今后的发展,就是正巧赶上了教育行政部门开始实行中小学教材出版工作的招投标制度,我社须马上参与投标、竞标。本来上海的中小学教材,传统上都是由上教社出版的。试行招投标制度,所有的出版社都可以竞标,对于上教社来说,出版的品种和印量肯定要做减法。出版局也不协调,让各社各显神通。开始,我们步子慢了一些还挨了批。于是懂得,社长负责制就是要自己负责,不能等靠要。另一个难题十分紧急。1988 年年底、1989 年年初,全国银根收紧,我社开户银行连印 1989 年春季中小学教材的常规临时贷款都不能提供。中小学教材"课前到书"是中央的要求。时间一天天过去,我们只得以一分几的高息向某公司借贷赶印教材。事关全市一两百万中小学生开学用书的大事,为什么要由一个小小的出版社来承担主要责任? 噢! 原来这就是承包的含义。经过大家的努力,我们终于完成了第一年的各项工作,并取得了良好的经济效益。局里给了社长承包奖几百元,班子成员及总支书记每人分得 100 元。

1990 年 8 月 22 日，在北京人民大会堂举行的《教育大辞典》第一、第五卷首发式，右一为作者，右二为时任北京师范大学副校长、《教育大辞典》主编顾明远教授

当时的党总支书记李一荣，是一位新中国成立后没几天就参军的志愿军老同志，始终保持着艰苦朴素的工作作风，群众关系极好，员工有什么想法都愿意找他去反映、去谈心。老李虽不是领导班子的成员，也没有行政分工，但我们邀请他列席领导班子的所有会议，让党组织充分了解领导班子的想法、理解有关举措，以发挥党组织的战斗堡垒作用。并通过总支做好职代会、工青妇等工作，形成凝聚力。这样，在重大的经营和福利等问题上，大家就比较容易达成共识，在管理上也比较容易形成正确的舆论导向。大约是 1991 年，局组织处通知我，老李已过退休年龄，因没有高级职称，按照有关规定须马上办理退休手续，不能再担任总支书记，要我与老李谈话并执行。那么谁来接任呢？告诉我，由我考虑。我有些纳闷，总支属局党委管，我也不是上教社的总支委员，怎么就能处理总支

书记人选的调换工作呢？猜想，可能因为老李不算处级干部，在人事上也是社长负责的范围，但总觉得名不正言不顺。于是我向局里要求：一是，请局党委派人与老李谈心，这样既符合上下级的领导关系，也表示对老同志的尊重；二是，老李退休后留任一年，筹备总支任满换届的工作。获得了局党委的同意。

　　新班子成立后，与业务工作并行的另一项重要工作就是成立并马上召开职代会，立即发挥职代会的各项功能。职代会的组建有章可循，意料之外的是，有人建议要在职代会中增设民主党派的代表。我们考虑，职代会不是政治组织，而是职工参与企业管理的一种形式，职工代表中自然会有民主党派的成员，但他不是民主党派的代表。所以没有采纳这个建议。按照条例，职代会是在党组织领导下由工会具体运作，是工会工作的一个重要方面。领导班子十分注意尊重和支持党总支对工会的领导，尊重和支持工会的工作。平日里，社里的重大事情都先和工会通气，日常的职工福利也交由工会去具体办理。一年两次职代会的内容，党政工更是事先一起协商，需要职代会审议的，领导班子就主动、认真地做好准备。

20世纪90年代，作者在上教社职代会上作报告

职代会一成立，第一个重要的议题就是分配制度的改革。原来出版社实行的都是事业单位的工资制度，职工的工资参照国家干部的有关规定定级，比较稳定，容易造成干多干少、干好干坏一个样的状况，不符合企业管理的实际要求。为了充分调动职工的积极性，完成承包任务，领导班子根据社长负责制有关条例，前后推出两个议案。一个是根据工作岗位责任的大小在社内推出岗位基本工资制，使一批在重要岗位上的中青年骨干能得到鼓励。另一个是年终奖金分配方案，把年终奖和工作实绩挂起钩来。我社的教材出版任务较重，经营的集中程度也较高，为此我们没有简单地把社的承包任务分解到编辑室甚至个人，而是加强对编辑室和个人的考核。将年终奖的一部分按编辑室考核分配，然后由编辑室主任按情况分到个人，给室主任一定的直接分配的权力，支持室主任的工作。另一部分由社按统一的规定直接考核到个人进行分配。第一个议案打破了主要按职称和年资定级的工资制度，第二个议案加强奖惩力度，拉大了收入差距，在职代会讨论时都引起了不小的波动。领导班子一再强调宗旨，反复解释条款，议案才得以通过。有趣的是，在讨论分配问题时，职工代表经常会形象地用到逗号、句号两词。逗号表示月收入，要饱满；句号表示年终奖，要圆满。这可是一个难题，需要根据工资总额、奖惩力度、考核要求、物价变化等仔细平衡。

稍后，分房条例的修订，是职代会审议的又一个热点。我社的分房条例是在社长负责制试行前制订的。在我担任社长期间，根据情况的变化先后修订过两次。第一次修订，主要是凸显分房政策向业务骨干和社龄长的职工倾斜，并扩大住房福利受益的范围。第二次修订，打开了职工自行购房、社按规定补贴现金的通道。分房条例的修订，涉及不同群体职工的利益调整，意见分歧在所难免，要完全达成一致是不可能的。我们始终掌握两条原则，一是使尽可能多的人或多或少得到实惠；二是不急于表决，反复讨论，反复修改完善，尽可能达成基本一致。修订通过后的分房条例，把职工的切身利益和社的发展更紧密地联系在一起,增强了社对职工的凝聚力。

对于这些涉及职工基本利益的规章制度的制定,领导班子既要出于公心,又要有足够的耐心。

1989 年后,在出版局召开的各社负责人的学习等会议上,开始议论起是否要恢复过去的总编辑的职责和作用,以加强选题的正确导向和出版物的质量。最后出版局表示,假如总编和社长在选题问题上有不同意见不能达成一致,可以报局仲裁。出版社党组织的作用也有所加强,强调党管干部,中层干部的任命需先经总支预审。以后在社长负责制的框架下,逐渐加强了出版社党组织和总编辑的作用。我社因社长、总编由一人担任,领导班子与党总支的沟通也一直较好,所以在日常工作中也不觉得有什么变化。

1992 年,出版社的经营承包责任制开始向工资与经济效益挂钩(简称工效挂钩)的激励制度转变。工效挂钩,就是将出版社的年工资总额的增长幅度与经营利润的增长幅度(包括负增长)挂起钩来。财政局和出版局一起先确定出版社的工资总额基数和利润指标基数,再确定一个挂钩的比例系数。看起来这一转变取消了每年利润承包的硬指标,似乎社长的压力小了,实际上将利润和工资总额挂钩,将涉及每个职工的工资利益,对出版社、从而对领导班子的压力是更大了。由于种种历史原因,我社的工资总额基数定得较低,结果是经济效益较好,而工资总额却不高。我们多次向局反映,最终局领导派劳动工资处处长来我社调研,帮助解决了这个问题。工效挂钩后,我社的工资水平连续好多年每年都有较大幅度的增长,这对调动职工的积极性、稳定职工队伍,是非常有利的。

与此同时,为了强调社会效益,平衡社会效益和经济效益的关系,出版局开始对局属出版社进行双效益考核,并将考核结果与社长的年收入挂起钩来。领导班子其他成员的年收入,则以社长的为标准乘上某个系数。每个成员的具体系数,由社长按规定决定。双效考核将以往的单个利润指标的考核转化为多元

考核，把社会效益第一，追求社会效益与经济效益统一的原则，化为对出版工作的具体、明确的要求，对社长和领导班子的压力更大，奖惩的力度也更大，有利于出版社全面稳定地发展。

1992 年下半年，我社试行社长负责制的首届领导班子任期将满，局党委派工作组来我社对领导班子及其成员和后备干部进行考察，准备换届。工作组进行了范围较广的个别谈话，意见汇总后先向局党委汇报，听取指示，然后与我沟通。这次换届的做法与上次有所不同，明显加强了党对干部工作的领导和坚持走群众路线。换届时，我仍留任社长兼总编辑，两名老的成员因年龄等原因离职，又增添了三名新的成员：袁正守、张文杰任副总编辑，周镕钢任副社长。整个班子年富力强，是系统中平均年龄较轻的一个班子。这届班子没有任期，局党委表示，将根据情况随时调整。当时局属一些大社的总支已陆续升格为党委，参与行政领导工作。党委书记一般由领导班子负责人兼任。我社党委成立后，通过改选我兼任了党委书记，领导班子的其他两个成员袁正守兼任党委副书记，包南麟兼任党委委员。此后，社里一些非业务方面的重要的事情都由党政联席会议来讨论决定，以提高工作效率。

1992 年后，局属出版社的领导体制在继续实行社长负责制的前提下，渐渐形成了三个正职两人分担的格局。这时党组织书记、总编辑都已明确为社一级的正职，连社长共有三个正职，一般由两人分担，如社长兼书记，另设一个总编辑。我一人兼了三个正职，有何德何能？于是向局党委要求减轻自己的负担，但未能如愿。

社长负责制的改革还在继续发展，不断完善，但方向业已确立。

上面的叙述仅凭追忆，请各方指正。

《新学科丛书》:思想解放的产物

陈　军

陈军,1947 年 11 月生。1979 年进上海人民出版社,曾在总编办公室、新学科编辑室和政治读物编辑室工作,任第二编辑室主任。2001 年调入上海社会科学院出版社,任总编辑,编审。

我国的改革开放从 1978 年 12 月举行的党的十一届三中全会开始,而我是 1979 年进上海人民出版社的。好幸运,我赶上了改革开放的好时光。

一

进出版社后的最初几年,有几件事让我的心灵震撼,至今难忘。

第一件事,1979 年 6 月,上海出版界发生了一件大事:上海文艺出版社出版了《重放的鲜花》,全国反响强烈,并引起了国外文化界的注意。《重放的鲜花》收集的是 20 多年前被批判过的所谓"大毒草"。其中有大胆干预生活、深刻揭露社会弊端的《在桥梁工地上》《本报内部消息》《组织部新来的年轻人》《改选》

《入党》《爬在旗杆上的人》等；有曾被戴上"小资产阶级情调""黄色"等大帽子的《在悬崖上》《小巷深处》《红豆》《寒夜的离别》等。《平原的颂歌》《杨妇道》的罪名则大得吓人，作者被打成"反党集团"的"探求者"成员，作品被说成是"反党""探求"的代表作。至于流沙河的散文诗《草木篇》，更令人唯恐避之不及，据说毛泽东曾批评过这一作品。对于这些作者、这样的作品，上海文艺出版社敢于结集出版，需要多大的勇气和胆魄！该书责任编辑左泥先生在其《〈重放的鲜花〉出版一周年》中道出了当时的想法：1979 年初，随着党的十一届三中全会肯定了实践是检验真理的唯一标准后，推倒了两个"凡是"观点，把长期束缚着理论界、文艺界人们思想的紧箍咒拿掉了，为错划右派的同志平反等一系列拨乱反正工作，也在积极进行。正是在这样的情况下，上海文艺出版社决定将反右运动中被打成"毒草"或批判过的作品重新评价，编辑出版，并把它命名为《重放的鲜花》。

第二件事，1981 年，上海人民出版社庆祝成立 30 周年。当时，我在总编办公室工作，领导安排我写一份建社 30 年来的出书情况。然而，我翻遍这些年的出书目录，反复查看社图书室书架上的本版图书，却发现上千种图书中能长期保存、有价值的书不多，还看到一本名为《水深火热中的台湾人民》的图书。可悲呀！正当大陆人民热火朝天地进行"文革"的时候，海峡对岸的同胞在大搞经济建设，把台湾建成了"亚洲四小龙"之一，可我们的写手们却说他们生活在"水深火热之中"。当时我的心情非常复杂和不解。老同志，特别是出版社成立之初就是其中一员的资深员工道出了其中的原因，主要有两点：一是"以阶级斗争为纲"的思想长期占据着意识形态领域的统治地位，阶级斗争、路线斗争不断，反映和配合这些斗争的应景之作就不断出版；二是"百花齐放、百家争鸣"的方针被扭曲，长期得不到贯彻，思想僵化，学术争鸣万马齐喑，有价值的学术著作寥寥无几。而要改变这种状况，必须解放思想，破除旧观念，砸碎禁锢人们头脑的精神枷锁！

第三件事，四川人民出版社出版了《走向未来丛书》。这是当时国内最具影响力的启蒙读物之一。丛书"编者献辞"引用了马克思的一句名言："思想的闪电一旦真正射入这块没有触动过的人民园地,德国人就会解放成为人。"《走向未来丛书》正是以"解放思想"为宗旨,用全新的视角,力图从世界观高度把握当代科学的最新成就和特点,注重于科学的思想方法和新兴的边缘学科的介绍和应用,把一代青年学子从过去对世界和历史的单线条的公式化说教中解放出来。可以说,这套丛书的出版,是当代中国的一个重要文化事件,是理论界、出版界解放思想、冲破思想牢笼的创举!

什么叫解放思想？邓小平阐明,我们所说的解放思想,就是在马克思主义指导下打破习惯势力和主观偏见的束缚,研究新情况,解决新问题,就是使思想和实际相符合,真正做到实事求是。正是在党的解放思想、实事求是的思想路线指引下,中国出版人首先向自己头脑中的传统观念开战,破旧立新,进而为广大读者提供被誉为"启蒙一代人"的精神食粮。在这个大背景下,上海人民出版社成立了"新学科编辑室",《新学科丛书》随之应运而生。

《新学科丛书》的大部分图书

上海人民出版社建社 35 周年时与副总编
宋存的合影。左起陈军、何根祥、严忠树、
宋存、罗湘、周耀乐

我是 1985 年年底新学科编辑室成立不久调入该室的。编辑室从 1985 年成立到 1989 年撤销，在本室工作过的人员还有严忠树（室主任）、周耀乐、何根祥、罗湘、高志仁和张利雄。

二

新学科，顾名思义在于"新"。它不同于传统学科之处，就在于不再局限于本学科范围内的研究，而是与其他不同学科进行跨学科的嫁接和综合，形成一个新的学科，即综合学科、交叉学科、边缘学科和分支学科。《新学科丛书》向读者展示的就是当代国内外引人注目的新学科研究成果，力求用新思想、新材料、新形式、新语言，提供丰富的新知识和新信息，以帮助人们开阔视野，更新知识结构，掌握科学方法。

为了更好地把握方向，明确丛书定位，发现选题，组织书稿，我们走访了许多学者和研究机构，召开了多次座谈会，了解国内外的学术动态和研究成果。在广泛听取众多学者、读者和书店销售人员意见的基础上，经过反复研讨，确定了丛书的定位：本丛书必须是国内学者撰写的专著，以避免同类书中以翻译和编译为主的现状；作者必须是国内该学科的学术带头人，以确立本丛书的学术地位和影响力；风格必须是学术和普及并重，取得既被学术界称道又让有一定知识的读者看得懂的效果。

（一）拜访钱学森

当时，钱学森先生对人体科学和思维科学的研究非常关注。他认为，人体是个完整的系统，有它自己的组织结构，当一个部分出现问题时，就会有其他部分作出相应的补救措施。比如盲人，他的耳朵功能就特别强，可以弥补眼睛的缺陷；自闭症患者，常常在某一方面是天才，如作画、数学等。所以，人体还有许多未知领域需要进行研究。特别是人究竟是怎样思维的，顿悟和灵感是怎样发生的，直觉有否存在等都需要探讨。为此，钱老多次在思维科学研究会上发言，倡导人们加强对思维科学的研究。"思维科学"——多么响亮、多么吸引人的名称！室主任严忠树老师立即登门向钱老求教。当钱老听到我们要出《新学科丛书》时，不仅给我们介绍作者，而且答应担任《关于思维科学》这本书的主编，亲自整理书稿，并和我们一起商谈书稿的结构和编排。鉴于钱学森的学术地位和影响力，"思维科学"这门新兴学科在当时的热度，我们计划将《关于思维科学》作为丛书的第一本推出。为了实现这一目标，严老师异常辛苦，正如钱老在后记中所说："这本文集之所以能够和读者见面，是和上海人民出版社编辑同志的督促分不开的；没有编辑同志的鼓励和催促，我不会想要承担收集和编排这组论文的工作。"在钱老的大力支持下，《关于思维科学》于1986年7月顺利出版。这本书综合了哲学、逻辑学、人体科学、系统工程学等学科，是名副其实的跨学科研究的综合。由于这是丛书中的第一本，出版后引起很大反响，也为我们向其他学者组稿提供了"敲门砖"。

（二）拜访北京大学季羡林、金克木、龚祥瑞

根据丛书的定位，经领导批准，1986年秋天，我去北京大学拜访几位德高望重的学者。回想起来，当时的学术氛围和社会环境，对我们编辑的组稿还是很有利的。由于"文革"刚结束，不少在历次政治运动中遭受迫害的学者、教授刚恢复教学和学术研究，长期压抑下的创作热情如火山喷发，他们也迫切希望自己的

科研成果尽快出版。当然，对于我这个进入出版业不久的新手来说，去拜访大师前是有许多功课要做的。我有一个习惯，在拜访每个作者前，基本上都要花一定的时间了解拜访对象的学术成就和研究现状；不然，你与作者见面后谈什么？连作者在研究什么都一无所知，那人家又何必要与你浪费时间。俗话说：话不投机半句多嘛！但当时信息的传播途径还比较单一，不像现在有互联网，坐在家里点点鼠标，就知道大概。那时基本上就是翻阅各个大学的学报和相关学术期刊，如《北京大学学报》《北京师范大学学报》《中国社会科学》，还有就是《读书》杂志等。所以，我每天吃好午饭，就去一楼阅览室翻阅新出的期刊。那时，上海人民出版社还在绍兴路 54 号，我社资料室的社会科学资料还是很全的。

出版《朗润园随笔》后与季羡林（右）合影

当我按照与季先生学术秘书的约定，准时叩响季先生朗润园的住所大门时，信心还是满满的，因为我花了近半月的时间，几乎把所能找到的季先生著的图书和有关比较文学的文章（有关梵文的除外）都粗看了一遍（只是粗看，略知皮毛）。但是，一进门我却傻了，只见季先生抱着一只猫，并饶有兴致地向我介绍这只猫。他说，这是一只纯种的波斯猫，还指着猫的眼睛要我看两只不一样的眼珠，一只蓝一只黑。什么是"波斯猫"？当时的我是闻所未闻，更不知道什么是"纯种"，所以半句话都答不上。看到季先生那喜欢的样子，我只能也装作很感兴趣，"好、好、好"地说个不停。还好这种尴尬不过刻把钟时间，当我把已出版的《关于思维科学》《领导科学概论》《社会心理学》等第一批丛书送给季先生，并详细介绍丛书的出版设想时，季先生很是赞许。具体讲些什么已记不清了，但有一细节我仍记得十分清晰：事先季先生的学术秘书关照我，拜访时间不要超过一个半小时。所以当我和季先生谈兴正浓时，学术秘书来催促我了，但她的话被季先生当场打断，说："你忙你的，我们还没谈完呢！"最后，我们的交谈大约进行了三个小时。这次虽然没组到季先生的稿件，但获益匪浅。过了几年，季先生的《朗润园随笔》在上海人民出版社出版，我是责任编辑。

拜访金克木先生，我是带着选题去的。他也住在朗润园，离季先生家很近。据说金先生是北大图书馆借书最多的人。"文革"前，他去北大图书馆借书都是拖着小车去拉的；"文革"后虽体力大不如从前，但却始终关心国际学术界的最新发展。金先生对一切新鲜的东西特别好奇，接受新知识、研究新事物的能力特别强。据当时《读书》杂志主编沈昌文先生记述，《读书》每月只能发他一篇文章，但老人一寄就是四五篇——他有太多的话要说。我就是在《读书》上看到金先生的《谈信息论美学》《谈谈读书心理学》《谈格式塔心理学》《文艺的地域学研究设想》等文章后才萌生向金先生约稿的想法的。这些文章，介绍的都是当时国内还少有人提及的新兴学科，观点新颖，文字简练，深入浅出，见解独到。这正是《新学科丛书》需要的书稿。所以，那时的《读书》，我每期必看，金先生的文章我每篇必看，而且是反复研读。因为我是新学科编辑室的新编辑，看这些文章，既是学习补课，又是发现好选题的途径。特别是那篇《谈信息论美学》，我反复看了不下五遍。因为当时信息论和美学都是热门的学科，而且这篇文章有近万字，内容非常丰富，只要扩充一下，就是一本论述信息论美学的专著。记得当时我还自作聪明地拟了个写作提纲。于是，我带着请金先生为我们写一本《信息论美学》的强烈愿望踏进金家大门。当金先生听到我社专门成立新学科编辑室，出版《新学科丛书》时，连连说好！但当我把请他写一本论述信息论美学的专著的想法说出来时，他却摇头了。金先

生说，他老了，大部头的专著写不了了，只能给《读书》写些小文章了。在我的一再恳求下，他说，可以把他写的有关新学科的文章整理汇编成书，交给我社出版。多体谅年轻人的好先生呵！可惜我眼拙不识宝贝，以不符合丛书定位和体例为由没有出版。这是我出版生涯的一个重大失误，至今仍后悔莫及！

在我的拜访计划中，原先没有龚祥瑞先生。是金先生的热心介绍，让我有幸领略龚先生的风采。龚先生住在中关园 502 楼底楼。恕我孤陋寡闻，不知道龚先生在法学界的大名气，对他学术地位和学术成就的了解甚少。因此，我是怀着诚惶诚恐的心态踏进龚先生家大门的；但龚先生的爽朗和热情，顿时打消了我紧张情绪。龚先生把我领到他家的后花园（龚先生好像很喜欢在后花园谈事，桌子椅子都放在那儿）。在绿树掩映中，在秋天微风吹拂下，面对笑容满面的老人，我直奔主题，介绍了我们新学科编辑室和《新学科丛书》的出版情况，谈了这次拜访的目的，恳请得到他的支持。龚先生听完我的介绍后，转身进屋拿了一叠稿子出来，说："出版"新学科丛书"好！我手头正好有一部这方面的书稿，叫《选举社会学》，你可拿去看看。"当时，我激动得不知如何是好，有一种"踏破铁鞋无觅处，得来全不费功夫"的感觉。接着，他向我介绍了国内法学、行政法学的教学和研究情况以及与国外的差距，并说，介绍这方面的新知识、新理论有许多工作可做，希望我们把《新学科丛书》出好。临走前，他从书架上拿出一本书，说这是他和他的学生最近翻译出版的，送给我。我接过书一看，书名《法律的正当程序》（我真后悔当时没请他签名留念）。结束拜访回到上海后，我反复看了《选举社会学》书稿，最终因该书的核心观点（用当前的话语来说，就是红二

龚祥瑞赠送的《法律的正当程序》

代、红三代或官二代、官几代对其父辈及执政党看法的变化)与当时的政治形势不符而没有出版。现在看来,书稿阐述的观点是很有前瞻性和现实意义的。可见,还是我们的思想不够解放、眼光短浅吧!太遗憾了!

（三）拜访中国社会科学院李泽厚、刘再复、何新

我是带着两个方案去拜访李泽厚先生的。20世纪80年代初期,一股"美学热"席卷中华大地,美学著作成了图书市场的热门品种,更是青年学子阅读和谈论的热点;而李先生主编的当代西方美学名著《美学译文丛书》,在中国社会科学出版社和辽宁人民出版社同时出版,风靡全国。当时,我是出一本买一本,一是喜欢,二是弥补知识的不足。在我现在的书架上仍排列着20多本,不少书内还夹着浮签。这套丛书,是李先生组织他的研究生翻译的。在丛书"序"中,李先生写道:"科学的发展必须吸收前人和当代的研究成果,不能闭门造车。目前应该组织力量尽快地将国外美学著作翻译过来。""所译的书,尽量争取名著或名家,或当年或今日具有影响的著作。"译文则"大都出自中、青年之手"。所以,在去北京拜访李先生之前,我早有组稿的方案:首先恳请李先生为我们写书,若答应,这是最好结果,上上大吉;若不肯,就请李先生帮忙联系参加这套丛书翻译的学生为我们写书。像与李先生同在中国社科院哲学研究所的滕守尧,他翻译的苏珊·朗格的《艺术问题》、阿恩海姆的《艺术与视知觉》出版后深受读者欢迎,专著《审美心理描述》在学术界引起很大反响。当时李先生还住在和平里九区一号煤炭部的家属宿舍,按照他后来答记者问的说法,"当了爱人20多年家属"(住在爱人单位的宿舍,爱人是煤炭文工团"搞舞蹈的")。我至今还清楚记得,李先生当时穿着浅棕色粗毛线织的开衫,很耐心地听我谈阅读《美学译文丛书》的体会,读者对这套丛书的看法。当我拿出《新学科丛书》已出版的几本新作,满怀期待地请他为我们写书时,他却说,由于十年"文革",美学研究不仅停顿甚至有所倒退,而且他也不赞成构建

庞大体系，所以……不等李先生把话讲完，我就从包里拿出早已准备好的滕守尧的《审美心理描述》，急急忙忙地解释说：就像这本书，这本就很好！李先生听了我的"申辩"，笑了。可能是看到我对他主编的书很喜欢、很了解，更可能被我这个青年编辑的慌乱失态所触动，对青年人一向寄予厚望的李先生笑着对我说："你不要急，据我所知，我的几位学生都在写书，我可以帮你联系他们。"听到李先生的这番话，我顿时如释重负，马上在笔记本上记下了滕守尧、徐恒醇等的名字和联系方式。多谢李先生，正是由于他的帮助，《新学科丛书》才有了《艺术社会学描述》和《技术美学》这两本获得好评的专著。可能是收获满满，临走时我才有心观察了李先生的家，总的感觉是现状与我原先的想象差距太大。据后来李先生在答记者问中透露，就在1986年这一年，中国社会科学院分配给了他相当于副院长才有资格居住的房子（到底是我拜访前已分配还没有搬迁，还是以后才分配的，我就不知道了）。

拜访刘再复、何新的时间，与拜访李先生的时间大约相隔一年，是1987年国庆节过后。起因是我在一份大学学报上（是哪个大学已记不清了）看到刘先生的一篇大文章《广义情欲论》。我犹记得，阅读文章开头两行，就让我热血沸腾。为写本文，我把何新任主编、我忝为编委的黑龙江教育出版社1988年出版的《开放丛书：中青年学者文库》从书架上拿下来，打开《刘再复集——寻找·呼唤》一看，30年前在阅览室初读《广义情欲论》的情景似乎就在眼前。刘先生开宗明义地写道："为了更深入地了解人物性格的二重组合原理，我们有必要对'情欲'进行剖析。"这不就是说，本文是《性格组合论》的续篇?！《性格组合论》1986年由上海文艺出版社出版。在书中，作者提出并论证了人物性格的二重组合原理。此书出版后反响热烈，是当年全国十大畅销书之一。我十分羡慕此书的责任编辑、好友郝铭鉴先生。如果我能组到这部书稿，把《广义情欲论》纳入《新学科丛书》出版，那将是多么令人兴奋的事情！于是我破例向阅览室借了刊登此文的学报（按惯例，当月的期刊只能在阅览室看,不能借阅),回编辑室立即填写选题申报单并申请去北京出差。很快,领导批准了这个选题并同意我赴北京组稿。

为了顺利组到稿件,我做了两项准备。一是打听刘先生家的地址和刘先生的熟人。刘先生当时任中国社会科学院文学研究所所长,在单位上班时间公务肯定很忙,不方便谈自己的事;要组到稿件,必须登门拜访,一表示诚意和期待,二可以有充裕的时间详谈。当然,这件事也不能向郝铭鉴先生寻求帮助。这时,我想到了何新。他早在 1983 年在我社出版了《培根论人生》,非常畅销;而且,据说何新与刘所长私交很好,就是刘所长把他调进文学所的。于是,我向《培根论人生》的责任编辑、青年读物编辑室的曹香秾老师求教。曹老师非常热心地帮我与何先生联系,何先生也热情地答应了此事。第二项准备就是如何向刘所长表达我们对这本书稿的热切期待。我认为,要打动刘所长的最好话语,就是《广义情欲论》的读后感要有自己的独到见解,要说清楚"情欲"与人物性格的关系。于是,我花了相当时间,对照阅读了此文和《性格组合论》。这篇文章大约有 25000 多字,分三大部分:情欲的结构、情欲的功能状态、情欲的系统性质。其实,这基本形成了书稿的框架结构。做好上述准备后,国庆节一过,我就信心满满地登上去北京的列车。

一到北京,我就直奔何新先生家。何先生当时住在北京西郊古城,乘从北京火车站到苹果园的地铁,很顺利地到达何先生的住所。何先生很热情,按照约定时间在新村外等我。一见面,他指指手中的物品说:"我菜也买好了,今天中午就在我家吃饭。"可能是彼此年龄相若,也可能我们都是直性子,所以一进门,何新给我倒了一杯茶后就说,他买了只鸡,先洗洗,切块炖汤。于是,我随他一起进厨房,他一边洗菜切菜,一边和我说:"你放心,我已和刘所长说了,他答应你去家里谈,等会我把他家的电话号码给你。"一听此言,我心中悬着的石块落地,顿时一阵轻松,接着就和何先生谈起向他约稿的事。何先生虽然当时还较年轻,但其著述在学术界很有影响,特别是 1985 年三联书店出版的《诸神的起源》,大学者杨希枚、李泽厚都为其

写序,评价很高;人民文学出版社刚出版的《艺术现象的符号——文化学阐释》被收入《百家文论新著丛书》。何先生听了我的想法后说,他正在写一本书,差不多好了,书名叫《龙:神话与真相》,从某种意义上可以看作是《诸神的起源》的续作,但它很难列入我们的那套丛书中。当时我想,我们室虽叫新学科编辑室,出版《新学科丛书》是我们的主业,但如果遇到有价值的书稿,也应该出版。于是,我边吃饭边翻看书稿,两种"食粮"同时补充。临走时,我与何先生商量,让我把本书的序言和目录带回上海,便于撰写选题报告单;若领导批准此选题,希望他加快进度,尽快交稿。何先生爽快地答应了我的要求。……过了两年,在出版形势不景气的情况下,上海人民出版社仍旧出版了《龙:神话与真相》,我是责任编辑。

回到招待所后,按照约定时间与刘先生通了电话。刘先生热情地邀请我后天(周三)上午去他家面谈。周三我赶了个大早,一怕堵车,二怕人生地不熟找不到地方,关键还是心情急迫。结果路上却是想不到的顺利,我早到了近一个小时。为了不打扰刘先生和他的家人,我在附近转悠,边走边考虑昨晚想好的与刘先生面谈的方案。刚到约定时间,我就按下刘家的门铃。刘先生似乎正在等我,门铃一响,就听到他的声音,门也开了。进门后的第一间门是关着的,里面传出钢琴的声音。刘先生告诉我,是他太太在陪女儿练琴。走进里间一看,摆在桌上的东西让我不知所措:几个月饼放在大盘里,其他几个盘子里放着准备好的菜。刘先生看到我这个样子,马上说:"今天是中秋节,是亲人团圆的日子,你中午就在我家吃饭,尝尝我们福建人的家乡菜——莲藕排骨汤。"看来,刘先生挑今天面谈是有意要我来他家过节的。听了他的话,我既激动又很尴尬,想解释但又不知从何说起。只怪自己太糊涂,怎么记不得今天是中秋节,若记得,至少可以买两盒月饼作为见面礼,而不像现在两手空空来,还要麻烦刘家。这件突如其来的事情弄得我脑中一片空白……所以现在回忆这段往事,只记得约稿很顺利,刘先生答应把《广义情欲论》作为《新学科丛书》的一种由我社出版,但要我不要催得太急,因为公务太多,写作的时间有限;而印象最深的则是月饼、莲藕排骨汤。至于怎么和刘先生谈的,这顿饭是怎么吃的,我完全记不得了。正是因为在刘家过中秋节,所以这次赴京组稿和与刘先生面谈的时间我一查百度就确定:1987年10月4日星期日乘夜车赴京,7日去刘家拜访约稿。后来,为了这部书稿,还给他打过几个电话,但由于众所周知的原因,此书没有出版。

在新学科编辑室期间,我还拜访过许多大师级的学者:拜访南京师范大学德高望重的高觉敷教授,他赠送我译著《精神分析引论》和论文集《高觉敷心理学文选》的签名本,并给我介绍认识了心理学界的好几位学者、教授;拜访华中工学院(现为华中科技大学)的张培刚教授,他是国际著名的发展经济学开创者;拜访北京大学的赵宝煦教授,他曾任中国政治学会会长,后来为我推荐北京师范大学辛薔教授的《融入欧洲》,并为此书写序;拜访湖北师范学院冯天瑜教授(后任武汉大学教授),他是著名的中华文化史专家……正是这几年的努力,让我有机会多次参加国内高水平的学术会议,编辑出版了多部有影响的学术著作,像王沪宁教授的《政治的逻辑——马克思主义政治学原理》《当代村落家族文化》,冯天瑜先生的《中华元典精神》《晚清经世实学》(合著)等。

高觉敷赠送的签名本

三

满腔热情，一片诚心，四处奔波，八方援手，终于收获满满。在编辑室全体同仁的共同努力下，《新学科丛书》共出版了 23 种：《关于思维科学》《领导科学概论》《社会心理学》《旅游经济学》《领导心理学》《生命伦理学》《医学社会学》《比较政治分析》《城市管理学》《系统科学》《耗散结构论》《当代人类学》《现代社会学》《艺术社会学描述》《技术市场学》《中观经济学》《科学思维学》《文化人类学》《人类情绪》《接受美学》《技术美学》《宏观经济学》等。

在这些图书中，有的作者是全国这学科的带头人，甚至是公认的第一人；有的是全国第一本，填补了学术空白；有的是我社出版后，境外出版社马上出版了中文繁体字本；有的是初版后多次重印，印数高达几十万册；有的获得了优秀通俗政治读物奖，深受读者好评。

《生命伦理学》，该学科是 20 世纪 70 年代兴起的新学科。1969 年在美国纽约成立了一个社会、伦理学和生命科学研究所（通称为海斯汀中心）；1971 年该中心出版了《海斯汀中心报道》。同年，美国华盛顿乔治城大学成立了肯尼迪伦理学研究所；1978 年该所组织编写的四卷本《生命伦理学百科全书》出版。自此以后，生命伦理学的研究蓬勃发展，并引起医学界和哲学界以外的学术界、司法和立法部门、新闻媒体和公众的关注。但是在我国，至 80 年代中期，仍没有国内学者撰写的关于生命伦理学的专著，本书是第一部。它将最尖端的生命科学和最古老的伦理学结合，揭示了在科学技术高度发展下出现的试管婴儿、代孕母亲、生育控制、遗传与优生、脑死亡、安乐死、器官移植等的社会伦理问题，是一本具有前瞻性的读物。我社出版不久，我国香港、台北相继出版了中文繁体字本。本书作者邱仁宗，当时是中国社会科学院哲学研究所研究员；2006 年担任第八届世界生命伦理学大会主席；2009 年荣获由联合国教科文组织颁发的"阿维森纳科学伦理奖"，成为获此殊荣的第一位中国人。在教科文组织的授奖词中，称邱仁宗是生命伦理学领域"中国和世界学术界一位主要代表人物"。

《人类情绪》，心理学史告诉我们，心理学成为一门实验科学并得发展，不过近百年的事；而情绪心理学则迟至 20 世纪 60 年代中期才实际进入实验研究领域。至 80 年代，不过 20 年时间，国内外关于情绪心理学的研究有了长足发展。但是在我国，除了少量译著之外，在本书出版以前，还没有一本由我国科学工作者自己撰写的关于情绪心理学的著作。本书可以说是开山之作。作者孟昭兰，北京大学心理学系教授，同行评价她是我国情绪心理学研究的开创者。

《领导科学概论》，宋任穷同志为本书题词，时任中共中央组织部副秘书长沙洪作序。当时，关于领导科学的著述虽已有出版，但由于本书是由中央组织部、中央和地方党校的几位从事干部教育工作的同志共同编写，始终注意从我国的实际情况出发，注意运用马克思主义的基本原理为指导，注意借鉴、吸收当代管理科学的有益成果，同时采取编写、研讨与试教相结合，教学反馈、广征博采与集中修改相结合的方法，既有理论指导，又有实践经验，因此深受广大干部和干部教育工作者的欢迎。本书出版后加印十多次，印数高达 40 余万册。

《社会心理学》，由从未为同行写过序的中国社会心理学会会长陈元晖作序，称其为国内"出版较早的一本"；是大专院校"社会心理学"课程的教材，初印就是 58500 册。《领导心理学》由我国管理心理学的领军人物、创造性提出中国激励理论及模式的华东师范大学俞文钊教授撰写，是"领导心理学"课程的教材，初印 51000 册。《城市管理学》是当时省、直辖市、自治区各级党校"城市管理"课程的试用教材。《旅游经济学》由国家旅游局教育司组织高等院校旅游专业的教师集体编写的统编教科书，初版第一次印刷都在两万册以上。

收获满满，还表现在学术界的认可和积极参与，帮助我们提建议、供信息、出主意、报选题。1987 年年底，丛书第三批六种图书出版后，在社领导毛振珉、宋

存的带领下，我们先后在上海、北京召开作者、学者座谈会。出席上海座谈会的有复旦大学、交通大学、华东师范大学、上海社会科学院的尹继佐、赵鑫珊、陈燮君、陈超南、周昌忠、朴昌根、朱长超等专家，以及《走向未来丛书》中的《看不见的手——微观经济学》《凯恩斯革命》的作者杨君昌教授；出席北京座谈会的有邱仁宗、何新等（是看了当时拍摄的照片才记起来的）。在会上，大家一致认为，《新学科丛书》是思想解放的丰硕成果，帮助人们拓展视野，增长知识，促进理论走出书斋，和社会实际相结合，为理论创新鸣锣开道，推动了新学科的研究。这是上海出版史上值得记载的一笔。

1987 年年底在北京召开丛书座谈会，左起为邱仁宗、陈军、何新

四

在丛书的 23 种图书中，由于何根祥先生离职出国，我担任了九种图书的责任编辑，其中《系统科学》《艺术社会学描述》《技术美学》和《比较政治分析》的出书过程，我印象尤为深刻。

《系统科学》,这本书由严忠树主任和我共同负责编辑。作者为邹珊刚、黄麟雏、李继宗、苏子仪、马名驹和朴昌根。他们分别来自华中工学院、西安交通大学、复旦大学、甘肃省社会科学院和上海机械学院。他们怎么会志同道合地走到一起,共同编写此书呢? 这里很有故事。

1981 年,中共中央党校举办自然辩证法理论研究班,学期一年半。邹珊刚、黄麟雏、李继宗、马名驹四位老师参加了研究班的学习。在校学习期间,他们经常讨论现代科学理论对当代哲学和当代认识论的影响,特别是对贝塔朗菲的一般系统论、普里戈金的耗散结构论、哈肯的协同学和皮亚杰的发生认识论等感兴趣。从 1982 年起,以魏宏森、黄麟雏、邹珊刚、林康义和刘则继为代表的清华大学、西安交通大学、华中工学院、大连工学院四所大学的自然辩证法室轮流坐庄,共操办了 12 次全国性的学术会议,积极推动系统科学和哲学的研究。正是在共同学习、研究、探索的过程中达成了共识,所以大家才会走到一起形成合力,共同来编写《系统科学》。

当然,本书的目标是试图建立完整的系统科学体系:吸取贝塔朗菲和钱学森关于系统科学体系的思想,力图从系统工程、系统方法理论、系统学这三个层次上,以及在带有一般科学方法论性质的、作为系统科学与哲学的中介的系统论方面,反映系统科学理论研究和实际应用的现有成果,体系庞大,结构严谨,非一人之力所能承担。因此,在集体讨论的基础上,根据各人的知识结构和学术专长分头执笔,也就在情理之中。

分头执笔,集中讨论。1987 年 8 月暑假期间,邹老师、黄老师冒着酷暑,分别从武汉、西安赶来,与朴昌根老师、严主任和我一起乘长途汽车,共赴浙江建德的一家茶厂招待所改稿。在那里,我们上午分头看稿,下午集中讨论,晚饭后统一看法,提出修改意见。那时没有电脑,没有手机,信息不畅,联络不便,倒也清静。我至今难忘那时的情景:建德虽邻近新安江水库,但仍酷热难忍。老掉牙的

风扇发出的噪声闹得你头昏脑涨，只能让它休息；平日里衣冠楚楚的大学教授，不顾斯文赤膊上阵，还要扇着扇子看稿子；晚上讨论时，虽凉风习习，然蚊子嗡嗡，拍打之声此起彼伏；好在西瓜价廉物美，供应充足，解我口渴，消我虚火，嘴里满是瓜肉，还要争论不休，别有一番风景。那时还没有复印机，每人撰写的稿件只能相互传阅，每章安排两人负责审读并提出修改意见，交大家讨论。有时，两人意见相左，甚至争得面红耳赤，只能再请其他人审读，达成共识。争议最大的是如何看待稿件中的高等数学公式和物理学、化学等自然科学知识，尤其是朴老师撰写的"系统的进化"那一章，看得我云里雾里。当时有两种观点针锋相对：一种认为，本丛书的宗旨是"通俗地介绍以社会科学为主的各门新学科"，主要读者对象是具有高中文化程度的一般读者，他们很难看懂这些高等数学公式和模型分析，若就这样出版，会失去很多读者。我就持这种观点。另一种观点认为，本丛书虽然是普及性读物，但首先必须保证书稿的科学性、学术的严谨性。若去掉这些数学公式和模型分析，那有些章节就没法写；而删去这些章节，就破坏了本书的体系结构，失去本书与同类其他书的区别，丢失了鲜明的特点，那也就失去了出版的价值。经过反复讨论，甚至争论，最后达成共识：在确保既定的构建完整的系统科学体系的前提下，尽可能减少高等数学公式和模型分析，并商定请李老师和朴老师共同修改这一章。我还提出，由于责任编辑缺乏这方面的知识，恳请李、朴两位老师仔细再仔细，严谨再严谨，公式要写清楚，字迹要端正，模型要规范，线条粗细要一致，千万别出现专业上的常识性错误。

本书的第九章，是出彩之章。从第五节开始，各节均由该理论的创始人亲自撰写：德国斯图加特大学哈肯教授撰写了"协同学"，美国加利福尼亚大学米勒教授撰写了"生命系统理论"，武汉数学工程研究所吴学谋研究员和华中工学院邓聚龙教授分别撰写了"泛系统理论"和"灰色系统理论"。这都是邹老师的功劳。

　　《艺术社会学描述》和《技术美学》这两本书的组稿比较顺利。滕守尧和徐恒醇都是李泽厚的学生，老师发话了，学生当然积极配合。就在拜访李先生后的第二天，我就和滕先生相约在中国社会科学院哲学研究所见面，并把此事敲定。随后，又火速赶往天津，向徐恒醇先生组稿。回到上海后，我立即向严主任汇报，并填写了选题申报单。不久，两个选题顺利通过。

　　但是，如同俗话所说，"彼一时，此一时"，开头太顺利的事，往往后面困难重重。选题获批后，我马上写信给滕、徐二位报告情况，恳请他们抓紧时间撰写，争取早日出版。但是，信发出后迟迟不见回复。这让我寝食难安。这种焦虑的心情不是现在写写的，而是当时确确实实的状态。因为这两本书，是我从事编辑工作后自己组来的第二、第三本书，特别是滕守尧的那本，我更寄予厚望，热切地期待书出版后能获得像《审美心理描述》那样热烈的社会反响，为我的出版生涯开个好头。随着时间的流逝，我的焦虑和担忧越来越强烈：难道我的组稿信息已外泄？《艺术社会学描述》是滕守尧继《审美心理描述》的第二部著作，第一部的出版单位中国社会科学出版社、责任编辑黄德志获悉此信息难道会无动于衷？难道会轻易让"财富"流失？他们同在北京，同属一个单位，俗话说"近水楼台先得月"，难道不会去做作者的工作？滕先生会不会碍于面子，改变以前的承诺？因为那时还没有签合同的强烈意识，只是口头承诺，信誉为上。等得实在难熬，我便向领导申请赴京催稿。好在严主任和宋总编理解我的心情，批准了我的要求。于是，在1987年1月，春节前，我又登上去京的列车。

　　到北京后，我除了和滕先生见面催稿外，还在作者朋友圈中打听有关情况。从滕先生和朋友处得知，原来滕先生这段时间并不是只在撰写《艺术社会学描述》一部书稿，他还有许多工作。规模庞大的《美学译文丛书》的主编虽然是李泽厚先生，但实际的操作工作是滕先生在担当，忙得很，而且乐此不疲，正如他自己所言："我之所以从事这项工作，因为我喜欢它。每逢读到一部好的美学书，

我都感到似乎发现了一个新的领域，个人存在的价值顿觉倍增，因而感到振奋和快乐。"同时，滕先生还在翻译另一本美学著作。而且这本由美国当代美学家 H. G. 布洛克所著的《美学新解》，交叉使用了当代分析美学、艺术心理学和社会心理学的最新成果，对模仿、再现、表现、形式、艺术、意义、真实、意图、批评等主要美学范畴的含义、历史演变过程及围绕这些范畴的美学争论，作了由浅入深的分析和解读，是一本极有新意的美学新著。它与滕先生的《艺术社会学描述》大有关系。这种关系是在 1987 年 12 月底我们去北京举行《新学科丛书》座谈会期间，滕夫人朱疆源女士代赠《美学新解》后才明白的。滕先生在"译者前言"中这样描述阅读这本书的感受："读后似觉得有一滴滴新鲜的甘泉，滋润着那被传统美学麻痹的神经……我读完此书后的整个感觉是，它像一块大磁石，将头脑中许多混乱的概念和看法，梳理成一个有秩序的整体。"可见，这本美学新著对滕先生撰写《艺术社会学描述》的帮助有多大。在知晓了滕先生之所以迟迟未答应何时交稿的原因和再次承诺后，我放心地返回上海。当然，在以后的一段日子，我仍时不时写信给滕先生，询问书稿的进展。

5 月上旬，突然接到滕先生的来电，说书稿已完成，要我尽快去北京商量具体事情。这真让我喜出望外。到北京和滕先生面谈后才知道，原来他接到英国杜伦大学、美国哈佛大学的邀请，不久后要去那两所大学讲学；而从次年起的较长时间，他将担任德国明斯特大学的客座教授。时间紧迫，逼得他放下其他事情，集中精力，没日没夜地赶写《艺术社会学描述》。因此，才有了本书前言的第一句："出于某些偶然的原因，我不得不立即结束本书的写作。"我暗自庆幸遇上了一个一诺千金的作者。我钦佩滕先生的守信！

滕先生要我去京当面商量主要有两件事。一件是如何处理书稿的插图。由于最后一章是对几种具体艺术的社会心理学分析，涉及某些经典的艺术作品，而这些作品所代表的潮流，则是前几章的理论阐述中所涉及的。因此，合理编排好这些作品的照片至关重要。从书稿的整体性和便于读者阅读来看,采用串文图的形式最好。读者可以图文对照着看,思路连贯,气场不断,利于理解。但当时的印刷技术还处在铅字排版阶段,若采用串文图形式,排字、制版、打纸型等多道工序比较困难,也容易出错。经反复权衡利弊,最后商定还是把图片集中放在目录前。但由于收录的作品较多,细心的滕先生怕我搞错,也为了便于以后校对,每个作品的照片都印了两张,一张按正文叙述的顺序集中贴在纸上用于插页制版,一张附在正文旁,便于我编辑处理时图文对照。另一件是关于本书的作者解疑和校对清样。因为滕先生马上就要出国,解疑和校对工作可能无法亲自完成。所以委托太太朱疆源女士代劳。好在朱女士对美学也颇有研究,与滕先生共同翻译了阿恩海姆的《艺术与视知觉》。另外,还有作者样书的处理等也要麻烦朱女士。后来,在书出版前后的一段时间,我多次与朱女士联系,她的辛劳对我出好《艺术社会学描述》帮助不少。在此要谢谢朱女士。

《艺术社会学描述》出版后,虽未获得像《审美心理描述》那样的热烈反响,但好评不断。1988 年《中国图书评论》发表文章,称其"是美学研究的新声":是在全国性美学热潮后清淡期中,为之加热的一团炽火,是美学相对沉默的反思潮中令人振奋的新声。后来,1996 年,台湾的一家出版公司出版了该书的简节本;2006 年,南京出版社出版了它的修订本。我很欣慰。

《技术美学》的出版过程,没有像《艺术社会学描述》那样让我劳心劳力。因为不必担心稿子被其他出版社抢去,所以也不必如滕先生在他著作的前言中说的那样:"本书责任编辑陈军同志几次来京面谈,回沪后又多次来信催促"(半年左右的时间,至少三次去京,这是多大的工作热情)。当然,每次去北京,我也总免不了去天津转一转,一是去天津社科院和徐恒醇沟通情况,一是乘机会会天津的其他作者。由于本书是集体写作,所以进度较慢,直到1989 年才出版。

《比较政治分析》，我之所以把这本书放到最后讲，是因为它对我有特别的意义。在这本书 1987 年 5 月出版以前，虽然在版权页上署有"责任编辑陈军"字样的书也有几本，但基本上都是别的编辑组来的稿件或是严主任交办的任务。从发现作者到选题策划，从与作者讨论提纲到对稿件作文字处理，从看初校样到对红及签发付型样，书出版后还要关心宣传和销售，从头至尾完成责任编辑应该做的工作，此书是第一本。可以这样说，《比较政治分析》的出版，是我编辑生涯真正的开始。所以，2001 年《新民晚报》"读书乐"的责任编辑曹正文先生邀我为"我的第一本书"栏目写稿时，我就写了《比较政治分析》的组稿和出版过程。该文被收集在文汇出版社 2002 年出版的《我的第一本书》里。

我与本书作者王沪宁老师是在一次非常偶然的机会中认识的。1986 年，上海市委宣传部组织开展上海文化战略大讨论。一天，我去延安西路 200 号的文艺会堂听演讲，演讲者之一就是当时复旦大学最年轻的副教授、国际政治系的王沪宁。他演讲的具体内容我已记不太清楚了，但当时给我耳目一新的感觉，当听到"政治文化""政治思维"这些我前所未闻的新名词时的那种震动，至今仍记忆犹新。当时我就想，我们不是正在编《新学科丛书》吗，是不是可以请王沪宁写一部这方面的书稿呢？于是，演讲一结束，我就主动找他，谈了自己的想法。于是，王老师应约来我社讨论选题，然后我去复旦大学国际政治系王老师的办公室讨论提纲……

然而，等到王老师把提纲拟就，并写了两篇样稿，我将选题报告送交领导时，麻烦来了。可能是丛书第一批四种图书刚出版，也可能丛书对作者的要求确定不久，领导认为，列入我们这套《新学科丛书》的稿件，作者基本上都是有关学科的学术带头人，像刚出版的《关于思维科学》，作者就是大名鼎鼎的钱学森。言下之意，虽然我国已经取消政治学多年，政治学对于大多数人来说也算是一门新学科，许多新思想、新知识亟待普及，但作者太年轻。我据理力争：政治学在我国恢复研究的时间还很短,但王沪宁在学术上已很有建树,在全国政治学界初露头角;出版社不仅要出书,还要出人,培养青年作者是我们的职责……领导终于批准了这个选题。

王沪宁的认真、勤奋是我非常钦佩的。选题通过以后,他就夜以继日地赶写书稿;初稿出来后,又反复征求意见,我记得他还忍痛割爱删去了两小节的内容;待我编辑处理完毕稿件后,我们又关在王老师住的复旦家属宿舍,共同解决稿件中的疑问。另外,为了保证书稿质量,他还和我一起乘长途汽车去常熟农村周行的印刷厂(当时,上海的印刷能力不足,出版社的不少书外发至上海周边农村的印刷厂),校对清样,改正差错。因为第二天学校有事,而校对完毕时长途汽车早已开出,王老师只得乘印刷厂的货车赶到苏州火车站,转乘火车回上海。

这本收入《新学科丛书》的《比较政治分析》,虽是王沪宁的第二本著作(第一本是1986年出版的《政治学知识丛书》中的《国家主权》),但从学术价值和影响来看,则是他第一本有分量的专著,初版印数就四万册。在书中,他明确地提出了他分析、研究政治活动和政治关系的方法:历史—社会—文化条件的透视。这个方法,至今在学术界被人称道。

自这本书出版后,我简直成了复旦国政系的专职编辑。不仅王沪宁写的大部分书稿均由我担任责任编辑,而且其他老师的书稿也交由上海人民出版社出版,我担任责任编辑,如孙关宏老师的《邓小平政治思想研究》,竺乾威老师等主编的《行政学导论》,林尚立老师的《政党政治与现代化》《党内民主——中国共产党的理论与实践》,以及复旦大学辩论队写的《狮城舌战启示录》等。说句时髦的话,我真有了一点复旦国政情结。正是和复旦国政系的这种关系,让我有机会参加国内有关政治学的学术会议,开阔了视野,增加了知识,扩大了作者队伍,可谓获益匪浅。

三上彼得堡　二进大巴黎

李伟国

李伟国，1948 年 3 月生。曾任上海古籍出版社副社长兼副总编辑、上海辞书出版社社长兼总编辑、上海人民出版社总编辑。

　　敦煌遗书发现至今已经 100 多年了，由于历史的原因，这一大宗原始资料被分散收藏于全世界 100 多个地方，给研究工作带来了困难。这就需要解决三个问题，一是为分藏于各家的全部文献编一份总目，二是以影印的形式原汁原味地提供文献出版物，三是对文献加以归类和整理，让更多的人能阅读和研究这一份人类文明的巨大遗产。

　　敦煌遗书的出版也可以说是敦煌遗书的发布，发布的形式有多种，而其中按原样影印和录文整理是最基本的两种形式。按原样影印的不足之处是专业以外的普通读者仍然难以阅读，因而使用面比较窄，但对于专家来说，这样做原汁原味,最利于研究,因而颇受好评。不过原汁原味也只是相对而言的,所谓按原样影印,也不会一点也没有误差,更不是不需要做编辑工作。比如说要认定一份文书的起讫,给它一个标题(敦煌文献有不少是没有标题的,甚至是残缺不全的),就是一项非常复杂的工作,又比如说拍摄手段和拍摄技术的先进与否,也会直接影响质量,影响读者使用。

在英国、法国和日本等国,很早就有以原样影印敦煌文献之举,但大多是随研究者的某项专题研究成果发布一件或数件遗书,而不是专门发布。大规模的专门发布,始于我国台湾黄永武先生的《敦煌宝藏》。按黄先生的本意,是要把收藏在全世界的敦煌文献全部收齐的,但是他没有能够做到,事实上在短期内也做不到,他收集了北京、伦敦、巴黎等处的藏品,可以说已经发布了敦煌宝藏的主体部分,为研究者提供了极大的方便,功不可没。但这部书也存在着很大的不足,第一是所收北京等处藏品,只是已经做过清理,并制作了缩微胶卷的那一部分,实际上还不是全部;第二是各家缩微胶卷的制作本身都有一些差误和缺漏;第三是缩微胶卷的效果并不理想,据以影印,制版印刷又不精,使得本应看得清的地方也有不少看不清。《敦煌宝藏》以后,四川人民出版社出版的《英藏敦煌文献(佛经以外部分)》15卷,是专门发布而又规模较大、编辑印制质量都比较高的影印开创者。其特点是延聘专家选择整理,到现场精心编辑拍摄,又精心制版印刷,因而使用价值较高。影印出版一次敦煌文献很不容易,而且投资巨大,各个环节都应当按最理想的方式去做,尽量不要给研究者留下遗憾。

《英藏敦煌文献(佛经以外部分)》以后,最为学术界称道的就是上海古籍出版社自20世纪90年代初以来一直进行着的对俄罗斯藏品、法国藏品等的大规模、成系统的影印出版了。当年主事的魏同贤、钱伯城先生,都很有学者风度和出版家的眼光,虽然他们并不研究敦煌,即使由他们主编出版了那么多的有关敦煌的书,他们个人的研究仍不涉猎敦煌,但他们却有走出国门,找回"敦煌"的决心和魄力。记得有一次在列宁格勒,听到当时在那里留学的张惠明博士深有感

慨地说:"环顾中国出版界,有哪个出版社的编辑为了出版敦煌文献,忙碌于列宁格勒、巴黎的藏书楼里,漫步在法兰西、俄罗斯的街头河边? 你们出版社的领导派你们出来从事这一伟大的工程,是极有眼光的。"

从 1989 年开始,我有幸参与这项工作,在五年时间里,三上彼得堡,二进大巴黎,为联系和谈判,为编辑和制作,尽了绵薄之力。

1989 年,被誉为"半个红学家"的上海古籍出版社魏同贤社长由于列藏本《石头记》的因缘,从苏联学者李福清处得知,苏联可能藏有《永乐大典》残本和敦煌文献,在一次中层干部会议上谈了这件事。

我得知这项信息,立即到出版社资料室查阅相关文献,大体搞清了敦煌文献的来龙去脉,但有关苏联收藏敦煌文献的情况记录极少。刚好我们当时正在用线装的方式影印出版《郑振铎日记》,我在读校样时无意中发现著名学者郑振铎先生 1957 年在担任文化部副部长时曾出访苏联列宁格勒,翻阅过收藏在那里的敦煌文献,并兴奋地作了记录,只是由于不久以后郑先生因航班失事不幸身亡,遂在很长一段时间内少人知晓更无人过问此事。找出这条"隐藏极深的"的重要线索,我不禁大喜过望,接着又查到了一些其他资料。

在接下来的一次中层干部会议上,魏社长又谈到了苏联藏敦煌文献的事情,我要求发言,就我所知,侃侃而谈,看得出魏社长和钱总编眼中发出了光彩。第二天中午,魏社长手里拿着一封外文的来信,说要请译文出版社俄文编辑翻译,我说可不可以让我看看,魏社长说了一句"你懂俄语?",就把那封信交给了我。下午,魏社长来找我,说能不能去译文社跑一趟,立即把信翻译出来,我说,这封信的内容还算简单,我已经翻译出来了。社长马上拿过去读起来,连声说"好,好"。

从此社领导将有关这个项目的立项准备和联系工作交给了我。通过书信联系并报上海市新闻出版局批准,我们迎来了苏联科学出版社文学东方部总编辑德列尔(一位令人尊敬的反法西斯战争老战士)和苏联东方研究所列宁格勒分所所长彼得罗相教授(一位亚美尼亚籍学者)等苏联客人的来访。我参加了在出版局大会议室的会谈,翻译工作则请来了译文社的刘同英女士。

会谈的气氛很融洽,但因为情况比较复杂,涉及国际合作,其中既有使用藏家资料、合作编纂的问题,也有合作出版的问题,双方商谈了大体操作方式,但未能得出最后的结论。

送走了苏联客人以后,社领导让我起草给出版局的立项请示报告,钱伯城总编的修改直接提出了组团出访苏联的建议。不久以后出版局就批准了我社的报告,1989年夏秋之交,以钱伯城为团长,魏同贤为副团长,李国章和我为团员的访问团经过长时间的飞行来到了莫斯科和列宁格勒。

1989年8月28日到访的上海古籍出版社代表团在苏联科学院东方学研究所圣彼得堡分所与所方人员的合影,左起为作者、孟列夫、魏同贤、分所代所长、钱伯城、李国章

那时候,我们很少走出国门,尤其是出去进行实质性的合作编纂出版的谈判。在一切都处于不定之中时,一次出访使事情有了实质性的进展。

在列宁格勒苏联科学院东方学研究分所,我们通过实地调查得知了苏联收

藏敦煌文献的详情,商谈了协议书条款,并在协议书的最后加上了在完成敦煌文献的出版以后,双方将就出版研究所所藏吐鲁番文献、黑水城文献继续合作的内容。

　　出访谈判成功以后,双方决定第二年由上海古籍出版社派出工作小组到列宁格勒东方学研究分所进行现场阅读、编辑和拍摄工作。

协　议　书

　　1、中华人民共和国上海古籍出版社（下称中方）和苏维埃社会主义共和国联盟苏联科学院东方学研究所列宁格勒分所、苏联科学出版社东方文学部（下称苏方）决定合作编辑出版苏联列宁格勒东方学研究分所所藏全部汉文的和非汉文的敦煌文献;

　　2、出版物定名为《列宁格勒藏敦煌文献》。本书又将成为上海古籍出版社拟编的《敦煌吐鲁番文献集成》的一个独立的组成部分;

　　3、双方的责任是:苏方提供经过保存和整理编号的全部上述文献原件、阅卷拍摄场地以及在编摄过程中给予学术方面和工作条件方面的帮助;中方提供拍摄原件所需的器材和材料,实施本书的编辑、印制、宣传和向全世界各地区的发行工作并负担其间的投资和盈亏;

　　4、苏联科学院东方学研究所列宁格勒分所和上海古籍出版社享有本书著作权和全部邻接权。上述双方中的任何一方都不单独行使著作权及其全部邻接权;

　　5、本书扉页署名为:苏联科学院东方学研究所列宁格勒分所、苏联科学出版社东方文学部、上海古籍出版社。苏方聘孟列夫教授为本书主编, Л. 丘古耶夫斯基教授为副主编,中方聘　　　教授为本书主编,　　　　为本书副主编。二主编分别撰写前言,以中俄两种文字排印,冠于书首;

　　6、本书出版机构署名为:上海古籍出版社、苏联科学出版社东方文学部。其专有出版权归上述双方所有,上述双方中的任何一方都不单独行使专有出版权。本书的编辑、印制和出版工作由上海古籍出版社实施;

　　7、苏方向中方提供上述文献原件的条件是:中方向苏方支付原件底本使用费,底本费按原件纸数计算,每纸人民币伍元（按签约时的币值计算）;

　　8、双方认为,本书的出版是一项巨大而复杂的工程,必须经常互通信息。

上海古籍出版社与苏联科学院东方学研究所列宁格勒分所、苏联科学出版社东方文学部合作协议书

　　为了保证在国外的编辑工作能够顺利进行,我们在与海外继续联系的同时进行了实战式的国内练兵。我撰写了近万字的《敦煌吐鲁番文献集成编辑大纲》,内容包括缘起、宗旨、编例(构成、排序、定名、图版、图版说明文字、附录【叙录、年表、分类目录、索引】)、实施要点、编辑流程,以及现场读卷、记录、拍摄等。我还设计了一份记录每一件敦煌文书情况的"要素表",内容包括藏家、卷号、卷名、年代、纸幅、卷心、纸色、纸质、墨色、书法、行款、残况、批校、题记等,通过积极联系,与府宪展、刘景云、郭子建等同志赴上海博物馆和天津艺术博物馆试做现场编辑工作,并形成了两部同样极有价值的敦煌文献出版物。

　　1990 年,我奉命率领工作小组再一次来到了列宁格勒,小组成员有府宪展、朱天锡同志。

　　影印出版敦煌文献,虽说是原式原样、原汁原味,在编辑中也含有学术问题,比如出题、定题、拟题等就很不简单。最初我们还曾有分类出版的想法,这似乎是题中应有之义,然而要做到这一点非常困难。就以俄藏敦煌文献来说吧,其编号达 20000,绝大多数是残片,这批遗书长期以来鲜为人知,只有弗鲁格、孟列夫和丘古也夫斯基等俄罗斯学者和郑振铎等少数中国和日本的学者在进行整理或曾寓目,经过他们的努力,比较完整的和稍大的卷子大部分已经被考释清楚,而为数众多的残片则只有很小的一部分已被识别和连缀,在这种情况下如果要分类编排,势必无法穷尽,有大量未知的卷子要被置于后半部分,打入"另册",这样不伦不类的编法是不可取的。

　　也许有人要问,既然如此,为什么不先考释清楚再来出版呢?"唉,"我要对他说,"这也许就不是我等这辈子所能完成的事业了。"而且,敦煌学界不是也等着这批新材料的发布吗?如果等全部识别清楚了再来出版,到底是会促进还是延缓敦煌学的发展呢?藏于深阁,毕竟只有少数人利用,由少数人去为了出版而"彻底"鉴别这批遗书,短时间内难以完成,只有尽快用一种比较简捷的方式加以公布,才能让整个学术界来利用这批材料,也才有可能取得更大更多的研究成

果。从个人的学术"私心"来说，我也不希望我的工作进程太快，慢一点，我可以第一个看到大量别人没有看到过的卷子，写更多的论文。但这是不可以的，因为学术乃天下之公器。于是我们决定采用按馆藏原始编号排序的办法，而这样做也曾遇到来自藏家的误会。

我们一行三人经过整整一个星期的火车旅行，终于来到了列宁格勒，当我们兴致勃勃地走进研究所的时候，却被告知只允许阅读敦煌卷子，不能拍摄，理由是他们还没有做好学术准备，协议中的书将来还是可以出版的，但必须分类分册出版，每一册的前面是俄罗斯学者的论著，后面是相关的若干个原卷。他们想得比我原先关于分类出版的方案还周到，如果纯粹从学术研究的角度来说，似乎也无可非议。

我闻言非常惊愕：我们好不容易达成协议，做了大量准备工作，万里迢迢来到列宁格勒，居然不能开展工作，这不是白来了吗？不是白白花费了社里大笔钱了吗？再说花一点钱以后还能补得回来，如果真要按照俄罗斯学者的办法作为专著一本一本地出版，试想要出到什么时候呢？这就完全是另外一个概念了。回到住地，我无法入睡，苦苦地想着对策。如果真要按照他们的方案做，出一本专著公布一批材料，专著只能在研究成果的基础上写，而每一个学者都有自己的学术范围，即使是学问博大精深的大学者，也不可能样样都精通，而敦煌文献是一个知识的海洋，用庄子的话来说："吾生也有涯，而知也无涯，以有涯随无涯，殆已！"怎么办呢？

我当时想，一定要说服两位俄罗斯教授采纳我们的方案。那天晚上，我想了这样几条理由：第一，按照目前的整理程度，要分类出版是不可能的；第二，你们要写专著，作专题研究，都没有问题，可以继续进行，成果我们愿意帮助你们出版；第三，你们二位是国际敦煌学界的著名学者，现在又是《俄藏敦煌文献》的主编，《俄藏敦煌文献》的编辑出版将是你们对敦煌学术的重大贡献，全世界的学者都会感谢你们。

第二天，我们到东方学研究分所继续与俄方商谈，我详细地陈述了我的理由，俄罗斯学者终于被我们说服了，他们答应再由他们去说服所长先生。结果所长也被说服了,我们终于可以按照当年奥登堡、弗鲁格以及孟列夫等编的号数,一件一件地往下阅读、编辑、拍摄,一卷一卷地往下出版了。

在这中间有一段插曲。几乎与我们同时,时任上海市出版局副局长的赵斌先生也随一个官方代表团访问俄罗斯。赵先生对出版俄罗斯藏敦煌文献极为支持,在他们的行程中,特意加上了走访列宁格勒东方学研究分所。但在他们的访问中却得到了一条非常不利于我们的消息,研究所的所长说在他们的学者还没有研究清楚俄藏写卷并写出论著之前,不会让我们拍摄文献原卷。消息传到上海,古籍出版社的领导几乎厥倒,计算时间,我们应该已经到达列宁格勒,于是魏同贤先生给我们写了一封信,意思是编辑拍摄虽然不能进行,"你们也不要提前回来,可以利用这次机会多看点资料,多考察一些地方"。可是限于当时十分糟糕的通信条件,当我们收到这封信的时候,已经快要准备回国了。

当我们怀揣着敦煌文献的摄片回到上海的时候,出版社领导和出版局领导都被感动了。以后的工作,在程序上就再也没有什么困难,要解决的只有学术上的和技术上的困难了。

自四川人民出版社、上海古籍出版社以后,又有江苏古籍出版社、浙江教育出版社、甘肃人民出版社等加入了编辑出版敦煌文献的行列之中,他们基本上都采用了我们的做法。可以预期,在不久的将来,藏于国外的敦煌文献将全部"魂归故里",由中国人和有关国家的学者整理编辑,在中国出版。散藏于国内各处的卷子,同时陆续出版,敦煌莫高窟藏经洞文献的全貌将逐步显现,对敦煌文献的识别、缀合、研究将进入一个新的时代。

本来被认为不可能做到的事被我们做到了。2001 年 5 月底敦煌学大家饶宗颐先生在上海,著名画家刘旦宅先生宴请,我叨陪末座,席间谈起此事,饶先生说:"你们出版俄藏敦煌文献,中间还有这样的故事,真是闻所未闻。如果要分类出版,那恐怕几十年也做不完了。"

在编辑出版俄藏敦煌文献的同时,我们又广为联系世界上的其他藏家。

　　1992 年 5 月，我随社长魏同贤先生访问法国国家图书馆，经过顺利的谈判，于同月 14 日魏同贤社长和法国国家图书馆馆长王玛诺（埃马纽埃尔·勒·鲁瓦·拉迪利）签订了合同。我参与了合同的起草，我记得，合同约定，上海古籍出版社准备出版的《敦煌吐鲁番文献集成》中有一部分名为"法国国家图书馆之部"，将影印法国国家图书馆手稿部东方分部收藏的、来自敦煌的全部汉文和非汉文文献资料。合同规定国家图书馆摄影部将以"现行价目"向上海古籍出版社提供一套缩微胶卷底片拷贝及部分黑白胶卷底片和彩色反转片。这一条款使我们得到了出版法国国家图书馆所藏的全部敦煌文献的权利，而珍贵的古藏文等文献的出版工作一直延续到最近几年。

1992 年 5 月，到访的上海古籍出版社代表团与法国国家图书馆人员在法国国家图书馆合影，左起为馆员莫奈、馆方工作人员、馆长王玛诺（埃马纽埃尔·勒·鲁瓦·拉迪利）、魏同贤、图书馆手稿部东方分部主任莫妮卡、作者

　　值得一提的是,在谈判中,法方始终未提到"底本费"的问题,这涉及我社的成本预算,魏社长很着急,用耳语和手写的方式反复提示我,要我以适当的方式提出来,而我不急于提这个问题,因为我觉得法国人的做法也许和俄国人不一样,结果法方果然没有"底本费"一说,只收取合理的摄制费用,魏社长喜出望外。

　　谈判中我们还提出了馆方缩微胶卷的质量问题,尽管馆方十分自信,合同中还是写上了少量重新摄制的条款。而事实上,当第二年我和府宪展赴法国国家图书馆阅读编辑文献资料及其缩微胶卷的时候,凡提出胶卷的模糊、遗漏等问题(这类问题的数量不小),馆方均予以重新摄制,不但没有丝毫的不耐烦,而且还反复对我们表示感谢,因为我们的复核和纠正使他们可以为其他使用者提供质量更高的缩微胶卷。

上海古籍出版社与法国国家图书馆签订的合同

有时这项工作的艰辛和苦涩真不堪回首。

1993 年 6 月,当我们在巴黎工作的时候,多次接到从俄罗斯圣彼得堡来的信息,说我们盼望已久的冬宫所藏敦煌艺术品的出版问题,冬宫方面已表示愿意与我社作进一步的商谈。消息传来,我们认为事不宜迟,应立即设法前往圣彼得堡与之谈判。经与大本营联系,魏同贤社长赞同我们的建议,并发来一个文件,委派我为上海古籍出版社社长全权代表,前往圣彼得堡与冬宫博物馆馆长彼奥特罗夫斯基先生谈判。接着,冬宫方面的邀请函也到了。在匆匆准备以后,我买了一张俄罗斯航空公司由巴黎到莫斯科再到上海的机票,由一位中国驻法国大使馆秘书陪同来到了戴高乐机场。那时候苏联已经解体,我国与俄罗斯尚无互免签证条约,但我按照过去的惯例没有去签证。俄罗斯航空公司的工作人员要求检查签证,而这时如果我再回头去办签证,就需要等几天时间,不行,还是跟他们磨磨看吧。大使馆秘书也帮助交涉,他用的是法语,我能讲一点俄语,但这时急得一句也讲不出来。最后俄航终于放行了,不过他们留下了一句话:"到莫斯科能不能进去就看你的了。"我管不了那么多,赶紧上飞机。

那时的俄航,设施简陋,伙食差劲,但安检严格,技术一流。离开了灯火辉煌的夜巴黎,飞机驶向漆黑的夜空,经过四个小时的飞行,在深夜时分抵达莫斯科。进关时,果然要看签证,这时,我的俄语突然涌出来了,我告诉莫斯科机场边检人员,我们正在同贵国学术界进行着一项重要的文化合作,我是贵国一个重要的学术机构邀请的客人,我曾经为此事多次来贵国访问,与贵国的著名学者共同工作。边检终于被打动了,一挥手让我进了关。走进楼下大厅,找到了焦灼等待的张惠明博士,驱车进入莫斯科市区。与巴黎形成鲜明对照的是,这里的大街灯光灰暗,商店也都已早早关上大门,从一个凹进的小门进入、橱窗和柜台深藏不露的陈旧格局尚未完全改变。我们匆匆赶到圣彼得堡站(记得那时莫斯科共有 13 个火车站,一个方向一个站),站内秩序混乱,我们不敢走散,而且找有警察的地方候车。深夜 12 点钟以后,我们登上了红色箭头列车,这是一种高速列车,在车上稍事休息,凌晨时分,已见到了熟悉的列宁格勒。

身材魁梧的丘古也夫斯基教授在车站迎接我们。

我这是第三次踏上俄罗斯的土地了,上一次在东方学研究分所工作了一个多月,几乎每天都与丘教授在一起,而在这期间丘教授又到中国访问过两次,说我们是老朋友名副其实。但教授又是我的前辈,他比我大二十来岁,每次去俄罗斯,都是由他来帮助和照顾我们。教授出生在中国,1950年毕业于哈尔滨工业大学东方经济系,在中国工作过,1954年回苏联,对中国人民怀有深厚的感情。由于他懂得中文,懂得日文,口语又特别流利,研究敦煌文献,具有得天独厚的条件。在东方学研究分所里,他虽然因为没有博士学位,工资不算高,负责管理手稿部的中文资料,但他聪明勤奋,在对敦煌经济文书的研究上颇有建树,他的同事,著名敦煌学家孟列夫教授(也是孟列夫博士)对丘古也夫斯基教授推崇备至。丘教授热情地邀请我住在他的家里,于是,他贤惠的太太就忙碌起来了。

我只身前往俄罗斯,商谈冬宫所藏敦煌艺术品的合作出版问题,冬宫的敦煌艺术品专家鲁道娃博士热情配合。这位白发苍苍的女士算起辈分来还是孟列夫教授和李福清教授的师姐呢,原来他们都是已故阿列克谢也夫教授的高足。孟列夫教授和丘古也夫斯基教授成了双方的翻译沟通者,而张惠明博士成了我的帮手。原来认识的馆长彼奥特罗夫斯基先生有事外出,与我谈判的是维林巴哈夫副馆长。在我离开巴黎之前,关于谈判条件,与远在上海大本营的魏同贤社长反复商讨,认为最大的问题是收藏费或底本费的可接受尺度,而谈判的过程却与预想的有很大不同。馆方始终没有提到收藏费,而着重谈了版权、署名、出版内容、分卷以及合同纠纷的仲裁地等问题。我的飞机票在莫斯科签了七天,也就是说,只能在圣彼得堡逗留六天,而谈判过程相当复杂,对藏品的考察研究用了一天,大体确定了出版物的内容格局和印制方式,接下来立即切入实质性问题。在同副馆长正式会谈了两次以后,指定先由我拟一份协议书草案,这项工作当然只能在晚上进行。孟列夫教授把这份草案译成了俄语。馆方仔细研究草案,作了

补充修改，丘古也夫斯基教授将俄方的方案解释给我听，我认为其中有些是可以接受的，有些则必须向俄方作出解释，于是又举行商谈。在双方基本达成一致以后，合同的中俄文修改稿准备就绪，只等双方认定签字了。

我记得这份 1993 年 8 月 16 日由我和俄罗斯国立爱尔米塔日博物馆代表维林巴哈夫签署的协议书的第一条是：双方决定合作编纂出版爱尔米塔日博物馆所藏敦煌艺术品图录（1914—1915 年奥登堡第二次西域考察队资料）。出版物定名为"爱尔米塔日博物馆藏敦煌艺术品"。出版物内容包括艺术品图录和叙录、考察队所作测绘图、临摹图、线描图，所摄照片，所撰石窟叙录及论文、手记、书信等资料。其中对于出版物内容的详细表述，乃基于我对奥登堡考察队所做工作与馆藏情况的透彻了解和馆方的认可，从而出版物的全面性和学术性得到了保证。根据这一条，出版物的内容首先当然是敦煌艺术品本身，可以分为两卷，然后是杜丁在考察现场拍摄的大量照片，这些照片都是很大的玻璃片，可以看到上世纪初叶敦煌莫高窟的面貌，价值很高，第三是杜丁画的临摹壁画的线描图，第四是奥登堡的考察日记和账目、文件，最后是敦煌石窟平面图，记得有 16 米长。非常幸运的是，我在他们的库房里看到了这些珍贵文物的大部分。

上海古籍出版社与爱尔米塔日博物馆签订的出版协议及附件

记得协议书第三条规定:上海古籍出版社实施出版物的审稿、印制、宣传和向全世界发行的工作,单独投资,并承担其间的盈亏。这一条保证了古籍社在出版方面的独立运作,俄方绝不干预。

而协议书第四条规定,在出版物编纂期间和出版以后的五年内,爱尔米塔日博物馆不再向第三方提供全部上述艺术品或精品结集出版。但在此期间,爱尔米塔日博物馆仍享有对上述艺术品的研究、发表论著时加以引用及展览等权利。这一条既保证了上海古籍出版社出版物的唯一性,也充分顾及了馆方的正当权益,使馆方十分满意,并顺利地签署了协议书。

这份协议的中文文本是由我手写的。协议书还有一份由张惠明博士手写的附件,规定所有考察队资料的摄影和复制工作均由博物馆方面负责,出版社向馆方摄影师和专家支付相应费用。也就是说,出版社使用馆方资料不支付资料费和底本费,只支付劳务费。

由于当时在俄罗斯通信条件不佳,我无法及时与社长汇报沟通,关键条款只能自己决定,责任重大,但后来魏同贤先生对这份协议书十分满意。

几天的紧张工作,耗去了大量精力,眼看着胜利在望,倒也没有感到疲倦。在这次圣彼得堡之行的最后一天,晚上7点的火车票已经买好,上午整理行装,梳理此行的收获,并请张博士誊写合同中文文本。下午3点,我如约来到了冬宫博物馆的会议室,开始时,商谈尚称顺利,只是在中俄文本上作了若干技术性的添加,并在添加处签上了我和副馆长的名字。但没有想到的是,在一个原已解释清楚的问题上发生了激烈的争论,这就是,如果合同双方发生争议,到哪里去仲裁,馆方认为应到莫斯科,而我认为应当到北京。我的理由是,文物本来就是中国的,出版地也在中国,在中国仲裁顺理成章,而馆方认为就此案本身而言,收藏者、供稿方和著作权人之一都是冬宫博物馆,馆方并未为此提出什么要求,将来如有争议,最容易受损的是馆方,再说,今天如果能签订合同,签约地也是俄罗

斯，所以在莫斯科仲裁无可非议。这时我有点急了，肝火上升，但为了大局，又只能强忍着，因为时间在一分一秒地过去，我上火车的时刻马上就要到了，而我深深知道，如果这次不能达成协议，以后的事就很难说了，隔一两年重开谈判，如能达成协议还是不错的结果，问题是很可能会中途生变，再也不能由我们乃至由我们中国人来做成这件非常有意义的事情。孟列夫教授和丘古也夫斯基教授见状也连连劝说我不要急。这时我静下来想了一想，用了一些咖啡和点心，气氛缓和了，双方在措辞上都作了让步，合同终于签了下来。我也怀揣着这份来之不易的合同，告别俄罗斯的朋友，踏上了前往莫斯科的列车。

当我在夜幕中再次登上俄罗斯航空公司飞往上海的班机的时候，我知道我已经为我们中华民族做了一件好事，本应无限舒畅，什么遗憾也没有了。我伸了伸懒腰，伸了伸腿，想美美地睡上一觉。可是我的肚子突然疼起来了，而且疼得很剧烈，这种情况过去从来没有发生过。在过去的几天里，我实在太紧张了，有生理的更有心理的。航班到达上海，我强忍着疼痛先到古籍出版社汇报交代工作。而当我回到家里的时候，却有一个令人心头一沉的发现，妻子得了重病，而且由于我的忙忙碌碌，经常出差在外，已经发现得太晚了。

合同签订以后的工作主要由我的同事府宪展他们去一步一步做下去。现在，这部书已经问世。当我走进书店，默默地翻看着这部来之不易的大书的时候，我想起了慈眉善目的丘古也夫斯基教授，他已经永远离开了我们；我想起了与丘教授同岁的孟列夫教授，这位聪明绝顶、精力充沛的学者，也已故去；我想起了张惠明博士，她早已远嫁法国；我想起了我的前妻，她也早已长眠地下。我想买一部书，把他们的名字都写上，留作纪念，但是昂贵的价格又让我下不了决心。大概，在我的母社，已经很少有人知道这一切了，虽然那份由我签字的合同，还在档案室里静静地躺着。

在钱、魏两位先生相继退休，我又被调离以后，以我的同事府宪展、蒋维崧为主任的编辑室,因为短期内不见经济效益,曾经承受了巨大的压力,不理解的社内同事对他们侧目而视,幸好有李国章、赵昌平、王兴康、高克勤等先生的苦苦撑持,方得继续,没有半途而废。实际上一个出版社,如果要保持较高的声誉,保持和取得持久的经济效益,不做几件惊天动地的大事,不上几个人无我有的项目,是很难达到目的的。在敦煌这个项目被认为亏本甚至掏空了出版社的积蓄的那些日子里,且不说其实也没有赔多少钱,就说每年在向社会宣传、向上级汇报等场合,可以响亮地一提的,这个项目不是第一位,就是第二位。

这项出版工程已经持续近30年,蔚为奇观,从经济效益角度而言,也已由经济负担成为重要利润来源。在学术界,开始时因为我们的自主编纂和按原始编号排序而颇有非议,而后来则赞誉有加,每次相聚,总要说我们是中国敦煌学发展的功臣。在编纂出版敦煌文献的过程中,我有幸与海内外敦煌学学者交往,其中包括季羡林、潘重规、饶宗颐等学界泰斗,而我自己则由撰写序言、导言而进入研究领域,发表了多篇学术论文,还用对话的方式写了《敦煌话语》这本书。

影印《四库全书》的决定和两岸争议

李伟国

一次关乎全社命运的选题会议和出版创意：
关于选印《四库全书》的讨论

1986 年，台湾商务印书馆影印出版《文渊阁四库全书》，消息迅速传遍中国学术界和出版界。就在这一年，在成功影印《二十五史》以后，雄心勃勃的上海古籍出版社新任总编钱伯城和社长魏同贤为寻求大型新选题召开了一次由全社业务骨干参加的会议，议题是"如何选印文渊阁《四库全书》"。

开始的时候，与会者为如何从《四库全书》中选出最有价值的图书展开了热烈的讨论，但话题渐渐陷入"如果用放大镜来考察《四库全书》中的每一部图书，其大多数都很难说有特别的价值，只有从《永乐大典》中辑出的那些品种才没有争议"这样一个前人早已经历过的历史困境。

这时候，我举手要求发言。我从《四库全书》由选印到全印的历史，说到《四库全书》单品种价值的难以界定，再说到《四库全书》全套的意义，一直说到《四库全书》全印的影响和效益；我特别强调，如果在我们讨论选印的过程中甚至选定以后的出版过程中有别的出版社加以全印，那么市场必将主要购买全套《四库全书》，我们必将前功尽弃；所以我最后建议不要再讨论如何选印，主张讨论如何全印。

老编审、历史学家陆枫先生立即表示支持我的这一动议,并进一步申述了理由。在场的编审、编辑室主任,出版、发行、财务方面的负责人等也纷纷支持这一动议。

钱伯城和魏同贤两位出版社领导当场决定全印《四库全书》,并把任务交给了动议的提出者。

同年11月27日,古籍社《关于影印出版文渊阁〈四库全书〉的报告》交到了上海市新闻出版局,12月5日分管副局长赵斌批示"同意这个计划",12月8日局长袁是德批示:"请将之作为重点,早出,出好,尽快占领图书市场(并可打入国际市场)。"

虽然台湾商务印书馆已经在将文渊阁《四库全书》从原来的古籍抄本状态转化为影印古籍的过程中做了大量工作,包括清点、整理、编校、配本、照相、修版,编制精装本顺序、页码,编制目录索引等,我们在印制以前仍然要按所收图书品种、按卷、按页全部复核一遍。我根据实际情况制订了工作流程。后来,社内组成了以金良年同志为组长的编辑小组,具体实施编辑工作。

营销工作几乎与编辑工作同时进行,我们迅速编辑印制了一份彩色宣传册,通过主渠道和学术界、图书馆界发往潜在用户。消息传出以后,引起热烈反响,也引发了异议和争议。于是,我对《四库全书》的价值和影响从学术角度作了较为深入的探究,为在社内和系统内以至媒体和学术界做出回应提供了有力的依据。

《四库全书》是一部怎么样的书

《四库全书》是清乾隆皇帝亲自组织编修的中国历史上一部规模最大的丛书。1773年5月1日,清朝开设《四库全书》编纂馆。由总纂官纪昀(晓岚)率

360 位一流学士选编校订，成书于公元 1782 年 3 月 12 日。该书包括经、史、子、集四部，3461 种书，79039 卷，总字数近 10 亿，可谓超级文化大典，被称为文化史上的"万里长城"。

为了存放《四库全书》，效仿著名的藏书楼"天一阁"的建筑建造了南北七阁。乾隆四十六年（1781 年）十二月，第一部《四库全书》抄写完毕并装潢进呈。接着又用了将近三年的时间，抄完第二、三、四部，分贮文渊阁（紫禁城）、文溯阁（沈阳故宫）、文源阁（圆明园）、文津阁（避暑山庄）珍藏，这就是所谓的"北四阁"。从乾隆四十七年（1782 年）七月到乾隆五十二年（1787 年）又抄了三部，分贮江南文宗阁（镇江）、文汇阁（扬州）和文澜阁（杭州）珍藏，这就是所谓的"南三阁"。每部《四库全书》装订为 36300 册，6752 函。七阁之书都钤有玺印，如文渊阁藏本册首钤"文渊阁宝"朱文方印，卷尾钤"乾隆御览之宝"朱文方印。

《四库全书》完成至今的两百多年间，饱经沧桑，多份抄本在战火中被毁。其中文源阁本在 1860 年英法联军攻占北京，火烧圆明园时被焚毁，文宗、文汇阁本在太平天国战争期间被毁；杭州文澜阁藏书楼 1861 年在太平军第二次攻占杭州时倒塌，所藏《四库全书》散落民间，后由藏书家丁氏兄弟收拾、整理、补抄，才抢救回原书的四分之一。文澜阁本在民国时期又有二次补抄。1914 年在杭州图书馆第一任馆长钱恂的支持下，由徐锡麟二弟徐仲荪及其学生堵福诜自费补抄，历时七年，史称"乙卯补抄"。

如今《四库全书》只存三套半，其中文渊阁本原藏北京故宫，后经上海、南京转运至台湾，现藏台北故宫博物院（也是保存较为完好的一部）。文溯阁本 1922 年险些被卖给日本人，现藏甘肃省图书馆。文津阁本于 1950 年由中国政府下令调拨到北京图书馆，这是目前唯一一套原架原函原书保存的版本。文澜阁本则藏于浙江省图书馆。

关于四库全书价值的争论

关于《四库全书》的价值,从清末以来议论不断。一般认为其优点是:(1)利用中央政权的力量集中了当时所能得到的图书,从中加以精选,保存了一大批珍贵文献;(2)从《永乐大典》中辑出数百种图书,使其免于佚失;(3)集中大批学者作了校订,有一定的学术质量。其缺点是:(1)在编纂《四库全书》的同时禁毁了一批图书;(2)加速了不选入图书之消亡;(3)删入选图书的改违碍内容。有学者甚至说《四库全书》的编修是一次文化摧残。

这些意见大体上是公允的。

但我认为在现代社会评估《四库全书》的价值,应该换一个思路,于是我提出了"集合性价值"的概念,在那次选题论证会上,我已经初步有了思考,后来我又专门发表文章论述这一观点。

《四库全书》的集合性价值,指的是《四库全书》作为一个集合体所体现出来的价值,这种价值与这个集合体中的单个个体或局部所能体现出来的价值是有质的区别的。

数量大、品种结构较为合理、编纂质量较高使《四库全书》这个中国古代典籍的特殊群体获得了很高的集合性价值。

(一)《四库全书》当得起一个"全"字

为了汇聚天下书籍,《四库全书》开馆前后,清政府运用政权的力量,在全国各地搜访图书,乾隆的初衷是要通过此次征集活动,尽收天下有价值的图书。此举颇为有效,短短几年时间,征集总数近16000种,其间包括不少举世罕见或海内仅存的珍本秘籍。这次征集是否达到了目的了呢?除了朝廷明确不收的那些门类,以及大量的佛道藏图书、普通地方志、医书等以外,应已有较高的成色。漏网之鱼肯定有,但不多。

当时所征集的图书，约有 2000 余种因属重本或被认为实在没有保留价值而被淘汰，3000 余种被禁毁，被禁毁的书籍内容主要是明末清初的史料、文集、笔记、石刻碑铭、郡邑志乘、剧本曲目，以及天文占验之书等，这些被禁毁的书籍虽然后世大多尚存（仅孙殿起所撰《清代禁书知见录》即收书 1400 多种），但此举毕竟对中国文化的发展造成了危害，而未选收此类书籍的《四库全书》，其本身的价值也受到了损害。

清朝政府为了编修《四库全书》，聚集了近 16000 种图书，最后将 10254 种图书编入了《四库全书总目》，但是被编入了《四库全书总目》的图书大部分没有被正式录入《四库全书》，《四库全书》仅收图书 3461 种，这还能够说《四库全书》已经可以包含当时的主要典籍了吗？我们来分析一下这个问题。

从品种角度来说，录入《四库全书》的部分只有《总目》的三分之一，存目品种是录入图书的两倍。但从卷数角度来说，《四库全书》3461 种 79309 卷，存目 6793 种 93551 卷，存目的卷数为录入图书的卷数的 1.18 倍，也就是说，从卷数的角度来说，录入图书占了总目的 47%。

以我们现代人的眼光来看，《四库全书》大体可以代表我国自上古至清乾隆中期的主要典籍。

（二）《四库全书》当得起一个"精"字

从编纂过程的人才保障来说，在长达九年的纂修过程中，四库馆不仅吸收了很多学有专长、名重一时的学者文人（其中不乏如于敏中、王际华、金简、纪昀、陆锡熊、陆费墀、周永年、戴震、邵晋涵、翁方纲、程晋芳、任大椿、朱筠这样的人物），而且还召集了大量的办事人员，形成了一个 360 余人的庞大的办事机构。《四库全书》的编纂，是一项规模空前的浩大工程，数百名优秀学者济济一堂，按照一定的取舍标准，对通过各种途径集到四库馆内的数以万计的书籍，甄别采择,爬梳辑校,考订辨正,整理编目,完成了包括著录、存目在内总计一万多种书的《四库全书》的编纂,除了当时的历史条件限制和统治阶级的偏见所造成的缺憾以外,应该说,其编纂质量是相当高的,否则就有失公允。

我曾经专门研究过文渊阁《四库全书》中"二十四史"的形成和质量问题。

"二十四史"作为一个集合体,是继魏晋南北朝的"三史""四史",唐朝的"十三史",宋朝的"十七史",明朝至清朝初期的"二十一史""二十二史"以后于清乾隆年间形成的,随着中国封建时代的结束,"二十四史"这一名称终于固定下来,并家喻户晓。

过去学术界一般认为"二十四史"首次形成于清武英殿刻本,也就是说,武英殿本是"二十四史"作为集合体的第一个版本,实际上在清乾隆四年武英殿本"正史"刊刻完成之时,只有"二十二史",之后清廷开四库馆,在"正史"中加入了《旧唐书》并从《永乐大典》中辑出《旧五代史》整理抄入,这才首次形成了"二十四史"。也就是说,文渊阁《四库全书》本二十四史才是"二十四史"的第一个版本。(乾隆末,武英殿刻书处据文渊阁《四库全书》刻入了两史,也形成了"二十四史"。)

"二十四史"是《四库全书》的重要组成部分,参与整理的四库馆臣多是当时的硕学名儒,经过馆臣整理、修改、审定的文渊阁《四库全书》本"二十四史",独具面貌,在版本学、校勘学、避讳学、语言文字学、思想史等领域都有不可替代的重要价值。

过去,由于文渊阁《四库全书》被运往台北,文津阁和文溯阁本又长期藏于深宫,不易得见,以及由于清修《四库全书》时出于巩固统治的需要毁去了一些图书或对收入的书作了删改,学术界形成了文渊阁《四库全书》"二十四史"所据即武英殿本,两本没有大的区别而库本差错更多,因而文渊阁《四库全书》"二十四史"价值不高,四库馆臣对辽金元三史的整理只是改译名,而且此举意义不

大，"谬误百出"等的印象，以致对《四库全书》本"二十四史"未加充分利用。表现在商务印书馆辑印"百衲本二十四史"，未能全面取校库本，中华书局整理"二十四史"，仅《旧五代史》一史采用了文渊阁《四库全书》为底本，而其原因是1921 年南昌熊氏曾影印出版了文渊阁《四库全书》本，而且这是《旧五代史》重见天日后的第一个本子，其他二十三史连参校本也没有被列入。

在近 20 年中，由于文渊阁《四库全书》影印本的相对普及，学术界渐渐有人注意对其中的"二十四史"进行研究，并且取得了一些成果。研究表明，文渊阁《四库全书》本"二十四史"虽然有二十一史（不是过去人们认为的二十二史，即不包括《明史》）所据主要为武英殿本，仍在版本校勘、前人研究成果利用等方面有所进展，其中辽金元三史差异尤大，《旧唐书》《旧五代史》为首次进入，而《明史》系修订本，均有很高的参考价值。

（三）整部《四库全书》信息的完整性和条贯性

《四库全书总目》的编纂几乎与《四库全书》的编纂相始终，既保证了《四库全书》所收图书的质量，也保证了整部《四库全书》信息的完整性和条贯性。征集、校阅、撰写提要、选择、编次等工作几乎是同步进行的，其中撰写提要是非常关键的一步，每篇提要的后面，都附有纂修官提出的"应刊刻""应抄录""酌存目""毋庸存目"等意见，总纂官据此再检阅原书，决定各书的录存与否。各篇提要经考核审定后，总纂官们便按照经史子集四部分类体例，排纂成编。四部分类法是古代图书分类法中最好的一种，而《四库全书》的分类体系被公认为是最为成熟、最为严密的，《四库全书》按照经史子集四部分类法，部下分类，类下再分子目，计四部 44 类 66 子目，虽然大多沿袭前人成法，却能折中诸家，自出新意，无论在类目的设置归并，还是在图书的具体归属方面，都有改进和创新。严密的分类体系保证了《四库全书》知识体系的完整性（重要的知识信息大体已经包含在内）和条贯性（使上万种图书组合成一个有机整体，编排有序,极易寻找)。

（四）《四库全书》也当得起"实用"二字

《四库全书》成书以后,学人得以利用,特别是杭州的文澜阁和北京的文津阁,前来查阅、抄录世不经见之重要文献者不绝,还派生出了大量的中小丛书。但由于《四库全书》没有刊刻出版,只抄写了七部,后来又被毁掉三部半,没有充分发挥作用。于是民国以后就提出了影印的动议。

《四库全书》影印出版以后,受到出乎意料的欢迎,其原因是,古籍藏量较小的图书收藏单位等于购入了一个中型的古籍图书馆,古籍藏量较大的藏书单位则购入了又一个便于流通的古籍书库。其集合性价值第一次得到了较为充分的体现和利用。长期接触古籍的学者都有这样的体会:找古籍先查《四库全书总目》,找古代人物特别是学者文人也可以先查《四库全书总目》,在大多数情况下,《四库全书总目》都不会让你空手而归。这也是《四库全书》的集合性价值在起作用。近现代关于印行四库全书的争议,既有政治因素的纠葛,也有传统学术观点的困扰,但最终达到了对其集合性价值的共识。

世纪的困惑:主张印和反对印的争议

1919年,以叶恭绰等学者为首的中国代表团赴欧美考察,同时参加巴黎和会,在他们的宣传下,法国巴黎大学首设中国学院,准备向中国政府借用《四库全书》以研究中国传统文化。同年5月,法国总理班乐卫来华,建议退还庚子赔款,用以影印《四库全书》。与此同时,金梁等中国学者也大力倡导。北洋政府总统徐世昌允许影印后分赠法国总统及中国学院,并拟将此事交商务印书馆办理,但由于资金、纸张等问题,未能办成。此后商务印书馆以及章士钊、张学良等多次提出影印《四库全书》,可是由于政府、藏家的阻挠和学术界对《四库全书》价值的评价不一,多次被搁置。于是有识之士主张从选印入手。

1935 年，商务印书馆终于在上海印出了《四库全书珍本初集》，在中断了 30 多年以后，台湾商务印书馆继续选印《四库全书珍本》，共印出 13 集，收书 1878 种，已超过了《四库全书》全部所收品种的一半。于是，他们就一不做二不休，于 1982 年筹印整套《文渊阁四库全书》，至 1986 年出齐。

正是在这样的形势下，上海古籍出版社决定缩小影印台北商务版《四库全书》。但此举在当时仍然招来不小的阻力。

妥善处理有关方面的干预和与台湾商务印书馆的关系

1987 年，全国高等学校图书馆工作委员会印发了一篇题为《四库全书不宜再印》的文章，认为上海古籍出版社决定影印文渊阁《四库全书》"并大力宣传，广为征订，这件事情是令人费解的"，其原因是，《四库全书》乃清王朝钦定，有一定的研究价值，"决无推广普及的价值"，只是某些部分有特殊的实用价值，可单独整理出版。

这篇文章关于《四库全书》价值的观点，并无新意。事实是，从商务印书馆在上海印《四库全书》珍本丛书开始，就在印那些有实用价值的部分，后来台湾商务印书馆继续印二集、三集……一直到 13 集，所印品种已超过一半，仍有市场需求，于是决定全印，且取得了成功，这种成功的外在表现是市场需求，内在原因则是学界和文化界的渴求。

台湾商务印书馆的这一出版工程是令人钦佩的，但由于种种原因，其对于大陆市场和国际市场的进一步拓展仍有限制，作为《四库全书》诸抄本原藏地和《四库全书》主要市场的中国大陆，应该有所作为，上海古籍出版社的改版印行是及时而合理的，其销量后来远超台湾本，对于中华传统文化的继承和发扬起到了正面的巨大作用，这也许是反对印行《四库全书》的先生们始料未及的。

特别应该提出来一说的是，上海市新闻出版局不仅批准了这一重大选题，而且在此举遭受有关方面的非议和干预的情况下,于1987年8月积极向上级部门行文报告和以出版局主要负责人的名义写信给领导同志说明事情的原委,使这项重大工程得以顺利进行,最终取得成功。

除了对于《四库全书》的价值高低和是否值得印行的争议以外,有关方面的意见主要是,为了照顾台湾商务印书馆的情绪和利益,第一,可否改印文津阁本《四库全书》? 第二,如果无法改用文津阁本,可否再转让一些订货给台湾商务印书馆? 第三,可否不再向海外征订?

记得上海市新闻出版局当时的意见是:第一,改印文津阁本,"既无必要,又在时间上已来不及且经济损失太大,难以承受";事实上文渊阁本《四库全书》虽然被从北京原藏地运到了台北,仍是中国人民的共同财富,且为《四库全书》第一份抄本,作为影印《四库全书》的首选是没有疑义的,至于有特点的文津阁本,可以在今后考虑另印;第二,中国大陆如对台湾商务本《四库全书》仍有需求,政府并未加以控制,似不应对上海古籍出版社《四库全书》的销量加以限制;第三,可以不再主动向台湾地区销售。

至于上海古籍出版社影印文渊阁《四库全书》借用了台湾商务印书馆本的成果,是否涉嫌侵犯版权? 台湾商务印书馆也认为此举"不涉及版权问题",争议的核心还是商业利益。上海古籍出版社影印本明确标明所据为台湾版本,对台湾商务印书馆所做的贡献表示谢意,后来又以上海古籍出版社总编辑钱伯城先生的名义致函台湾商务印书馆总经理张连生先生,说明原委并再次致以谢意。

已故上海市新闻出版局前任局长袁是德同志对这些问题观点鲜明,他当时就认为,在改革开放方针的指引下,我们应当积极占领国际市场,而不能让台湾地区独占传播中华传统文化出版物的市场;满足国内读者的需要,打入国外图书市场,甚至回流入台,这正是我们的努力目标,"抢生意"是必然的,应该说这方面我们还没有起步。

《四库全书》书影

影印《四库全书》的后续效应

这项大型选题的正确格局设计、全力以赴的宣传活动和机动灵活的营销策略，不但为古籍出版社带来了巨大的社会效益和可观的经济效益，还引发了《四库全书》各本的影印热潮和《四库全书》的数字化。

不管《四库全书》编纂者的意图是什么，不管他们是否意识到，《四库全书》的最大价值就在于集合，印行后日益显现的集合性价值使之变成了运用现代电子技术将中国古籍数据化的首选对象。

如果仍按原样以图像扫描配一些书名、篇名、作者索引的方式制作，虽然也有用处，但文献的集合形态仍然没有发生革命性的变化，仍无法加以深层次的利用，而如果要做到全文检索，则其间异体字的规范认定工作是极其繁难的，香港迪志公司动员了大批专家来认定并规范清朝学人手抄的七亿个汉字,编制了一套非常实用的程序,将这样一座内容极其丰富的资料宝库数字化,做到可以全文检索的美妙境地。处理《四库全书》数据的过程和方法已成为处理传统文化信息的典范。

经过数据化处理的《四库全书》的集合性价值得到了提升,因为数据库在一定程度上改变了这份巨大文献的集合形态和使用方式,经史子集的构架是它原有的集合形态,在数据库中,这个形态还保留着,但已经不是主要的形态,它的主要形态是可以用多种方式任意、迅速调用的信息集合态,原来的顺序和条贯已经模糊,现在起作用的是其信息的"全"和"优"。如果换了一部普通的图书,就不会有这样的效果:只要是研究与《四库全书》时代吻合的有关问题,你走进《四库全书》就几乎不会空手而归。

在成功地出版《四库全书》以后,上海古籍出版社又在李国章社长的领导下与学术界紧密合作,花费巨大的人力、物力和财力,进行了规模较《四库全书》更大的《续修四库全书》的编纂出版工作,而我有幸参与了这一重大项目的整体设计和相关联系谈判事宜,在这里就不多说了。

《世界人体摄影》出版始末

——一个大社的专业实力和文化担当

邓　明

邓明，1949 年 9 月生。美术史学者，二级编审，曾任上海人民美术出版社副总编辑、社长，获颁国务院政府特殊津贴。中国美术家协会会员，中国摄影家协会会员，上海中国画院兼职画师。

毛主席批示可以用人体模特

在这样一个时刻能够出这样一本书，是机缘，也是勇气。我很早就知道人体美术。20 世纪 60 年代，我在上海市大同中学读书时期就接受了比较系统的美术训练，学校有一个人称"美专预备班"的美工组。在那里，我知道了人体写生是学画人物的基础功课之一，还知道刘海粟是最早在美术学校设置人体模特写生课的中国教育家，人体摄影则尚无所闻。

"文革"前,我同班同学周振德(他后来成了我编《世界人体摄影》的合作者)悄悄地告诉我,听他在浙江美院学国画的姐姐周若兰说,毛主席有一个关于允许美术院校使用人体模特的批示,当时的情形比较敏感,知道了也不敢吭声,只是在心里暗暗欢喜。

后来我才知道,1965年7月18日,针对康生等人在1964年《关于试用模特儿问题》报告上的批示和文化部下发的《关于废除美术部门使用模特儿的通知》引发的争论,毛主席曾在中央美院教师来函的第一页上批示:"……此事应当改变。男女老少裸体model,是绘画和雕塑必需的基本功,不要不行。封建思想,加以禁止,是不妥的。即使有些坏事出现,也不要紧。为了艺术学科,不惜小有牺牲。请酌定。"批示中用英文"model"代写中文"模特儿",足见毛主席对古今中外美术史的通晓,在人体写生问题上"洋为中用"的辩证唯物主义思想。

1980年,我奉调担任上海人民美术出版社美术读物编辑室理论编辑。当时的人美社资料室是国内美术专业最好的资料室之一,为许多大专院校所羡慕,常有人拿着单位公函前来借阅资料。我经常使用资料室藏书查核书稿引文,翻阅各种中外专业典籍。资料室的主任薛萍很爱惜青年,她对确有工作需要又爱学习的年轻人特别网开一面,允许我进书库自己去看去找,这体现了一种同志间的信任,让我受益匪浅。30年后出版局的《岁月见证》编入近百位出版界人士对新中国成立以来上海出版业成长变化的回忆文章,我有点另类地送去了旧体诗《人美师友十咏》,其中就有对薛萍表达谢意的五言绝句:"书籍亦为师,无声却解疑。腹中存点墨,不忘薛萍姨。"她对我这个时期的知识积累提供了很大的帮助,虽然她只是普通的资料室干部。

由于喜欢读书,我一有空就到资料室去,资料室的各种书籍图册,我可能是全社寓目最多的,做了大量卡片,包括日文版十卷本的《世界摄影全集》,虽然当时完全没有意识到摄影与我日后的工作可能会有什么关系。那些摄影史上典范

之作优雅的影调和隐藏在影调背后作者的创造力让我产生一种莫名的感动，摄影术诞生才 200 年就有如此典雅丰沛的成就，真是太不可思议了。我觉得早晚得把这些材料用起来，让中国的读者也都能看到它。特别是全集中那些早就被誉为经典的人体摄影作品。人体摄影作为一个重要的摄影艺术门类是不可能回避的，早晚会被中国社会接受，问题是怎么负责任地、规范地把它介绍给我们的国人。于是我特别留意这方面的讯息，资料室所订各种国外杂志的人体摄影作品也开始进入我的卡片之中。

《世界人体摄影》一书的意义应当放在中国出版史和摄影史的坐标上去观察。据我所知，它不但是中华人民共和国成立后，也可能是我国有史以来第一本公开出版发行的人体摄影画册。据说郎静山先生早年曾拍过人体作品，还参加过国际沙龙展出，圈外很少有人知道。我也是好多年后才在杂志上见到这些作品的介绍。1979 年以后，国内美术界一些体制外的、突破原先规范的一些东西陆续出现，包括上海淮海公园十二人画展，开始出现油画人体作品，但人体摄影还是没有。

两件事催生了画册的出版

1986 年 5 月，我升任人美社副总编辑，被安排分管摄影类读物和对外合作出版。我迅速调整思绪进入角色，开始用心规划摄影出版物方面的工作，利用本社资源编写出版人体摄影图书的想法也就此萌生。当年上海文艺出版社沿用赵家璧先生《一角丛书》的概念出了一套《五角丛书》，瘦 32 开本，定价低，适合快读。摄影编辑室提出也做一套类似的《摄影自学丛书》，10 个话题，全部由编辑室同仁撰写。我上任才三个多月，就自告奋勇，揽下了其中《摄影史话》分册的写作任务。书中采用了《世界摄影全集》中的一些作品包括人体摄影作为插图。研修多年的中外美术史积累，让我的写作游刃有余,五万多字的书稿一个月就完成交稿,以后还重印过。我最近在百度翻到,河南某大学的硕士研究生论文,还注明在论文中引用了我《摄影史话》的观点。

之后有两件事激发了我将出版人体摄影画册的想法快速付诸实现。一是人美社的《时代摄影》几年来一直不太有起色,摄编室希望把它做得略微专业一点,改刊为《摄影家》,由摄编室主任常春亲自出任主编,办刊宗旨也定为"让作品说话",避免泛泛而谈。我主张一上来就在创刊号上刊发一组人体摄影作品,自信对人体摄影这一课题的梳理已经到位,画册的选稿也已基本成型。

1988 年 5 月 16 日,我在《摄影家》创刊号上发表了文章《人体摄影之我见》,编入一组世界人体摄影作品,第一次比较完整地讲述了我对人体摄影的认识:

> 人类对自身美的欣赏产生了人体艺术,艺术家们执着的追求推动了人体艺术的发展。人体所具有的匀称、柔和、力量、表情等自然界万物中最丰富的美的素质,使得它在摄影艺术诞生之初就成为摄影家努力表现的主题。早期的人体摄影曾受绘画影响。这一方面是因为照片给画家准备素材带来了不少方便,摄影家为了跻身艺术领域,也自然得让自己的作品向已被社会承认的绘画艺术靠拢,让人体摄影服从于绘画化了的作品主题和情调。另一方面,雕塑上的希腊典范和绘画上的学院主义的人体艺术作品之所以在欧洲被大众所接受,就在于它们都大量地注入了艺术家们理想化了的色彩,已经远离现实,不再是个体的具象呈现,而早期摄影术在提炼与概括方面的局限性,也迫使人体摄影不得不走一段仿画的路子。随着社会的进步和摄影、摄影艺术自身的发展,到了 20 世纪初,人体摄影开始体现自身的特点,表现风格也逐步摆脱绘画主义的羁绊,走向多元化。写实主义、自然主义、纯粹主义、新客观主义、超现实主义、抽象主义、主观

主义等摄影流派都产生过人体摄影的杰作。它们有的侧重于光影的研究，有的着眼于形式的探究，有的倾心于主观意象的介入，有的迷恋于客体价值的阐发，百色纷呈，多彩多姿。时装、广告等商业摄影活动对人体的应用，则给人体摄影开拓了更为广阔的天地。在人体艺术中，雕塑与绘画不乏男性主题，表现阳刚之壮美的杰作，但是在摄影创作上，女性人体却更受摄影家重视。人体摄影之被社会接受，在对人体艺术素有传统的欧洲大约经历了四五十年的时间。由于国情和文化背景的不同，人体摄影进入我国的文化生活必将经历更长的习惯和消化过程，是可想而知的。在深化改革开放的今天，那种不敢正视人体艺术（特别是人体摄影），将人体艺术与黄色淫秽画等号的看法已经日益失去群众，然而，不恰当地把人体摄影视为摄影艺术皇冠上的明珠，以为没有它就不足以艺术与论，不分场合地大力倡导，显然也是不可取的。人体摄影作为摄影艺术的一个体裁，有其独特的审美价值和研究价值。虽然，人体摄影是举世公认的一种摄影艺术较高的表现形式，但它远不是摄影艺术的全部。各国各民族之间文化传统、风俗习惯、生活方式和审美经验的不同，必然带来在人体摄影欣赏承受力上的差异，不能，也没有必要去强求一律。有选择地介绍一些国外人体摄影的佳作，在更为广阔的领域里发现美，创造美，无疑将促使我们民族的人体摄影艺术的健康成长。

创刊号在摄影界的反响很好。有朋友告诉我，上海人美的《摄影家》这次有所突破，而且突破得合理，社会很接受，让我很受鼓舞。

再就是 8 月 5 日，我在人美社院子里碰到了连环画编辑室的谢颖，从《摄影家》创刊号的人体摄影作品聊到华东师大有个研究室正在策划搞人体摄影画册,已经吸引了一些出版社的关注。我一下子警觉起来:我们都已经准备得这么充分了,怎么能让人家随便抢先!况且我刚离开高校没几年,对上海各高校在美术(包括人体美术)、摄影(特别是人体摄影)方面的研究水准十分了解,没有上海人民美术出版社如此厚实的库藏,谁能做出高水准的人体摄影图书?当时上海人美不仅在上海,甚至在全国的地位都非常重要,连环画、宣传画、年画的发行量曾多年稳居第一,我们各部门的很多编创干部都有"舍我其谁"的豪气,觉得自己的工作是一种文化担当。

尽管作为副总编我对分管的摄影读物拥有决定权,但兹事体大,我不敢贸然决定,就迅速与居纪晋社长商量,并在8月8日星期一办公例会上正式提出《世界人体摄影》选题。在介绍了外界的情况和自己已有的准备后,我表示:"作为一个国家专业出版社,与其让各地小社'低水平'地出这类画册,不如由我们负起指导之责,从美学角度出好画册,向艺术院校艺术工作者发行。从我国人体摄影一开始就引导它健康发展。该画册应为精装本,60幅左右,定价20元以上。鉴于重要选题应集体讨论决定,特提出讨论,如同意,我们可在两周左右基本完成,并请社长室集体决审。"

当时我们班子有五个人:年长的社长居纪晋、副社长范仁良都是离休干部,副总编龚继先、副社长江显辉及时任副总编的我则是中青年,与会的还有社长室秘书戴建华。这是一个专业背景很强的班底,对人体摄影没有偏见,也非常团结,当场就一致通过了选题。当时还有个背景,作为人美社经济支柱的"年连宣"开始不景气,结构转型的压力越来越大,分管发行和财务的范仁良压力很大,态度也最积极。办公会决定:由我一人操作,班子集体负责。我担任责任编辑,大家集体审稿集体签字。荣誉是集体的,责任也是集体的。据我所知,人美社在图书选题上采用如此工作方式,是打破常规的。

1988 年 1 月，在年挂历订货会上合影，左起：江显辉、居纪晋、范仁良、邓明

1988 年 8 月 24 日，接待台湾东华书局董事长卓鑫淼夫妇，左起：邓明、龚继先、居纪晋

在讨论由谁为画册写书名和序言时,我提了两个人选,一个是刘海粟先生,一个是当时的文化部长王蒙。社长倾向于王蒙,龚继先倾向于刘海粟。我担任责编的《刘海粟艺术文选》刚在 1987 年 10 月出版不久,出于对 20 世纪 20 年代刘海粟先生在人体模特风波中艺术立场的仰慕,我觉得刘海粟更好,由他写序能把人体艺术的文脉串起来,于是我们定了刘海粟。

请刘海粟题签赐序

1988 年 8 月 9 日,《世界人体摄影》选题(含编辑思想、开本、装帧、定价、印数等策划要点)正式上报出版局备案。同时通过常春主任从摄影读物编辑室调来英语娴熟的周振德,即日起协助我编写《世界人体摄影》。周振德的文笔和英文都非常好,他调入人美不久就完全接上了退休老编辑的班,编辑工作做得风生水起。虽然我也翻译出版过四五万字的印象派美术史,他的英语可比我强多了。

我们确定准确、高雅、健康的选稿原则和摄影史经典之作、艺术出新之作、品位健康之作的选稿方向,而我原先的笔记积累就有四五百张照片,从中选个一二百幅并不费力。我们去资料室按准备好的线索调出相关书刊,并在资料室辟出专用空间工作。当时摄影界关于国外摄影的介绍一般都沿用"文革"前不太规范的译名,我们则全部按新华社的译名手册一一理顺。这点我们很得意,由于《世界人体摄影》收入的摄影家多达七八十位,以后人家凡用到有关的人名都会向我们译名靠拢,不管美、英、德、法还是瑞典、日本,在新华社的译名手册里面是有区别的。

第二天我就找赵松华设计封面,他是我上海师范大学艺术系低一级的学弟,当时在《上海画报》担任美术编辑。他为人低调,又善于化繁为简,做事很快。鉴于人体摄影的经典作品多为黑白照片,我给了他几张照片,要求画册的色调定位为"一本黑色的书",封面、扉页和画面以外的版面全部黑色,仅文字翻白,将摄影特点做到极致,以有别于其他任何美术画册。他心领神会,很快交稿。由于事前准备

充分,我们只用了两个星期就做到了可以发稿,这在当时也是破纪录的事情。

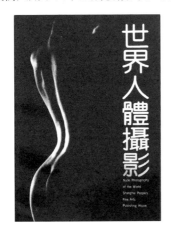

画册封面

赵松华手绘书名、
内页划样及版权

8 月 11 日,美术读物编辑室张纫慈去安徽出差,出版社备下公函请张顺便去黄山面交正在黄山散花精舍写生的刘海粟先生。我们此前曾致电刘府,他的秘书袁志煌告诉我他去黄山了,"十上黄山"。我知道他肯定会答应,所以并未预先和他打招呼。那时候国家出版社的组稿公函通常被看作代表了国家的文化意志,老艺术家们没有不尊重的,更别说上海人美这样一贯重视文化积累的专业大社;加上我和他因编辑《刘海粟艺术文选》有过数年的交往,我曾经带了自己在大学时画的几张色彩写生向他请教,刘先生说:"你外光画得很好。"1989 年,我破格评副编审,也得力于刘先生这样重量级专家的亲自推荐才顺利通过。很快,刘海粟先生先后寄来了题签和序言。序言中,刘老在叙述了人体艺术在中国的种种经历以后,写道:

> 过了大半个世纪,在人体摄影艺术各方面都有大幅度进展的今天,
>
> 上海人民美术出版社编印《世界人体摄影》,选稿空间广阔,印刷条件
>
> 优于昔年,编辑态度很认真,画册对于美术家、美学家、美术编辑、摄影

家、美术院校教师和为数众多的习作者、爱好者都有参考价值。这本集子除少数早年作品之外，在艺术方面都很成熟。在这些人体上，展现出大自然的奇观，折射出大山、平原、沼泽、沙漠；即使是女性人体，也被表现得博大宽厚，闪烁着地母生养一切的灵魂。语汇是多元的，一点不贫乏，抒发出青春的喜悦，创造的渴望，对生活的渴求，引起的情绪也是健康向上的。足以说明在西方不乏严肃深思的艺术家，喜爱人体美的也包含着劳动者。即使个别作品不尽与东方情调及审美习惯相符，也要相信大多数人的选择力与批判力。

画册扉页刘海粟题签

为了与画册的内容相匹配，也考虑到封面设计的现代感和完整性，我们斟酌再三，最后决定封面采用赵松华手绘的粗圆体美术字，烫银色电化铝，而将刘老的毛笔题签放扉页。有人担心会不会刘老不高兴，我说不会，刘海粟这样的大艺术家，封面设计做得不好他才会不开心呢。果然，画册出版后，海粟老人对样书没有任何意见。

出版局局长袁是德亲自审稿

9月16日下午，我到出版局开会，让周振德带上所有的待发的稿子到局待命。会后，我和周振德随图书处倪墨炎副处长去小会议室接受局长指示。当年的袁是德局长正值壮年，刚刚主持了一下午局属干部会议的他丝毫不见疲态，兴致勃勃地和贾树枚副局长一一过目我们在长条桌上摊开的入选作品，当场审稿。精心洗印的大照片张张神采奕奕、光可鉴人。袁局长不时提出问题，显得颇有艺术素养。我记录下了我们谈话的内容。

袁："作品的艺术性是明显的，各种风格的都有，没有什么挑逗

色彩。"

邓："我们是从近千幅作品中精选出来的，全是国外有影响的作品，按时代及风格流派排列。挑选时强调艺术水平，有些比较暴露或暧昧的，即使技术上很好，也不收入。"

袁："男的好像少了些？"

邓："男人体作品不多，成就也不高，这次是尽量收入了。"

袁："有些欧洲雕塑男人体也很好。哦，它们不是摄影。"

邓："我们班子专门讨论过这个选题，思想非常统一。我们的愿望是在人体摄影在我国产生之时就给予健康的引导，因此打报告向局里请求领导支持。"

袁："你们要出就出得快，现在周期都这么长，什么时候能出来？"

邓："大概11月份可以出来，都准备好了，两年前就开始作品的准备。"

袁："封面搞好了吗？"

邓："我考虑封面是黑的。只有一张背侧面有轮廓光的那张作底版，上面压电化铝书名，比较朴素，也说明问题。"

袁："是的。封面要朴实些的，封面更不能有挑逗。准备印多少？"

邓："第一版大约8000左右，以后再说。《解放日报》查志华要材料作介绍，我让她在局里批准之后再给她。"

袁："销路是没有什么问题的。"

邓："局里在第三天就作出决定，效率比我们预想的要高，谢谢局里的支持。我们一定努力出好它。"

袁局长当场委托贾副局长负责关心此事。10月17日，局长审稿的第二天，出版局的正式批文到社。

10 月 19 日，贾树枚和图书处沈家儒、倪墨炎两位正副处长到人美社指导工作，特别提到希望画册应集中拿到明年 1 月 1 日上海书市亮相。21 日，我们班子全体成员当场在发稿单上集体签字，正式发稿。

制作过程中的印刷环节出了点小问题。当时上海印刷厂做摄影类高端画册还差点经验，制版密度、印机压力都不熟悉，封面用纸没有干透，覆膜之后水分出不来，时间久了就变成哈密瓜皮的褶皱状了。有的打样可以，但是一印就"飘"了。第二次印刷我们去了深圳，他们的工艺比较讲究，最后是用上海的版子、深圳的印刷，第二次印的书到现在仍没有走样。

画册 1988 年 12 月第一版第一次印刷，印数一万册。当时文字书印五千一万的并不少见，上点档次的画册顶多三千，也有一两千的。范社长负责经营，书上柜之后他信心倍增，说起码再印它几万。1989 年 1 月第二次印刷，印数四万册。

售书现场盛况空前

1988 年 12 月 25 日，星期日，人美社读者服务部开张第二天。一早赶来排队购书的读者排起长龙，从延安路门面拐进富民路弄堂后再拐了个弯，足有数百人之多。开门后冲进门市部的读者争先恐后，很快就挤倒了柜台，我们只能改在服务部在富民路的后弄堂窗口售书。我与戴建华随机询问排队购书的读者，为什么舍得买这么贵的书？33 元的定价，对任何一个读者都是笔不小的开销。当时大学毕业生工资才 60 多元。主流的回答是：以前看不到的，印得又好，贵是贵了点，买回去看看，藏起来，值得的。也有回答：快点买到手，说不定啥辰光又禁了呢！每天都脱销，印刷厂来多少走多少，完全没有营销和宣传，大家都拥过来抢。个体书贩，据说没有关系的还拿不到货。直到上海出版社联合书市 1989 年元旦开幕，排队的人还是很多，媒体报道说摊位前有 100 多米的长队。书能成功本在意料之中，但如此成功确实出乎意料。

1988 年 12 月 25 日，延安路人美社服务部后弄堂的购书长龙（戴建华摄）

发行科长孙泉福保存了两张记者当年拍的联合书市照片,为了安抚汹涌而来的购书人群,他情急之下大声喊道:大家不要轧不要轧,我们还在加印呢!据说范社长还为此批评了这位科长,这个怎么好说呢,让市场有一点饥渴感才好!

媒体的报道也实事求是。1989 年 1 月 5 日,《新民晚报》刊发记者朱伟伦文章《"抢购热潮"引起"出版旋风" "思想解放"还是"争相起哄"——对眼下人体摄影集出版热的思索》,指出:

> 《世界人体摄影》尚未出版,初版的一万册,即被订购一空。在正式出版之际,这家出版社服务部开张,地段虽不佳,但因此书产生了极强的吸引力,读者闻讯从四面八方赶来,每天清晨排队等开门,星期天,甚至把玻璃柜台都挤碎了。据悉,继上海人美之后,江苏、福建的出版单位都将推出人体摄影画册,北京一出版社则推出售价达 110 元的巨型人体摄影画册。据说,北京油画人体艺术展轰动之后,十来家出版社竞相前往组稿。人体艺术通过出版物大规模地进入中国社会,这是有史以来第一次。怎样看待这股旋风的出现? 社会各界看法不一。为《世界人体摄影》画册作序的刘海粟先生及其他有识之士,认为这应该肯定。一位暂时不愿公开姓名的,有一定社会地位的人士告诉记者:中国在这方面禁锢了三四十年,应该说禁锢了千百年,一旦开放,出现一时潮涌,一时暴热,这是正常的。时间长了,读者自然趋于冷静。他说:人们对人体艺术有兴趣,表现了人类自我意识的觉醒,这是思想解放运动的继续和延续。但相当多数的人,对这股旋风的出现大为愕然,百思不解,进而愤愤然:这是出版业"竞相起哄"的一股歪风!

文中这位不愿公开姓名的人士的观点,代表了当时知识界的普遍认识,和一般读者把它看作一次单纯的购书机遇截然不同,体现了这一代知识分子务实的理性精神。

媒体在元月联合书市结束后的几个月里依然保持着对《世界人体摄影》的报道热度。1989 年 3 月 12 日，《中国体育报》"记者见闻"刊登特约记者季一德的《"人体热"南下》。文章记录了一对师生在书市的对话。

那个叫张老师的是一位中学美术教师，他扶了一下眼镜，平静地说道："用照片来表现人体，比其他如油画等形式的表现更为真实。在我国出版这类图书尚属开始，这是一个突破。裸体本来是自然的纯净的，但裸体表现却存在文明与野蛮的区分，这部作品表现的，给人的印象是美的，绝不会使人产生非分之想。"女学生听了张老师的一席话，笑眯眯地挤入了长蛇般的队伍。上海个体书亭（摊）遍及大街小巷，当摊主谈到这本画册时，眉飞色舞。据称，手头上批进的画册，不到两个晚上，全部一销而空，虽然走后门，拉关系，还是搞不到货。有天晚上 9 点多钟在襄阳公园书摊旁站着一个小青年，在塑料兜里放着一本《世界人体摄影》，开价 100 元。虽然令人咋舌，但不到一会儿，有个戴贝雷帽的二话没说，付钱成交。

1989 年 4 月，《美术之友》刊发我的《"世界人体摄影"编余谈》。在详述了画册的缘起、看点、业界反响及作品分析之后，特别强调了出版局领导对此书顺利出版所起到的关键作用："有一点必须告诉大家，上海新闻出版局领导对此书的问世给予了积极的支持和指导。"

"敢为天下先"的文化担当

《世界人体摄影》这本书在发稿的时候曾很纠结，当时我们已经做了个人编摄影家的作者介绍，但信息非常不平衡，有的人的介绍很厚实，有的人怎么也找不到更多资料，最终还是遗憾地舍去了，这固然说明知识储备的不足是我们当年的短板，同时也确实折射出我们这一代出版人对出版工作宁缺毋滥的敬畏之心。

后来有好几个出版社找我,希望找些编余的片子给他们,我说我们没有编余。不是不给别人,是因为别人更不拥有相关的知识储备,就怕形成风潮一拥而上,把事情做坏了。令人欣慰的是,在后来各地出版的众多人体摄影画册中,我们《世界人体摄影》的编选质量至今仍拥有稳定的领先地位。虽说没有安排营销式的宣传,但许多媒体都从文化新闻的角度播发了这个消息,包括 1988 年 11月 12 日《人民日报》海外版摘要转发的刘海粟先生的序,摘自《解放日报》,当时书还没有出版。海外媒体也纷纷对此表示关注,美联社、路透社都有电话过来,日本领事馆打到我们行政科来问,你们发行的情况怎么样,是不是还要出第二版。

我国在 1992 年加入伯尔尼公约,此前也一直重视著作权保护,在基本上不拥有对外文化交往渠道的背景下,出版物引用国外作品至少会尽可能正确地署明作者以示尊重。

1989 年 12 月 30 日,《青年报》刊发记者夏岩青对我的采访文章《艺术个性的显露》:

> 上海人美的《世界人体摄影》是国内同类读物公开发行的第一本,其所强调的艺术个性也正是邓明多年来追求和主张的艺术准则。他说,三中全会以来,许多思想禁区打开了,作为摄影艺术不可或缺的一个门类,人体摄影也跑到了我们的门口,它的进入不是可不可以的问题,而是怎样严肃认真负责地把它介绍给中国读者,通过批判吸收,使之有助于社会主义精神文明建设。……作为人美摄影读物负责人,他说:我们出《世界人体摄影》,旨在以一种规范的艺术准则去指导读者欣赏艺术,而不是把艺术作为一种廉价的商品卖给读者获取所谓的经济效益。现在出现的盲目出版人体摄影热,本身就是一种对艺术的亵渎。

1989 年 1 月 6 日,我收到《青年报》一位负责同志托购画册的来信:"您的杰作现在轰动上海,很为您高兴,作为编辑,能有这样一次性的社会奖誉,此生足矣。"1 月 17 日,与摄编室谈工作。有编辑提出人体还可以再搞,为出版社增加收入。我不同意:"'人体'到此为止,不能再出。我们的目的是提出一种典范加以健康引导,现在大家都出,势必把好事做坏,决不考虑。"

反资产阶级自由化那阵子,听说有个别出版社因出版物不严肃受到了出版总署的批评。我也留意领导层的态度,但是我相信我们不会有什么问题,无论从什么角度看,我自信我们在艺术性、知识性、严肃性上做到了高度统一,无懈可击。我曾总结说:"国内第一本公开发行的人体摄影画册之所以成功,首先在于一个大社的专业实力和文化担当。"专业实力包括资源和编辑,担当则不仅是人美社班子,还有出版局领导。"敢为天下先"须有"能为天下先"做基础,"能为天下先"则因"敢为天下先"而造福读者。几年后我出任上海人美社长,每次找中层开会,我们都反复强调大社的担当。无论哪个门类在选题和组稿时都要求立意高尚,视野开阔,这才是我们上海出版人应有的品格。

（本文系邓明口述,沈飞德采访,杨之立整理）

上海出版改革中青年编辑成长记事

曹维劲

曹维劲,1950 年 1 月生。1975 年初进上海出版系统,从事出版编辑工作 30 余年,曾任学林出版社副总编、社长。

20 世纪 80 年代,在中共十一届三中全会精神的推动下,中国社会全面进入了改革开放的新时期。同样,上海出版系统的改革实践也在一批忠于社会主义出版事业的老同志的领导下风生水起,新举措、新气象不断涌现。然而,一个令人困扰的问题摆在百废待兴的出版业面前:由于十年"文革",单位停工造反、学校停课闹革命,造成了编辑出版专业队伍的青黄不接,一定程度上阻碍了新时期出版业追赶时代的步伐。为此,发现人才,重塑一支职业性强、专业水平高的编辑出版队伍迫在眉睫,这就需要上海出版界领导层解放思想、开拓创新,在培养人才方面采取一些不拘泥于常规的决策和

措施。

我这一段时间先是在上海市出版局理论研究室工作,后又随理论研究室整体转入新成立的且由副局长刘培康直接领导的学林出版社担任编辑,故对这一时期的上海出版系统在对青年编辑培养上的一系列举措与实践记忆犹新。

一次特殊的编辑学识水平测试

当时的上海出版系统并非没有一支青年编辑队伍,但这些青年编辑主要是在"文革"中以所谓"掺沙子"的名义从工厂、农场(农村)与部队选拔而来的(也有一些应届中学生)。由于"文革"思潮的影响,选拔这些青年编辑的标准自然更着眼于政治条件(如:出身好、党团员等)、工作表现与思想倾向,几乎不考虑当事人的学识水平、文化程度,更谈不上专业素养。

随着富有经验的老专家们纷纷出山,一大批"文革"前从名牌大学分配来的中年知识分子也都重新走上了专业技术的关键岗位,那么,这些青年编辑怎么办? 如何有的放矢地大胆培养和使用,让他们尽快接上班,以改变编辑队伍捉襟见肘的局面呢?

为此,上海市出版局党委决定对当时上海出版系统的所有青年编辑进行一次学识水平考试,考试的科目是语文(主要是现代汉语)、政治理论(包括中共党史、哲学、政治经济学)和专业知识。考试前,局里特地邀请了一些大学教授,如上海师范大学张斌先生等,对青年编辑们进行辅导与培训。考试分两批,第一批是1982年4月,第二批是1982年9月。考试合格者,将颁发"编辑人员学识水平测验合格证书"。这一下子激发了全体因"文革"而失去上大学机会的青年编辑们的极大热情,大家纷纷在工作之余,重拾课本,刻苦钻研,积极迎考。那段时间,各出版社几乎都出现了一些互相交流帮助的青年编辑学习群体。我参加的是 9 月份的那一次考试。所获得的合格证书上有"编号：138"及"曹维劲同志于一九八二年四月至一九八二年九月参加编辑人员学识水平测验（包括语文、政治理论和专业知识），成绩合格，特此证明"的文字；最后的落款是"上海市出版局一九八二年十一月"。当时的上海市出版局的印章，用的还是钢印。

编辑人员学识水平测验合格证书

通过这次对在岗青年编辑的考试，上海出版系统局、社两级领导层不仅在总体上深入了解了自己手下的青年编辑们的学识水平与专业素质的现状，而且还从中发现了一批富有潜力的青年编辑出版人才。据说，在不久后被破格提拔的出版局副局长赵斌和上海教育出版社社长兼总编辑陈和就是这次考试中的前三甲。还有，如后来担任局领导及各出版社社长、总编辑的陈昕、祝君波、何承伟、郑宗培等一批当时都没有正规大学学历的青年编辑人才（当然，后来他们都通过努力取得了学历），几乎都是首先通过这次编辑考试，受检验、被发现，经过领导的悉心培养后走上出版领导岗位，或重要的专业技术岗位并取得出色业绩的。他们与"文革"后首批从大学分配来的孙颙、卢辅圣、翁经义、赵昌平、李伟国等又一批青年才俊们在改革的洗礼中交汇融合成上海出版系统承上启下的一代中坚，接通了被"文革"十年撕裂的编辑出版人才链。

青年编辑工作小组与青年编辑联谊会

1985 年上半年,上海出版系统在出版局长宋原放的倡导下成立了在全国首创的出版界的学术团体——上海市编辑学会。学会除了推选了会长、副会长和秘书长外,下面还设立了几个专业委员会。出于对青年编辑的培养与重视,兼任会长的宋原放还特别提出成立了类似于青年编辑委员会的青年编辑工作小组,由当时的出版局团委书记宋宝琮、出版局出版处的郁椿德和我(作为基层出版社青年编辑代表)三人组成。

在上海市编辑学会的领导下,青年编辑工作小组的主要工作是联络上海各出版社的青年编辑,开展一些编辑业务工作的交流及思想交流,通过互通信息、开阔视野、活跃思想,从而提高青年编辑的业务素质和思想文化修养。

为了将上述工作开展得生动、活泼和吸引人,作为青年编辑工作小组牵头人的宋宝琮与我们商量,将联络青年编辑的工作与他的团委工作结合起来,成立上海出版系统青年编辑联谊会,经常定期与不定期地开展一些有意义的活动。

这些青年编辑的联谊活动,有些是有一定专题的,如围绕某一个出版工作的业务问题,或者针对某一出版改革中的热点话题等;也有只是在紧张工作之余进行的务虚聚会,各自谈谈自己对工作的感受与对身边事情的看法等。

20 世纪 80 年代,正是中国思想文化界空前活跃的时期,各种新观念、新思维、新方法多元并存和激烈碰撞,不仅推动着改革开放事业的不断深入,而且促进着每个中国人的价值观、世界观发生深刻变化。为了使青年编辑适应这样的时代背景与形势,联谊会还组织了几次开阔视野的讲座,专门请一些大学和研究机构的青年理论工作者前来讲课。这些讲座中有杨鲁军讲的"里根经济学";朱大可讲的"当代世界电影思潮",等等。

由于这些活动反映了青年编辑投身改革、追求事业发展的诉求与需要,故而还是具有一定吸引力的,联谊会周围也凝聚了一批青年编辑骨干。

记得在 1986 年上海编辑学会的主要刊物《编辑学刊》创刊时,执行主编倪墨炎特别向几个青年编辑约稿,希望他们能用一些新的出版理念与思维方法写几篇研究编辑学的文章。果然,在《编辑学刊》的创刊号上,除了可以看到诸如吕叔湘、胡乔木、巴金、罗竹风、宋原放、邓志伟、江曾培、任大霖、徐庆凯等一批出版大家、名家的重要文章外,还出现了一批青年编辑的新锐论文,例如:张志国的《作为一种社会文化现象的编辑活动》、唐继元的《编辑工作与系统控制》、曹维劲的《论编辑过程》、杨泰俊的《辞书结构初探》、郁椿德的《列宁谈社会主义的出版自由》及周忠麟的《刊物沉浮试议》等。而上述这些青年作者当时几乎都是编辑联谊活动的常客。

上海编辑学会下属的青年编辑工作小组及青年编辑联谊会的活动大约持续了近两年。随着一批青年编辑骨干相继走上各级领导和重要的专业技术岗位,各自忙于编辑出版实务,青年编辑工作小组的工作与青年编辑联谊会的活动也逐渐趋于式微。尽管如此,当时的青年编辑工作小组及青年编辑联谊会在开阔青年编辑的视野、促进青年编辑的业务成长方面还是起到了相当积极的作用。

青年编辑与《青年学者丛书》

在上海的出版改革中,出版局领导层对青年编辑的特别关注与重视,也促进了各出版社领导对青年编辑的培养与大胆使用。这在我与陈昕共同策划、组织的《青年学者丛书》这件事上体现得尤为突出。

1985 年某天,我与陈昕在办公室谈到青年作者出书难的话题。当时,我们在与一些大学青年教师接触中,一方面发现他们都具有新颖的观念、活跃的思维、敏锐的视野和不可小觑的学术创新与研究能力,另一方面,我们又深深感受到了他们不被出版界关注的苦恼。因为,当时的中国学术出版的思维定式仍停留在因“文革”而被冷落了十年的老学者、名专家身上,几乎没有人注意到这一股学术界的新

生力量。于是，我们两人不约而同地萌生了出版《青年学者丛书》的选题设想。当我们将这一选题设想向社领导柳肇瑞汇报后，引起了他的极大兴趣和充分肯定，遂促成了这一选题成为社里的重点项目，并得到了老编辑们的热情支持。

于是，我与陈昕一方面梳理已在联系中的青年学者的书稿选题；另一方面，又在其他老编辑的支持下，挑选他们手中一些合适的书稿选题。与此同时，老柳又让我与陈昕继续积极扩展与有关青年学者的联系，以在上海筹备召开一个青年学者的座谈会，广泛征求意见，为实施《青年学者丛书》的出版计划做准备。

在这个座谈会上，顾晓鸣、居延安、骆玉明、杨鲁军、史正富、朱大可、夏中义、盛邦和、陈彪、宋永毅等青年学者都热情洋溢地发了言，纷纷肯定了这套书的设想，同时提出了许多中肯且重要的建议，如：这套书要体现当代性、批判性、前瞻性、探索性；应是近年来填补学术研究领域空白、具有突破意义的著作；要特别关注新兴学科、新锐观点，不必顾及体系的平衡；作者应面向全国，但首先必须保证书稿的学术质量，等等。

在广泛征求意见的基础上，社里确定了《青年学者丛书》的入选标准，大体是：年龄限制在 40 岁以下，在某一专业领域已达到相当造诣的博士、硕士或其他中青年学者，只要是有独到见解和较高学术质量的成果，经过专家推荐或本社审读通过，即可入选。

1986 年下半年，《青年学者丛书》首批出版五种：《国际竞争论》（陈琦伟著）、《社会主义宏观经济分析》（符钢战、史正富、金重仁著）、《黑格尔戏剧美学思想初探》（朱立元）、《刑法中的一罪与数罪问题》（顾肖荣著）、《东正教与东正教在中国》（张绥著）。为了能更真切地反映青年学者的诉求与对青年编辑的培养、信任，社领导柳肇瑞特意安排由我负责撰写了丛书的"出版前言"：

　　有位未来学者声称，今天社会的显著变化之一是：人类社会已经从"年轻人向长者学习"的"后喻"文化，转变为"成年人和儿童主要都向同代人学习"的"同喻"文化;下一阶段将是"长者向年轻人学习"的"前喻"文化。

事实上,年轻人与年长者之间总是互相学习的。如果把这位未来学者的说法绝对化,不免失之偏颇,但他指出年轻人越来越走在前头的趋势,则是很有见地的。20世纪80年代中期,我国学术理论界就有一股颇为引人瞩目的"前喻"文化潮流。一批青年学者奋然崛起,以犀利的锐气、独到的见识和严谨的学风,向我们展现了不少令人振奋的新的研究成果。这绝不是偶然的,是党的十一届三中全会以来的新形势,为这批新人的茁壮成长提供了清新的空气和肥沃的土壤。

当前,世界性的新技术革命迅速而又深刻地改变着人类的社会生活和观念形态,同时推动着人类知识系统的高度互渗。新领域、新学科、新课题不断地被开拓。面对这新情况,年长者和青年人必然地处在同一起跑线上。由于青年人拥有思维结构灵活的优势,因此可能思想更解放,更勇于探索,他们的研究也就可能更富有生命力,更富于创造性。

面对学术理论界新人辈出的形势,出版工作者有责任把他们的有价值的成果推向社会。这对于我国学术的繁荣和新人的成长都将是十分有益的。为此,我社决定出版《青年学者丛书》。

出版《青年学者丛书》是个新的尝试。我们渴望这套丛书能获得青年学者们的支持,向我们展示你们的最新、最佳的研究成果。同时,我们也期待德高望重的前辈学者,给予热忱的关怀和帮助。毫无疑问,任何新的成果都是在继承传统的基础上获得的;任何一个青年学者的成长都有赖于前辈的扶持。

我们和青年学者一起瞻望着中国学术的未来。

一九八五年十一月

第一批《青年学者丛书》的问世，引起了相当大的社会反响，特别是陈昕组织的两本经济学著作：《国际竞争论》和《社会主义宏观经济分析》，分别获得了首届"孙冶方经济学奖"和"中国图书奖"，不仅为这套丛书赢得了声誉，而且使学术文化界看到了这套丛书的分量。那段时间里，社里收到了许多青年学者的来信、来稿，希望能进入《青年学者丛书》的行列。

《青年学者丛书》，取自《学林出版社30年图书巡礼》（学林出版社，2011年12月）

这里还有一个小插曲。当时,我在与华东师大青年学者陈兼、夏中义接触时,他们再三向我推荐该校因在思想解放运动中创办《新史学》而遭受不公正待遇的陈达凯,说他是一个不可多得的编辑人才。后由我推荐给柳肇瑞。老柳了解情况后当即决定引进陈达凯,让人事科长陈丽积极联系,并在相当短的时间办妥了陈的商调手续。当时,我正好被出版局党委组织部门安排到上海市委党校学习半年,于是,陈达凯立即接替了我的许多工作,投入《青年学者丛书》的组稿与编辑工作,如鱼得水,作出了很多贡献。

由于《青年学者丛书》开风气之先的举动,一定程度也影响了当时的出版界生态,一时间,为青年学子出书悄然成风,例如黑龙江教育出版社 1988 年出版的《开放丛书:中青年学者文库》等。

从 1986 年至 1995 年近十年中,《青年学者丛书》一共出版了涉及多个学科的 40 多种专著,其中,相当一部分是高质量的、具有一定开拓意义的学术成果;同时,也为当时的学术界推出了一批青年精英和后来的学术中坚,在大学等学术圈内造成了很大影响,以至于多年以后,当我在与一些早已步入中老年的大学教授接触时,凡提到学林出版社,他们往往首先会想到当年的那套《青年学者丛书》。

关于上海出版专业职称（职业资格制度）改革变化进程的若干回忆

孙 颙

孙颙，1950 年 3 月生。1985 年任上海文艺出版社社长，1992 年任上海市新闻出版局副局长，1997 年至 2007 年任上海市新闻出版局和版权局局长。

上海市政协文史资料委员会与上海市新闻出版局组织编写出版改革的回忆史料，当然是件好事情。从 20 世纪 90 年代初开始，我在上海市新闻出版局的领导岗位上工作了约 17 个年头，经历了许多事件，应该认真写一点回忆。但是，我觉得有不少改革成败得失还不到总结的时候，要我敷衍地写几句，实在不愿意，所以就谢绝了约稿。后来，负责此事的祝君波先生提醒我说，无论如何还得写一点，不想写复杂的问题，就写简单的。他还特意提示，可以写职称改革方面的情况。我接受了他的建议。

　　1992 年,我从上海文艺出版社调到局里工作,接替赵斌担任副局长。赵斌是个非常认真、仔细的干部。他和我交接工作时,给了我不少积存的工作资料,并对我详细介绍了在局里工作的体会。我记得他谈得最多的是两方面:一是关于出版社选题管理,二是关于职称的评定。职称方面,他认为,这是政府部门为知识分子们服务的重要抓手。他说过这样一句话,编辑们别的可能不在乎,职称是最关心的,这个事情可以调动大家的积极性,也可能伤害大家的积极性,千万不能小看。赵斌的话后来不断得到验证。出版社的编辑直接找我申诉,甚至社里产生的较大的矛盾、冲突事件,往往与评职称有关。有一段时间,评职称,特别是评正高级职称,有着严格的名额限制,出版社几十年积累的问题又难以很快疏解。按现在时髦的说法,这是职称方面的“堰塞湖”。到了每年评定职称的关头,我未免有“年关难过”的压力。我的办公室里不时有突然到访的客人,他们是告出版社的状,说压制他的职称升迁,或者是指责高评委(高审委)评定不妥。知识分子们一般是彬彬有礼、温文尔雅,不过,职称问题实在事关重大,火冒三丈、大吵大闹的也时而有之。好在我理解他们的心情,耐心倾听,能解释的做些说明,实在爱莫能助的也坦诚相告。上海出版高级职称评委风气一直很正,没有出现过明显的丑闻,所以有的编辑即使对自己评不上高级职称愤愤不平,但也只是发发牢骚,出出气而已,没有闹到难以收拾的地步。记得美术专业方面有一位资深编辑,那年没有评上高级职称,与我争吵了多次。我认为他是够格的,但是投票就是结果如此,是不可能改变的。我们争执得不欢而散,对立情绪很大。隔年再评时,他终于被评上。他再三表示要到局里致歉,说我没有记恨他,让他心生感激。我在电话里劝他不必这么说,辛苦工作几十年,成绩明摆着,评上是应该的,我仅仅是为大家服务而已。

　　我 1994 年担任高级职称评委,1997 年担任高级职称评委主任,后来又作为高级职称评委(高审委)主任库成员,一直工作到 2014 年。现在,我虽然早已办

理了退休手续，但是，承蒙组织信任，继续参与高级职称评委工作。20 多年来，我深深引以为豪的是，上海的出版职称的评定工作基本被各方面认可。尽管也有批评意见，但是没有大的否定性的看法，至少大家认为出版职称系列的评审比较规范，也比较公正。偶然传出有评审讨论内容外泄的意见，高级职称评委内部立刻高度警觉，反复提醒大家严守评审纪律。在这里，我不得不提及多年来为此工作作出重要贡献的职改办的诸位同志，他们细致、严谨的作风是高级职称评委工作顺利进行的保证环节。叶维义同志很早就离开了出版岗位，转到其他行业，但是大家一直记得他为这个事业打下的基础；邓毅同志不幸英年早逝，我们深感惋惜；邹新培等诸同志继往开来，继续默默地奉献。

以下是我查到的一组数据："《上海市出版系列高级专业技术职务任职资格审定条例（试行）》发布前（2000 年前）共通过 1273 人，其中编审 255 人，副编审 1018 人。《上海市出版系列高级专业技术职务任职资格审定条例（试行）》发布后（2000—2014 年）共通过 975 人，其中编审 272 人，副编审 703 人。《上海市出版系列高级专业技术职务任职资格评审办法》发布后（2015—2016 年）共通过 110 人，其中编审 38 人，副编审 72 人。以上合计通过 2358 人，其中编审 565 人，副编审 1793 人。"

尽管数据干巴巴的，但它说明了 30 多年来上海出版业队伍发展的情况。出版编辑事业是靠人做出来的。没有优秀的编辑队伍，做好出版工作就成为一句空话。

在我的记忆中，曾经出现一个情况，险些危及整个出版系列职称的评定工作。大概是在 1999 年左右，上海酝酿职称制度方面的重大改革。传出来的设想是，原来的职称系列将分为几类：一类是高校和科研单位，继续评审；另一类是只审定资格；最后一类，就是既不评，也不审定资格，仅仅由用人单位自行聘用。据传，出版系列可能归入第三种，理由是出版的学术理论不强，是一种技术性经验性的行业。

当时,我既是上海市新闻出版局的局长,又是出版高级职称评委主任,立刻觉得这事非同小可。一旦把出版系列的职称归入第三类,将来可能发生一系列的问题,也许还会影响大家的待遇,比如说退休的收入,这还不是紧急的事情,但如果让社会公众觉得出版的职称含金量低,不如高校科研单位的系列,必然大大伤害上海出版界知识分子的自尊感和事业心。我和长期关注编辑理论学术研究的巢峰、郝铭鉴诸先生商量过此危机。我认为,社会有偏见,觉得编辑工作无多少学术分量,有的甚至贬低为"剪刀加糨糊"的技术活,所以我们自己应该把它的理论学术框架说清楚。巢峰、郝铭鉴等先生不但比我的出版资历深,而且在编辑理论方面是业内有影响的专家,他们当然反对把编辑工作贬低为经验的技术性的事情。他们本来已经开始筹备编辑的理论教材,面对当前危机,觉得应该大大加快工作进程。我当然全力支持他们,记得局里还为此项目拨出了专项资金。

总算有惊无险,经过业内大家的奔走呼号,主持职称改革的部门也认真倾听了一线的呼声,最后确定下来的改革方案,出版系列职称列为第二类,就是属于审定资格的一类,与原来的差别不是很大。但我参与工作的另一个系列,即文学系列,就不太幸运,被列为第三类,即不评不审,仅由本单位聘用,俗称"单位粮票"。十来年前,我奉命兼任作协党组书记,尽管我极力推动恢复专业作家的制度,但是对职称的现状无能为力,仍至今采用本单位聘用的办法。

十 年 成 林

——中国文化走向海外的一个案例

孙　颙

一

2004 年年尾，华盛顿，严寒的日子。美国总统大选刚刚揭晓，小布什以微弱的差距战胜了对手，作为布什家族出的第二个美国总统，如愿以偿地赢得连任。

下午四五点钟，寒风萧瑟的街道上，车辆并不多。中华人民共和国驻美大使的官邸，沿街的大门打开了，翩然进去的，是来自上海出版界的几位男士。

温馨的客厅里，儒雅的杨洁篪大使站立起来，欢迎来自祖国的客人；他的身边，是阳光灿烂般微笑着的大使夫人。经过长途跋涉来到华盛顿特区的上海客人，原先的一脸疲惫，顿时被客厅里的暖意消解了。

谈话是围绕客人们带来的五本书进行的。两本散发着油墨香味的厚重的画册，一本是《王蒙和他的新疆》，另一本是《沈从文和他的湘西》，装帧高雅精致，图片引人入胜，从封面到内页，全部文字均为英语。杨大使和他的夫人，立刻为画册所吸引。客厅里，是翻动书页的悦耳的"嘶嘶"声。随后，另外三册开本小一些的书，也引起了大使夫妇的兴趣。那是三本中国文学的选本，有短篇小说，也有散文，印刷文字同样是一色英语。

"真好，印得漂亮，翻译也不错！"英文水平很高的大使夫人，迅速对几本书作了判断。杨大使则慢悠悠地翻看着那些书，许久，他才不慌不忙地说："好书！

你们做的是好事！我接受你们的邀请,晚上,我将参加你们的新书发布会!"

杨大使此言一出,上海客人们心中的石头也随之落地,不由自主地鼓起掌来。

他们几位,来自上海出版界的一家企业,名为"上海新闻出版发展公司",这是一家以出版宣传中国文化的外语版图书为目标的公司。桌面上摊着的五本读物,是他们的首批产品。投石问路,到北美市场推广宣传。十来天内,他们将在华盛顿、纽约、旧金山等五六个城市举办发布会、报告会、专业讨论会以及向图书馆赠书等活动。华盛顿的活动是重头戏。力争杨大使的认可与参加,是访美团组出发前就设定的目标。

那天晚上,在华盛顿一家五星级饭店的贵宾厅里,聚集了来自美国诸多重量级媒体的头面人物,他们应邀前来出席上海的新书发布会。会上,杨大使发表了热情洋溢的致辞,赢得客人的热烈掌声。他的话也长久回荡在上海出版界人士的心中,激励他们在艰难的道路上前行。杨大使说:"中美建交已经 20 多年,我们在经济方面的交流和成果很多,文化方面的交流与成果不多。今天展现在大家面前的新书,应该是一个非常有意义的开始……"

杨大使的讲话,涉及了文化的伟大魅力,因为他点出了国与国之间人民心灵的交流是如此的重要。外交家在这个大厅里讲的虽然是文化问题,但文化的交流却可能消解政治、经济、外交方面的某些纠结和难题。当时,在场中美宾客的热烈掌声,表达了他们对杨大使的见解发自内心的认可。

二

杨大使夫妇对这些出版物质量的赞扬,很快得到了有力的印证。

中国出版的文学、文化读物,特别是翻译成英文的书籍,要获得英语地区的认可,进入他们的主流销售渠道,历来很困难。

在北美地区推广上述五本书的旅行，绝对是成功的开始。美国最大的连锁书店巴诺，答应做主承销商，他们在从大城市到偏僻区域的 100 多家店里，摆放了这些中国内容的图书。由于两本画册精美的外观，放在大型书店的架子上，挤在各国无数优秀出版物的行列里，依然是那么醒目。来自上海出版业的这几位先生，风尘仆仆地旅行时，导游曾让他们在一处小镇的书店停留片刻，原来，导游发现那家书店的橱窗里摆着他们的书。书店老板笑呵呵地接待了远方的客人。他说，克林顿夫妇的住处离这里不远，夫妇俩有时会光顾他的书店，他一定向他们推荐中国过来的新书，总统夫妇会感兴趣的。不久，果然传来消息，克林顿夫妇购买了上文提到的《沈从文和他的湘西》一书。

纽约，在著名的华美协进社总部，中国的客人向一二百位中小学教师介绍了中国的文化读物。影响了这些教师，就能通过他们影响美国的青少年读者。演讲以王蒙那本书为由头，主题是中国文化与丝绸之路的关系。题目是华美协进社的主持人出的，她认为，听众会对这个主题感兴趣。果然，一个半小时的演讲，气氛热闹，提问甚多，台上台下交流十分活跃。演讲结束，不少老师当场买了书，要演讲者签名。演讲者声明，那是王蒙的书，他签名不合适。但是，热情的美国朋友依然要求签名。他们欢迎来自中国的文化使者。有一位美丽的女士，静静地等待所有听讲者离去后，悄然来到演讲者面前，说她希望到中国新疆去教授钢琴，优雅舒缓的语调却透露出内心的坚定。访问团组中恰巧有一位音乐爱好者，看见了这位女士留下的联系方式，从她的姓氏，猜测她与一位世界著名的音乐家有关联。经过一番友好交谈，果然，这位女士的长辈，正是世界公认的伟大的小提琴家海菲兹。当年，文笔犀利、出语辛辣的英国大文豪萧伯纳先生，曾公开写信"责备"海菲兹："请问，你能否拉错一个音，以表明你是一个人而不是一位神呢？"这位出身于音乐世家的女士，被生动的演讲吸引，更被书中介绍的美丽的新疆打动，所以提出要去中国新疆执教。

在尼克松图书馆举办的大型推介与演讲,以及在旧金山美国中学、小学图书馆的小型活动,均取得了预想的效果。美国学校图书馆的老师说,学生们多次问他,哪里可以找到翻译成英文的中国的小说。现在,他可以向孩子们提供了。

三

事情是靠人做出来的。艰难的具有开创性的事情,更需要具备执着的信念和踏实作风的人去开拓。

有的时候,这种信念和勇气,是发端于忧虑甚至愤怒之中的。

20 世纪 80 年代,改革开放大业刚刚拉开帷幕。上海出版业的人士,有了出去见识世界的机会。

那个年代,正好是日本经济高速发展的时期,日元升值超越了翻倍的门槛。满世界均奔忙着日本的商人和消费者。中国人去北美或者欧洲,在饭店的电梯里碰到当地人,他们客气地向你打招呼,脱口而出的问候语往往是:"你——日本人?"这种误会是小事,可以忽略。但是,出版界的人到外面活动,书店总是要多跑跑的,发现问题严重起来。除了华人社区里卖中文书的小店,无论走进著名的连锁书店,还是在博物馆、图书馆内的专业书店,都见不到中国文化的书籍,倒是看到许多印刷精美的日本的出版物。这些很正常,因为你的经济落后啊。恼人的是,日本的出版物俨然以东方文化的代表者出场,很多源于中华的文化因此而被视作日本的创造。比方说,茶的栽培,茶文化源远流长,我们本来以为在国际上是没有歧义的,当然是中国对世界的贡献啊。可是,当时在西方的主流书店里走走,会发现那被当成日本的文化、日本的贡献。怪谁啊?怪不得日本的出版人,他们当然要讲述自己的故事。出访者们感觉的是内疚,因为我们中国出版人在国际市场上缺位!

上海出版界的朋友们希望通过自己的努力,来改变这种不合理的现象。在

此后的十几年,不少出版社陆续尝试做外语版的读物,花费的精力物力不少,偶尔也有获得一定好评的书,但是,失败的案例则更多些。要在内容、翻译、装帧等诸方面均获得国际市场的认可,不是一件容易的事情。那时,中国出版界的经济实力,也无法与日本的大出版企业相比,心有余而力不足啊!

事情的转机,几乎是与新世纪的降临同时出现的。在上海的一次会议上,有来自北京的领导同志提出,中国出版必须走到国际市场上去,希望上海的同志们为此多作贡献。领导的想法与上海出版业多年的愿望一拍即合。会后,上海市委、市政府、市委宣传部的领导责成上海出版界设计方案,尽快做实这件事情。

研讨会上,有见识的出版人士建议,要制订长期战略,才能实现在国际出版市场有一席之地的目标;首要的措施,应该搭建专业出版平台来落实项目。各出版社可以参与这个战略,但是,大家均肩负国内出版任务的压力,所以需要有一批人心无旁骛地专门做这件事,把上海乃至全国的优秀出版物逐步做成外语版,推介到世界上去。

规划提出来后,上海新闻出版发展公司首先被选为做内容的专业平台。后来,觉得一家公司规模太小,力量不够,于是上海外文图书公司等另外两家企业也先后加入进来。三家兄弟企业,一家做内容,一家做全球销售,另一家先是提供经济支撑为主,后来又创建了全英文的中国文化网站。于是,三位一体的长江对外出版公司正式构建。这个公司的架构也很有象征意义,就像是中国古代的三足鼎,稳定的公司架构,才能保证事业持续前行。发展到一定阶段,他们又创立了长江对外出版基金会,以更好地实现与国际文化活动对接的需要。这个专业平台的羽翼逐渐丰满。

四

全新的开创性的事业,没有现成的经验借鉴。认真、细致、踏实,少说空话,是他们一开始就确立的工作方针。

在上海,他们组织了多次专家讨论会,主题是:(中国文化要走到世界上去)做什么,怎么做?

参加讨论的,既有出版界的资深人士,也有大学和社会各界的学者,图书馆的代表,特别是熟悉各国图书馆情况的人士也很重要,还会邀请一些特殊的客人,那就是海外回来的中国学人与长期在中国生活的各国朋友。

反复地研讨,出版的框架被陆续设计出来又不断被推翻,最后,一种思路渐渐清晰起来。我们需要有总体的设计,内容包括中国文化的各个时间段和各个方面,但是当代中国各方面的选题是主要的,并且为符合读者的需求,当代文学艺术的表达要成为骨干与核心。多数专家比较同意用"文化中国"作为项目的总名称,同时在这个总名称下设立二级、三级子目录,通过十年二十年的努力,以数百种外语版的中国优秀读物构成《文化中国》的体系。

2001年春,在北京召开的一次小型讨论会上,上述框架设想既获得了不少赞许,也受到了尖锐的质疑。批评的意见,主要是担心国际市场的接受程度。有专家提出,我们在国内编辑大型丛书的经验很丰富,因为我们熟悉市场,有的大型丛书,靠各级图书馆的需求就能基本站住。但是,国际市场的规则对我们而言是陌生的。几百种书一大套,没有实际的市场需求,做得再努力,再辛苦,最后,很可能堆在仓库里出不去。

各种专家意见的碰撞,产生了智慧火花,汇聚成耀眼的光束,照亮了夜雾弥漫的前进之路。一位在北京领导部门工作的富有战略眼光的专家,如此归纳了各种意见:我们应该有大框架大规划,否则气度不够,行之不远。但是,内部的规划设计,与市场的营销是可以切割的。我们展现在国际市场上的,并不是完整的大套书,只是一本本从世界读者需求出发的优秀读物,内容、设计、开本、印制等,完全按照个体的特点去做,去市场上拼搏。整体规划,仅仅是我们自己的规范,

是长期推进工作的战略指引。

复杂而高深的理念，如果能够用十分简洁的语言进行提炼，说明思考已经比较成熟。北京的专家论证会以后，《文化中国》项目设计完整起来，指导方针也更加清晰了，那方针延续至今，始终是基本的工作理念，并且只有八个字："大象无形，借船出海。"

前面的四个字，就是要解决整体设计的框架与走向市场的单本书的关系。后面的四个字，则是表现了工作者们充分认识进入国际市场的难度：我们不能靠单打独斗，我们需要走合作共赢之路。

五

想要"借船出海"，说说容易，其实非常之难。人家的船，为什么借给你用？你至少得买船票！洋人的船，票价向来不便宜，就算偶然咬牙买一两次，内心还真不舍得啊。

聪明的办法，是互相"借船"，或者说，是互相提供几张免费船票。

在这个环节上，上海的出版人，是先从合资办印刷企业入手的。跨国印刷集团，眼红中国庞大的印刷市场，想挤进来做生意。上海书刊印刷与包装印刷，历来具备极大的吞吐量。老外把上海作为必争之地，非常可以理解。世纪之交，中国既然已经准备加入世贸组织，印刷市场的开放是大势所趋。抓住机遇，在全面开放之前，早谈判，早合资，以争取尽可能多的利益，是当时主持印刷合资谈判者的指导思想。当时出版界内部出于各种考虑而反对印刷合资的力量尚不少，但是看准趋势和目标的谈判者们顶住压力，咬紧牙关坚持了下来。

经过艰苦的努力，这第一着棋在 2002 年大体走活了。那一年，不但在上海的青浦地区建成了一家具有世界先进水平的印刷企业，使得参与投资的上海对外出版平台能借此获得可靠的经济回报，更加重要的是，合资企业承诺支持走出去的战略:上海长江对外出版公司准备走向国际市场的出版物,将由这家合资企业主印制,保证印刷品完全符合国际市场的标准;同时,合资企业的外方,将在其他各方面配合开展工作。本文开头时叙述的在美国进行的一系列新书发布会、推介会,与他们的协助是分不开的。至少,他们熟悉人头,知道在北美做事如何有效的窍门。当然,他们在中国开拓印刷市场,同样需要合资企业中方的帮助。

这就是互相"借船",或者说互相提供免费船票的案例。中方开始懂得,国际合作者之间最看重的是利益的交换。主持合资谈判的一位先生,后来经常微笑着回忆谈判时双方的常用语:"生意就是生意!"

在此之后,这样的互相提供免费船票、低价船票的方法,被逐渐推广至外语版图书的编辑、策划和销售网络的拓展等方面。关于中文翻译成英文的难度,我们在后面将仔细讨论,这里提及的仅仅是一种技术手段的安排。聪明的上海出版人,在碰到特别重要的出版物,或者是希望产生广泛影响的出版物,对翻译是竭尽全力的,在初次翻译之后,会期望获得英语出版界高级编辑的译校。他们的人工费之高,是我们难以想象的。因此,过去的一些对外出版物的译校,常常只能请到海外的中小学教员这一层次。这样一来,虽然翻译作品的语法准确能够获得保证,但文采之类就难以顾及了。现在,有了"借船出海"的思路,情形大不相同。海外的出版企业,在上海有事情需要这边帮忙时,收到的对等要求,就是帮助校订书稿。这才有了对方的高级编辑"免费"为这边工作的可能。

六

所谓"大象无形"的编辑思想,其真谛在于为每个选题找准市场定位。其战术不是靠大型的出版规划进行集束轰炸,而是依赖每一本书内在的美去赢得读者。

比方说,儿童文学子系列这一块。中国的儿童文学,具备可以和全世界儿童

直接对话的优良素质,其卓绝的想象力与温馨的故事情节是能够征服各民族小朋友的。原来能够走出去的不多,原因似乎与形式的关系很大。如插图绘画的表现不够活泼、精致,开本和设计缺少童心,等等。翻译也可能是问题。尽管文字不多,但是要翻译得让孩子喜欢,同样不是容易的事情。因此,做儿童文学子系列这一部分,主事者们在形式和技术方面,不得不花大力气,包括多征询国际合作者的高见。如今,该项目中内核为中国文化的童书受到了西方儿童的欢迎,很多品种当年出版当年重印。2012 年 3 月上市的《中国节日》,甚至入选了美国图书销售商协会"2012 年最佳儿童图书目录"。这份目录由销售商从 2012 年 1—10 月出版的数万种童书新品中,选取出 255 种为最佳童书,并做成推荐目录,通过全美 250 家书店发行 40 万份。海外家长们的意见很有趣也很有启发性。一位母亲留言说她的孩子读了中国的童话书,被迷住了。但是,孩子不喜欢其中的一页,那一页上的少年与狗,表情太忧郁了,问结尾是否能改得快乐些。这位母亲的留言,让编辑们认识到,让孩子们快乐阅读和留下美好想象的重要性。数月后该书重版时,最后一页作了修改。

一些以中英双语出版的童书也大受欢迎。美国《出版商周刊》评价《雨龙》说:"每一页上都有翻译好的中文字,使得该书成为一个很好的语言传授工具。"成立于 1933 年的美国书界权威评论之一《科克斯书评》,则从中看到"优雅的水墨以中国传统风格伴着一种秋天的颜色,恰到好处地表现了这个故事,还有着有趣、冒险等令读者满足的元素"。符合主流市场要求的表现方式将中国文化的内核传递给了西方的儿童读者。

难度更高的,当然是全方位反映中国文化内容的读物和中国文学系列的选题。这些书,要找准市场定位,需要关注的问题更加是多方面的。

先讲一个简单的编辑技术思考。书的名称,历来是令编辑烦恼的事情。书名太雅,大众读者逛书店时,一晃而过,来不及品味就忽略了,太俗也不行,文化人看了书名就不喜欢。现在以海外读者为市场目标的书籍,编辑又得多几层的考量。

有一个以陕西出土的考古文化为内容的选题,编辑很自然地用了"兵马俑"为书名,觉得很大气,外国读者知道兵马俑的也多,一目了然。编辑们有一个工作习惯,确定某些选题后,会找几位长期生活在上海的海外朋友喝咖啡,聊聊,听听意见。那一次,恰恰在编辑认为没有异议的"兵马俑"的书名上,受到一位外国朋友的善意提醒。他说:"你们中国的父母,在书店买书,很主要的想法,是为孩子买有意义的书。我们的习惯不太一样。有意义的书,是大学和图书馆提供的,一般人跑进书店,想的是买有趣的书。有趣,不是通俗,需要有很吸引他的文字提示,让他急于想看看其中特别的内容。书名正是重要的提示啊。你们的书名,要多考虑除学者之外的一般读者的兴趣。所以,我建议,你们这本书可以叫《秦始皇和他的一万个士兵》。"这位先生的见解,对编辑有振聋发聩的作用。就一本具体的书而言,他建议的书名与原来的书名各有高下,但是,他所表述的外国读者选书的倾向性,肯定是不得不重视的问题。

如果说书名主要还是技术性的考量,那么,内容如何适合海外读者,就要复杂得多。全书的逻辑架构,是先于翻译但重要性毫不逊色的关键环节。当西方读者捧起书来,尽量让他们不感觉文化的障碍,少一点隔阂和异样感,需要在书籍的架构上努力符合他们的阅读习惯和思维方式。同时,在表现形式上要满足他们的审美需求,细节方面则多顾及他们对东方的求知心理。

有一个案例。著名作家苏叔阳写过一本在中国有广泛影响的书《中国读本》。作家的立意,是向千百万青少年简略地介绍中国的历史文化知识。此书由辽宁的出版社推出后,销量达到百万计,是一本内容文字俱佳的好书。北京的朋友向上海推荐,建议把这本书做成英语版。理由是,既然孩子们也喜欢,说明深入浅出,让海外读者作为了解中国的基本读物,是可能成功的。

编辑找来这本四五十万字的书一读，果然不错，绝对的好书。但是，随之而来的疑惑也产生了，外国读者能够接受如此丰富的历史内容吗？一位海外朋友看了此书，好心提醒，你们的中学生小学生，年龄虽然小，但是有中国历史课打底，读此书不困难。你让老外来读，需要加的注释，也许比原文还长啊。

看来，要做这本书的外文版，对内容做一番手术是难免的。苏叔阳是大作家，他会允许随便改他的书吗？

在北京朋友的陪伴下，上海的编辑内心忐忑地去拜访苏叔阳。在作家的书斋里坐定，编辑小心翼翼地斟酌言词，提出了想法。出乎意料，苏先生一听是要做走出去的书，以北方汉子特有的豪爽，立刻答应授权，明确表示，可以不征求他的意见，按照需要对文稿任意修改。

最后完成的《中国读本》，是根据西方读者的阅读水准所特别设计的，篇幅也比原著缩短一半。此书英文版在国际市场大获成功。中国内容的书籍，在国际市场上有如此表现，同行们均知晓是何等不易！苏叔阳把书寄给温家宝总理。温总理很快回信，给予高度肯定与鼓励。

还可以说说此书的后续花絮。德国一家大出版社看到《中国读本》英文版的成功，想要出德文版。他们找到中文版的出版者辽宁的出版社，要求获得授权。附加条件是，德文版不是根据中文版翻译，而是根据英文版翻译。德国的出版商显然看明白，大幅修订后的文本更加适合国际市场。上海长江对外出版公司听说此情况后，立刻无条件地同意辽宁的同行按照英文版授权。他们想到了苏叔阳授权时的痛快，因此一样痛快：为中国文化走出去，是我们共同的大目标，相比较，利益乃小事，没什么不可以商量的！

七

现在，我们必须涉及一个相对枯燥的问题：翻译的质量。

中国读物要走到世界市场上去,如何提高翻译质量,一直是让出版界头疼不已的事情。

有人问,为什么其他国家的著作翻译介绍到中国来,翻译不是突出的难题呢?

答案很简单。百多年来,中国的学者"睁眼看世界",出国留学已经有几代人。他们的母语是中文,到海外学了他国语言,本身又是作家或学者,回国后翻译他国作品,自然比较轻松。翻译雨果、巴尔扎克、托尔斯泰作品的中国人,都是学贯中西的大学者啊!

中国读物要出去,没那么幸运!世界各国的文化人,懂中文的本来就少,愿意翻译中国作品的,更加稀少,所以,必需依靠自身的力量来做这件事情。首当其冲的一大难题便是:找谁来翻译?

海归的学生学者一天天多起来,他们当然懂外语。但是,海归们的母语是中文,在彼国五年十年的生活,学习了许多先进的知识与理论,不过,时间毕竟短,语言上的造诣,或许还欠火候。有人建议,可找新中国成立前就留学在外后来回国的人士啊,还有长期在教会学校读书、工作的学者,他们的外语功底深厚。这确实是一条路径。难处在于他们大多已经80开外,不能太辛苦了。再说,语言具备活的生命的特点,会随着社会的发展不断演变,离开他国文化环境几十年,语言就少了许多鲜活的气息。打个比方,我们读大半个世纪前的中国作家的作品,在语言上也会有一定的不习惯。至于直接请一些懂中文的海外人士来翻译,当然是比较可靠的办法,做过尝试的出版单位也不少。但是,这样的人士本身是学者、作家的比较少,因此,翻译文学作品和文化历史书籍时,往往力不从心,可以翻译得语法准确,却很难反映出中国作家、中国经典应有的文采。

面对种种困难,上海长江对外出版公司一方面四处寻找具专家水准的译者,建立起一支包括多名联合国译员和曾长期在中国生活的外交官和学者队伍,同

时慢慢探索出这样一条路：重要的作品，特别是专业题材，一般经过两重翻译。第一步，由母语是中文的文化人完成，他们能够准确实现意思的转译；第二步，由母语为英文的学者、编辑加工，他们未必懂中文，或者只懂很起码的中文知识，但是，他们具备专业知识，可以把原译文提升到符合国际市场对英语出版物的标准。一些受到好评的出版物，就是如此磨出来的。比如对一部定价高达 250 美元的大型图书，美国专家提出意见："我注意到有一些翻译术语不符合标准英语的用法。最显眼的比如在说织布机时用了提花织布机，后者直到 19 世纪初才得以发明；……描述唐代的花纹，用另一个词比较好些，这类花纹通常都是这么表述的。"这些意见保证了图书的专业和品质。

本文开头提及的北美推介旅行中，曾在纽约举行过一次出版业人士座谈，那是一次内行们的交流。讨论很认真，也十分专业，对两本画册的评价之高，使上海的同行惊喜。一位资深的专家说：《沈从文和他的湘西》一书的英文翻译，像诗一般优美！"这番话语，并非客套的赞美。一年以后，在美国最重要的全国书展中，《沈从文和他的湘西》一书获得了美国权威的专业图书大奖，说明美国出版业确实认可了中国出版界的努力。

这样做的问题是成本特别高。一本书，要付中文稿费，还要支付两次乃至三次翻译费，经济压力确实大。这个负担如何承受？下面，我们讨论到相关问题时再说。

八

国际图书市场，对出版物各方面品质的要求非常严格。本文开头提及，日本的书籍打进欧美主流市场，除了他们的出版社财大气粗的因素，与日本人比较重视出版物的质量有关。比方说，日本的编辑和中国出版社搞合作出版，在检验书法、绘画印刷的水准时，会拿了高倍放大镜，一页页、一个个局部地仔细检查样张，不肯放过丝毫瑕疵。

长江对外出版公司的产品，能够逐步拓展国际市场，也是高度重视出版物品质的结果。除了翻译文字的水准，印制、装帧质量也是十分重要的一环。

这里，我们来说说特别能够代表出版企业品牌的大型画册的水准。

长江对外出版公司有不少大型画册成为拳头产品，有的被选为国家领导人赠送贵宾的礼品，有的在国际上获得大奖，原因正在于极高的品质。

我们选择两部画册作简略说明。

前几年，长江对外出版公司与海外的公司合作，推出了大型画册《美丽的西藏》。该书的摄影图片视野宽、角度广，非常适宜表现高原的壮阔气势，通过多组精美而富有内涵的画面，表现了"美丽祥和的西藏"这一主题。该书出版的时候，正值中国举办奥运前夕的多事之秋，通过与海外合作方一起努力，该书尽量扩大在国际市场的销售，在海内外均起到了很积极的效果，受到各方面的好评。有一位在西藏工作20多年的领导说，这是他所看到的关于西藏最好的出版物。

这个结果并不是轻易得来的。该书从提出选题框架到成书，历时三年之久。编辑们为了确保画册的高水准，没有找现成的图片来剪辑，而是选择了艰难得多的路。寻找专业的摄影师，从他历时19年17次进藏实地拍摄的数万张高质量图片里，按照画册的框架设计，好中择优，选用352张成书。

另一个例子，是大型画册《清明上河图》。知道这幅名画的中国人不在少数，真正能理解画面内涵的则不多，更遑论西方读者了。为方便那些不熟悉中国的西方人理解该作品，立选之初即确定了两条原则：文字通俗易懂和信息尽可能丰富。具体技术安排：外观为国际市场熟悉的装帧设计，内芯则为中国文化特有的折页形式，拉开即是一幅完整的宏伟长卷。深入浅出的简明前言，将该画描述的场景、人物及时间、地点和历史背景等，说明得十分清晰。每页下方，配以该页图像的缩略图，红色线框标出解释文字对应的画面，在不影响读者欣赏完整长卷

的同时,便于其更深入地了解细部的内容。美国的一家大型报业集团对该书进行了评论:"如今,每个对中国历史有兴趣的人都可以真正欣赏中国艺术瑰宝《清明上河图》了……如果想要欣赏整卷画,这本画册是一条非常好的途径。宋朝所在的 12 世纪初期,西方正处在第二次十字军东征期间。这本画册的作者将16 英尺长的画卷以非常独特的方式重新呈现原画。每一个场景就像一个卷轴一样展开。读者翻开第一页,就会发现整本画册是一整幅连续不断的长画卷。画册每一页上都有明确的注释。……对于那些对中国艺术和历史有浓厚兴趣的人来说,这本画册不啻为一份珍宝。"后来,该评论为美国 18 家报纸和杂志所转载。

九

2007 年,长江对外出版公司下属的宏图公司推出了英文版的"文化中国"网站。

在长江对外出版公司下属的三家企业中,宏图公司本来的任务主要是提供经济方面的支撑。以它的商业经营活动获取利润,支持另两家企业做好书并向世界营销。前文提到立志做高质量的书,必须有一定的资金作后援。在设计长江对外出版公司的框架时,放进宏图公司这样一家员工不多但经营情况较好的企业,初始目的就在于此。

宏图公司是仅有十几名员工的小企业。公司不大,但干部员工的心胸宽大。他们认为,自己不但要成为兄弟企业经济上的后援,而且也可以直接投入中国文化走向世界的内容方面的创造。他们选择了一条新途径,就是积极运用正在发展中的互联网技术,让走向世界的中国文化多一对翅膀。他们深知互联网在对外传播中国文化方面具有跨空间和海量信息的优势。以配合兄弟企业外语版书籍宣传推广为主要宗旨,他们建设了一个面向广大英文读者的中国文化网站。

这件事情说说容易,做起来非常之难。建网站的技术人才,没有!英语水平高的编辑人才,没有!几乎是在一片空白的基础上,在丝毫看不到赢利前景的情况下,这家小小的企业,完全是为一种文化责任所感召,勇敢地自我压担子,冲进了互联网激烈竞争的前沿。

招募人才,设计网站,组织优秀的英语内容,比较和选择活泼的表现方式……在一年多的时间里,他们一步步艰苦地推进,朝网站上线的目标奔跑。起初,想用两年时间做准备,后来决定提前半年完成一期目标,因为他们心情急迫,希望尽早地在网上与读者见面。

做经济预算时,他们可能比绝大多数面向公众的网站都要苛刻。因为没有外援,完全是靠自己企业长年积累的一点资金在做,那些钱,每一元均是员工辛辛苦苦从市场上赚来的。旁观者很难相信这样一家实力薄弱的小企业能实现预定目标,怀疑的声音不断传来:就凭你们这些外行,能做好一个英语的文化网站?当然,更没有任何风险资金,会投入这种几乎肯定不赚钱的赔钱生意。

在网站刚刚上线的日子里,主持者们战战兢兢地等待着来自各方面的评论。很快,善意的肯定与尖锐的批评,几乎联袂而来。肯定者说,版面形式活泼可爱,文字、声音、图像搭配不错,老外一看就懂,确实既做到瞄准国外同类文化网站,又具备中国人的创意;肯定者还赞扬网站的内容丰富多彩,几乎囊括了海外读者关心的有关中国文化的各种问题,历史、艺术、风土、景观、习俗、节庆、文学知识、人物介绍等,应有尽有。不过,批评者的意见也十分尖锐,特别针对网站的英语水准,批评得就很不客气,批评者细致地一一指出各种差错,声称甚至存在非常低级的小学生也看得出的错误。这种批评,当然让网站的主持人汗颜不已。

中国人自己办英文网站,又是由非专业人士来做,受到这样的批评,其实是难免的。主持者没有气馁,静下心来分析毛病所在。要害还是人才不足。这样一家小企业,当然养不起太多的高级专业人才。好在互联网这个新业态灵活得

很，自己人才不够，可以借用外脑啊。网络的特点是即时连通世界，二十四小时，网络上总有不睡觉的人士。"文化中国"网站决定聘请身处世界各地的外审人员，在他们方便的时间，帮助网站审核，解决语言的水准问题。

几年运作之后，这个网址为 cultural-china.com 的英文网站，渐渐地在海外有了点名气。虽然他们的浏览量与商业性质的网站完全不能相比，至今月独立 IP 也不过 60 余万，但是其中 85% 的访问者来自海外，40% 以上来自北美，访问者遍布 200 多个国家和地区，那就值得庆贺，说明海外的阅读者愿意上这个网。曾经有美国的商人来接洽在他们的网站上做广告，出的价钱非常之低，不过也是好苗头。商人是趋利的，如果觉得此网站毫无影响，送他广告也未必要。

"文化中国"网站，为海外浏览者提供了中国文化和以对外出版物为主的各类文化产品的海量信息，其被 Google 搜索引擎收录的有效页面超过 10 万个，这个水平，在国内同类网站中无人可比。

为了扩大在海外的影响，"文化中国"网站配合兄弟公司的重点业务，当外文版中国文化图书在世界各地举办春节大联展时，他们设计了线上线下互动的节目，组织海外读者参加了解中国、了解上海、在线抽奖等活动。如果在海外各地线下组织这样的活动，投入人力、财力不知要比在线进行增加多少倍。

"文化中国"英文网站还年轻，还在成长之中，在长江对外出版公司走向世界的战略构架中，正发挥自己越来越多作用。目前，他们的新目标是，进一步发挥网站聚合的精干的技术人才作用，帮助长江公司的外语版图书更快更好地进入苹果的 iPad、亚马逊的 Kindle 这样的国际电子书终端。

✛

2009 年，对长江对外出版公司而言，是特别重要的年份，是他们的大考之年。

那一年,德国举办的法兰克福书展——这个被誉为出版界奥林匹克的盛会,首次邀请中国担任主宾国。有数百家中国出版社和数百名中国作家要出席盛会,代表中国出席的中国领导人,是时任国家副主席的习近平同志。

大考将是一目了然的。其他数百家中国出版企业的摊位,尽可以靠众多装帧漂亮的中文书摆设得炫目多彩,至于外语版的书,只要有几种摆在醒目位置就过得去,唯独两家摊位得全部靠外语版的书支撑:一家是北京的外文局,那是有着五六十年历史的国家级出版单位,另一家就是才成立几年的上海长江对外出版公司了。不能因为时间短且没有财政的撑腰就示弱啊。众人的眼睛,张大了盯着你看,希望看你们如何表现。出版界,特别是上海出版界,早就听说,长江对外出版公司立志要做走出去的专业平台!

长江对外出版公司确实争气。那次在德国的大展,他们拿出了180余种外语版读物,摊位布置得大气且充满了独特的文化魅力,非常引人注目。仅仅从书籍的装帧和外表,就让专业的出版人士刮目相看。当细心人拿起他们的出版物翻阅时,惊喜之情立刻飞上眉梢。这是真正的可以与世界对接的外文版读物!180余种书籍,从第一页到最后一页,均为翻译地道的英语(少量为其他语种),而不是那种只有封面和目录印上外文字母的出版物。

在那次盛会上,长江对外出版公司另有一项创举使中国人难忘,也使海外人士刮目相看。他们依据自己的"借船出海"方针,借助欧洲的书刊营销商伙伴,在德国法兰克福国际机场的十几个书刊销售店,摆出了《文化中国》丛书销售之角。各国乘客从飞机上下来,路过书店,必然可以看见醒目的中文和英文字眼的宣传招贴,仔细一看,此处摆放着整书架整桌面的中国内容的英文书籍。散发着油墨香味的书籍,符合国际水准的印刷装订,封面上充满现代感的中国形象,摊开的画册中吸引目光的图片等,那气派,真是让热爱中国文化的人扬眉吐气。

那天,中国作家协会主席铁凝女士飞抵法兰克福机场。十几小时的飞行,当

然是辛苦的。听说机场有《文化中国》丛书的展销，她就没有急于去下榻的酒店休息，而是特地跑到机场的书店来观看，并且开心地在热闹的书籍堆里摄影留念。她一个劲地说："好，你们做得不错！"留下的几张照片，记录了她当时的笑颜。

铁凝与《文化中国》丛书早就结下不解之缘。往前推两年，长江对外出版公司制订计划，要在法兰克福书展上拿出一批中国当代文学的读本。除了上海本地的王安忆、叶辛、秦文君、孙甘露等人的书，当然也要有其他地区重要作家的书，编辑们自然想到，应该翻译铁凝的小说。刚开始联系铁凝时，心中没有把握。长江对外出版公司刚刚成立没几年，名不见经传，上海知道它的人也不多，何况北京啊。没想到，铁凝的性格爽快，听说是上海作家协会介绍的，是要做走出去的书，她高度信任，不多问具体条件，马上同意授权。

2000 年铁凝与作者在法兰克福国际机场书店观看英语版《文化中国丛书》图书

于是，又引出了一段故事。在法兰克福书展开幕前不久，外交部接到德国主办方的要求，说他们希望看到将要代表中国作家发言的铁凝主席的最新小说译本。时间已经很紧张。外交部紧急查询，最近什么出版社在翻译铁凝的书。当外交部知道，上海长江对外出版公司与一家海外大出版企业正准备联合推出铁凝的《永远有多远》的英文版时，十分高兴，催问出版的具体时间。长江对外出版公司组织此书的翻译、编辑，已经有一两年了，为了尽量做好一点，才没急着开印。知道外交部等着派用处，国家任务，没有可含糊的，立刻加快了运转速度。终于，按照外交部规定的时间，几百本高水准印制的《永远有多远》，送到了指定的地方，及时让德国主办方读到铁凝的书。

在法兰克福书展的开幕式上，习近平同志致辞，两位中国作家代表铁凝与莫言发言，获得全场热烈的欢迎。现场，长江对外出版公司的成员激动地聆听着，心底洋溢起自豪的感觉。他们为中国文化走出去所作的多年的辛苦奉献，终于开始为许多人所认识！

十一

做开创性的事情，在行进途中，有人反对，有人泼冷水，向来是难免的。

在长江对外出版公司艰苦创业的岁月里，痛苦和磨难是经常遇到的。在一次国际会议上，一个傲慢的外国出版商跷着二郎腿，对公司员工说："你们不会生孩子。"这是在讥笑我们不懂西方出版规律。这种挖苦，没有吓住长江的员工，反而成了激励他们的动力。时隔不久，如前文所述，终于拿到了那个傲慢的外国出版商所在国家的图书大奖，应该是扬眉吐气的时刻，但是，来自体制内"自己人"的一些言论和行为又让做实事的人感到郁闷。有人不冷不热地讽刺："不赚钱的事情，那么起劲为什么？"当被困难和偏见压抑得要透不过气来的时候，员工们有时会问领导："我们做得那样辛苦，不做的人，在旁边指手画脚挑

刺,值得吗?"因为中国进入市场经济不久,某些人衡量事情的眼光,常常是简单的"赚不赚钱?"在这种时候,理想主义的大旗是应该高高扬起的。领导回答员工:"我们是为国家做,为中国文化走出去做,我们理直气壮!"员工们听到这样的话,感觉不管有多少阻力,太阳每天依然轰隆隆升起,心中洋溢着勇往直前的朝气。

在成熟的市场经济国家,文化要走出国门,也不是完全靠市场运作,美国、法国、英国、德国等,均有专门支持文化走出的财政安排,至于各种各样的基金扶持,就更加广泛、普遍了。

长江对外出版公司运作之初,曾经得到过文化部门少量资金的支持。他们很珍惜这样的支持,但是,他们更看重自己的努力,靠自己从市场去争取长期发展的资源,逐渐实现良性的经济运转。

这条路当然走得很苦很苦。

有的人,掌握一点小权的人,你不出手扶一把也就算了,讲一些让人气愤的话,就很不符合中国干部的身份。什么"外文局做了几十年也叫难,你们凭什么做得出来?"什么"你们做书的成本怎么比中文书还高啊?",等等,既不懂行又不近情理的话,让人哭笑不得,也让人憋气。更有甚者,有的号称很懂资产运作、国资管理的人,几次想用各种理由拆散长江对外出版公司,据说那样会使资产更加有效地运作和管理。他们不懂出版的规律,更不懂得只有专业的机构才会形成稳定专业的团队,才会打造出适合国际市场的外语版中国图书,才会编织成外语版中国图书世界的销售网络,才会真正实践中国文化走出去的使命。说到底,他们的头脑中,根本缺乏国家文化战略这一根弦。

庆幸的是,从北京到上海的许多领导和出版界人士,认识长江对外出版公司艰苦努力的意义。终于,支持《文化中国》丛书的文字,先后写进了国家和上海的重要文件。新闻出版总署柳斌杰署长,曾经在接见长江对外出版公司骨干时鼓励说,你们这个品牌,要像国际上的大品牌一样,一百年地做下去。上海宣传文化方面的领导,也一再坚定地表示,长江对外出版公司的整体运转有效有功,绝对不能分散它的资源和力量,这些辛苦积聚的资源,就是要集中用在文化走出去的事业上。

这里,想特别说一下来自意想不到的地方的支持。一位在海外很有影响的老先生,因偶然的机会,看到几本《文化中国》的书籍。他仔细阅读后,发现了这套书的文化价值。他很快购买了多套《文化中国》丛书,分发给自己家族的年轻人读。这些年轻人生活在海外,要他们读中国内容的英文书,是希望他们不忘中华文化之本。不久,在他主持下的基金会与美国的一家基金会还有长江对外出版基金会联手,把几十种上万册外语版《文化中国》丛书赠送给了美国的300所大学的图书馆。

有热爱中华文化的这么多"贵人"相助,有那种文化精神、民族精神的支撑,对长江对外出版公司的骨干们而言,比任何奖励都重要。十多年间,每当遇到难以跨越的重重难关阻碍,他们想到那些期待和赞许的目光,咬咬牙,顶一顶,吃力地闯过去,前面可能就是新的一马平川!

十二

2009年,长江对外出版公司在法兰克福书展上的成功表现,不但赢得了国内同行和领导的赞许,更重要的,是为他们进一步打开国际市场铺了路。

在此之前,他们与北美、欧洲、亚太等地区的经销商已经建立起良好的关系,与世界最大的网上书店亚马逊也有合作销售的渠道。现在,汇聚各路出版精英的法兰克福书展,为他们整合各路渠道、提升通道品质提供了更多的可能。

正是在那次书展上,酝酿已久的与全球最大的亚洲题材图书出版和销售企业的合作开启了成功之旅。虽然这不是西方主流渠道中最大的销售商,但是最

适合外文版《文化中国》丛书的销售。他们已有的渠道是中国文化图书通向西方主流人群和目标市场的最佳通道。于是，走进纽约大都会博物馆书店，一眼就能看到《红楼梦绘本》画册被摆放在"中国艺术"专架上，十分醒目。在书架上还能看到诸如《书法艺术》《中国民乐》和《苏州园林》等很多《文化中国》丛书的品种。在大型连锁书店、各大博物馆书店和大学书店里，外文版《文化中国》图书与西方出版物一起陈列在书架上，迎候着读者。

也正是那次书展的成功，让长江对外出版公司，决定实施更加积极的走出去计划，每年中国春节期间，在全球上百个书店举行"阅读中国"图书展销活动，销售外语版《文化中国》丛书还有全国各兄弟出版社的一些图书。在"春节"这个日益被西方社会认识和认可的中国节日期间，裹挟着浓郁的中国文化元素的书籍，从上述书店进入西方的寻常百姓人家。

中国驻纽约总领馆的同志说："你们为中外文化的交流做了件好事，我们在国外都看到了你们的努力。你们做这件事很不容易，因为中国出版社的图书很难进入西方人的书店，你们能做成这样非常难得。文化交流需要细水长流，图书是个很好的传播媒介。"一位外国读者现场反映："我们现在与中国做生意很多，常去中国出差，你们的书里有很多生动的历史、文化和细节，让我们更多地了解了中国。"现在，这个项目已被权威部门认可，成为中国出版物国际营销渠道拓展工程子项目。

十三

最后，我们还是要回到一些比较枯燥的数字上来，看看长江对外出版公司十年的成果：

《文化中国》丛书，总共出版外语版 221 种，重版 39 种 52 个版次，截至 2012 年 10 月共计实现销售 60 余万册，平均每种销售 2800 册。全国有近 500 位学者与作家参与了该丛书的撰写工作。10 余位海外作者参与了外语版《文化中国》丛书的撰写工作。全球有 45 位翻译家参与了该丛书的翻译工作。他们居住在美国、英国、法国、澳大利亚、加拿大、德国、波兰、中国、印度尼西亚等国家。销售辐射六大洲共计约 40 个国家与地区。

对于习惯中国市场大印数的人来说,这数字不惊人。但是,如果你认真想想外语版中国书籍进入西方主流渠道之困难,就不得不承认长江对外出版公司的业绩是何等难能可贵！他们所做的开拓性尝试,为中国文化走向世界积累了重要的经验。

同时,英文"文化中国"网站在力争更多的网上读者的同时,也开始加入到实物书籍销售的行列。长江对外出版公司三个企业加一家基金会的协作配合,渐入佳境。

长江对外出版公司开拓的事业艰苦地运行了 10 多年。它能够走到今天是很不容易的。热爱中华文化的朋友们,一直注视着它的成长,祝愿它不断顺利前行。我们欣喜地知道,它制订了长远的发展计划,也有了可以实现事业延续性的梯队骨干。十年创业不容易,事业的坚持则更不容易。前面的路还长,需要排除的障碍肯定还不少。

祝好人一路平安！愿好事前程似锦！

《故事会》怎样打造成全国的
出版文化品牌？

何承伟

何承伟，1950 年 11 月生。曾任上海文艺出版总社总编辑、上海文艺出版社社长、故事会文化传媒有限公司董事长和《故事会》杂志主编。

《故事会》有个曾用名

1974 年初，我走进了当时归属上海人民出版社的《故事会》编辑部。那时的《故事会》杂志，就像当年的社会风气一样，凡事前面都加了"革命"两个字，《故事会》也就变成了《革命故事会》。

见多了也麻木了，但在我心目中，它始终是"文革"前的那本朴朴实实的《故事会》的样子。

"文革"期间的《革命故事会》

那年代实在是没什么文化产品,做任何杂志都能印上八万、十万册。我一看这数字,想想我参与编辑的期刊竟然有这么多人在读,感觉好了很多。但细读里面的作品,总觉得提不起兴趣,总觉得和我从小听到的故事不一样。记得读小学时,我最盼的一件事就是,上体育课那天下雨。我不是不喜欢上体育课,而是我更喜欢听体育老师讲故事。他没有表演,平静地述说,硬是把我们带进了一个随意想象的天地。

那是一种幸福的享受。

如今面对这些充满革命口号的作品,如不是工作,也许我一页都不会去看。尤其是那些指导性的文章,更是让人看了不知其所以然,比如:1976 年第五期《以阶级斗争为纲,抓好故事创作》;1976 年第一期《怎样进一步发挥革命故事的战斗作用》,1976 年第六期《努力反映无产阶级与党内走资派的斗争生活》……

一个人从事着自己不感兴趣的工作,是很痛苦的,所以我很少说话,记得工宣队领导批评我"架子太大",我自然解释不清架子大的原因。

我坐在办公室里情绪不高,所以很愿意朝外跑。第一次出差,是跟着老编辑顾伦到金山县山阳镇去组稿。

那时交通不便,一路上又是换汽车,又是坐摆渡船,一早出发,到金山嘴渔村,已过了中午。就是这一次外出,我认识了故事家张道余。

"文革"前张道余创作的故事《说嘴媒人》我看过,其语言之生动,情节之感人,给我留下深刻的印象。我知道,"文革"中这个作品遭到批判,所以,尽管我内心因为这一作品敬重张道余,但当第一次见面时,只当作没有这回事,只字不提《说嘴媒人》四个字。

山阳镇当年的群众文化工作搞得相当出色，我趁机调查《革命故事会》杂志的发行情况。

张道余是文化站的站长，热情地接待了我，并告诉我他们的文化站就订了好多本《革命故事会》的杂志。

但在介绍的过程中，我无意间发现文化站墙角边堆着很多我们出版的杂志。如果说是当期的，还可理解没发出去，可是，更多的是前几期积压下来的。

由此，我断定《革命故事会》并没有走到老百姓中间去，绝大部分是在政府文化机构的墙角边堆放着……

我真不知道，这本杂志的明天在哪里？

老局长带着我从文化的禁锢圈中突围出去……

转眼到了 1976 年，粉碎了"四人帮"，"文革"结束。

文化的转变必定有一个过程，而这种转变往往最早出现在群众自发的文化创作中。

1978 年的秋天，我从昆明坐火车去四川内江，办一次全省性的故事讲演活动。记得那天下着大雨，火车到内江，已是后半夜 3 点钟。我一个人走出简陋的火车站，当地文化部门有一个人举着牌在等我。

那时的内江城很破旧，路上连灯都没有，如果没有人来接我，我肯定在车站坐到天亮再走。

我走进招待所，打开门，见是一个套间，外间有两张小床，其中一张已睡了一个人。我问来接我的人："他是谁？"

"他是我们的文化局长。"

"那他为什么不睡里间的大床？"

"局长说，里间让给上海来的领导。"

我当时虽然已当上了杂志社的负责人，但毕竟才是个20多岁小伙子。看着文化局长睡在外间的一张小床上，我怎么好意思睡到里间的大床上去？

我敷衍着接我的人，待他走后，我便在外间另一张小床上躺了下来。

第二天醒来，局长早就起身了，我一看原来是个满头白发的老人，身板倒也硬朗，声音还很洪亮。两人一交流，原来老局长还为解放上海打过仗。

我庆幸自己没有睡到里间的大床。

也许正因如此，老局长喜欢上我，信任了我。他说："你来这儿好好听我们的故事，四川人爱摆龙门阵，我对他们说，你们喜欢什么，就说什么，只要好听，有意义就可以。"

没想到，老局长的话如此接地气。更没想到的是，他不仅参加了解放上海的战斗，还带着我在当时的文化禁锢圈中突围出去。

走进讲故事的礼堂，足有二三百人，会场很简朴，也许是刚开过什么会，边上一条醒目的标语还挂在那里，上写："实践是检验真理的唯一标准"几个大字。

不仅是因为四川话好听，有韵味，把我吸引住了，更重要的是四川人讲的故事的内容把我吸引住了。第一个故事竟然叫《捉鼠记》，讲一个捉鼠大王怎样逮老鼠的故事，细节之超常，语言之诙谐，讲得下面听众连上厕所都不愿意去。第二个故事叫《心心咖啡店》，有点评话的味道，但在重庆故事员王正平细细解读下，听的人时而伸长脖子，想知故事的结果，时而开怀大笑，为故事中正气压倒邪气，大呼痛快。

但我有点害怕：这些不讲时下阶级斗争的故事好发表吗？但一看会场边上挂着的那条"实践是检验真理的唯一标准"的大标语，再看看在台下听故事的老局长释怀大笑的样子，我顿时心中有底了。

从四川回来，我从重庆坐船沿三峡顺水而下。两岸的景色很美，但我总觉得

美不过我手中的这些故事作品。三四天后,当船迎着朝阳,驶出长江口转入黄浦江时,我已经把一期稿件编好了。

这一次出差,除了兴奋,毫无倦意。我觉得,我儿时理想中的故事好像回来了;我似乎此时才真正感悟到学者的那句话"故事不会消亡,故事将和人类的语言共存"的真正意义;我当然也忘不了带着我进行文化突围的老局长。

问题是,四川之花能开遍全国各地吗?

怎样把编辑实践中感觉到的东西深刻地去理解,并上升到理论层面,指导作者去创作属于这个时代的故事作品? 如果不在理论上讲透,这股潮流也许很快会退去。

小小的故事作品的编辑工作,急迫地等待着科学理论的指导。

小刊物竟然召开了全国性的故事理论研讨会

只要有梦想,就会有成果。

1978 年秋天,党中央召开了党的历史上极其重要的十一届三中全会。在会议精神的鼓舞下,1979 年 1 月起出版的《故事会》,将前面"革命"两个字拿走了。

但我深知,不从理论上解决问题,大家的思想不可能做到真正统一。于是,我就大张旗鼓地准备起"全国故事理论讨论会"。

中国有句名言:山不在高,有仙则名;水不在深,有龙则灵。要开好这样一次会,关键是不仅要把上海的,而且要把全国研究故事的一流学者请来,一流的故事活动组织工作者请来,一流的故事讲述家请来,才能扩大影响力。

好在 1979 年是个充满活力的年份。关于"实践是检验真理的唯一标准"的讨论已深入人心,人与人之间共同的语言多了,"拨乱反正"成了许多有识之士的共同举措。

1979年9月20日，在上海延安西路的文艺会堂，新中国成立以来第一次全国故事工作者会议召开了。参加会议的人员主要有：中国社科院研究员祁连休，北京大学教授屈育德，辽宁大学教授乌丙安，上海文联和民间文艺家协会的领导、著名学者姜彬，上海文艺出版社社长、学者丁景唐，对上海新故事发展作出突出贡献的组织者、上海市文化局的领导任家禾，复旦大学教授秦耕，华东师范大学教授陈勤建，上海师范大学教授窦昌荣，以及陕西、四川、辽宁、浙江、江苏、河北和上海的故事工作者金洪汉、高少锋、李德芳、周春庭，"全国故事大王"浙江的吴文昶等都来了。

姜彬的报告是《新故事要在民间文艺的基础上发展》，乌丙安的报告是《故事发展的艺术规律和特征》，屈育德的报告是《继承传统、发扬特色》。在前辈的厚爱和支持下，我斗胆也作了一次发言，题为"对现阶段故事创作与流传中几个问题的探索和研究"。任家禾先生的发言极具冲击力，说如今的故事创作要"打回老家去"……

综观这些报告，主要对以下几个问题，旗帜鲜明地发表了看法：

一、"左"的思想的干扰，是当前故事创作和发展的主要危险，因此，清除"左"的思想的影响，是当务之急。

二、新故事创作必须反映人民要求，表达人民的心声，只有这样，才能为群众所喜爱，所接受。

三、新故事必须在传统民间故事的基础上发展，必须保持口头文学的特色。

四、要重视搜集整理现代流传在人民群众中的故事和传说。

这是一次有全国影响的故事文化发展的讨论会。会议认真总结了多年来新故事活动的经验教训，彻底清算了"左"的思想的影响，第一次提出了在民间故事的基础上发展当代新故事的指导思想。

会议的主题极其严肃，会议的形式极其简朴，住的是招待所，吃的是客饭。会场没有设主席台，围成一圈，各自发言。休息时，便是听"故事大王"讲故事。

会后，我想无论如何得拍张照，把代表们的身影留下来。故事事业能发展，与这些人的贡献分不开，《故事会》杂志要有灿烂的明天，也与这些人的帮助分不开。当我把代表们一个个安排落座，便悄悄地站到最后一排最边上的一个位置上。

1979 年 9 月 20 日，首届全国故事工作者会议合影。一排：高少锋（左四）、姜彬（左五）、丁景唐（左六）、乌丙安（右五）、任家禾（右四）、屈育德（右三）、李德芳（右一），二排：金洪汉（左五）、周春庭（左七）、秦耕（右四），三排：吴文昶（左五）、陈勤建（左六）、窦昌荣（右二）、魏同贤（右一）

能身靠大树，我心里踏实。

自此往后，《故事会》果然进入持续发展的轨道，直至今天，转眼 37 年过去了，依然占据着中国期刊的第一梯队的位置。我不知道，中国还有哪一本期刊持续发展的时间比《故事会》还长？

《故事会》为何能坚持几十年平稳发展？

送走了来自全国参加会议的代表，心头自然轻松了许多。但会开好了，不等于事情都落实了。会议解决了方向问题，还没有解决一个个具体的理论问题；会议形成了参会者的共识,但这些共识并没有成为各地作者写作的具体的指导。

来稿中,绝大多数还保留着"文革"的味道。

于是,一个新的想法被逼出来了:借着《故事会》印数的逐渐上升,联系的作者和读者越来越多,我和编辑们说:"这样吧,我们办个故事学校。"

出版社办学校,这是从未有过的事。

编辑问:"杂志还办不办？办学点又在哪里？我们编辑部才一间房间。"

"杂志当然要办,但办学校不用教室。我们办的是故事创作函授学校。教材由我们编辑为主撰写,故事编辑不懂故事理论不行,当然,还要适当邀请社会专家共同撰写。关键是你们要对每一篇学员的作品,作出针对性很强的点评。"

编辑听了频频点头。记得当时有位老编辑说:"那工作量好大。"

我说:"不会让你们白做,写教材的给稿费,批作业的给审稿费,但质量必须保证。"

我知道,做好这件事,光着眼于钱会走样,但没钱是办不成的,原因很简单:工作量实在是太大,把编辑所有业余时间全用上了。我是要通过这种形式,培养一支懂专业的编辑队伍,培养一批真正知道什么叫故事的写作队伍,从而为《故事会》杂志源源不断提供好稿件。我想,唯有如此,才能把全国故事工作者会议的精神落到实处。

经过半年筹备,函授教材编写基本完成,由四大部分组成:

第一部分　故事基本理论

第一章　故事的定义及其发展简史

第二章　故事的基本特征

第三章　民间故事的搜集整理

第四章　新故事的创作

第二部分　新故事写作技巧

第一章　新故事技巧系统

第二章　新故事艺术构思的构成因素

第三章　新故事题材的强调原则

第四章　新故事素材的处理

第五章　新故事主题的发掘与提炼

第六章　新故事情节的再认识及具多元特色

第七章　新故事情节生动曲折的奥秘

第八章　新故事的最终体现——人物形象

第九章　新故事的最终构成——结构艺术

第十章　怎样运用悬念

第十一章　新故事的开头

第十二章　怎样把握新故事的线索

第十三章　新故事的场面描写

第十四章　新故事结尾五法

第十五章　新故事语言的基本特色

第十六章　新故事人物"对白"的运用

第十七章　怎样选择新故事的细节

第十八章　怎样进行人物的心理描写

第十九章　新故事如何"奇不失真"

第二十章　怎样"以情动人"

第二十一章　怎样加快情节的节奏感

第二十二章　怎样运用"叙述"和"描写"的手法

第二十三章　说新故事的趣味

第二十四章　谈中篇故事的创作

在这部教材中，我明确提出口头性是新故事有别于其他文学样式的根本特征。正因如此，它才具有讲得出、记得牢、传得开的特点。为达到口头性的要求，故事主题的提炼、表达的往往是做人的基本道理；为了达到这一要求，故事必须以相对完整的情节发展为基本要素，在此基础上塑造人物和表达思想；为达到这一要求，语言的口语化只是体现口头性基本要素，超常的情节安排，典型人物设计，一线到底、详略得当的结构，都是为了适合口头性的特点。唯有做到这一切，这个作品才称得上是真正的口头文学作品。

口头性既是新故事的特点，又是对新故事的一种限制。但我们必须明确，任何艺术都有限制，因限制而获有一种形式。

小说与故事两者真正的分殊就是传播方式与传播效果。假定全国有一万人读了你的小说，他们会去"口传"吗？又假定一万人"听说"了这个故事，就会"一传十，十传百"，且每一传都加入新的语言、新的兴奋、新的领会、新的发挥，效果又会怎样？好故事在小说里"闷死"了，还得给它另找个"出口"放出去，那就是故事作品。

许多关于新故事理论的起源就在当年的这本函授教材之中。《故事会》杂志之所以能长盛不衰，也源自科学的理论指导。

几年后，这部函授教材被北京大众文艺出版社看中正式出版，书名为《故事的基本原理与写作技法》。

限于精力，几年后函授学校停办了。但我们每年都直接面对重点作者搞面授，编辑部所有的编辑都当老师，依我看来，不懂专业理论的编辑不是好编辑，越是通俗的出版物，越是需要理论的指导。中宣部领导来《故事会》调研时说道：作为一本通俗杂志，为什么几十年不出导向问题？看来是有理论指导，有理念的追求的。

大格局、大市场、大运作的出版经营模式

改革开放后的《故事会》

《故事会》最高的发行量是 1989 年下半年,期发 700 多万册。20 世纪 90 年代变成月刊后,每期发 500 万册左右。

为适应这种局面,编辑部下设两个团队:编辑团队和制作发行团队。依我看来,这两个团队没有必要直接对话,只要把自己的事做好即可。如有意见,向我反映,由我来判断问题出在哪里。在出版社,一旦出现编辑指责发行,发行指责编辑的现象,出版业就不可能搞好。

编辑团队保持在十人左右,然而发行团队不超过两人。一本月发行 500 多万的杂志,面对全国 20 个左右的印刷点和 30 个左右的邮政发行点,怎么忙得过来?

发行虽然才两个人,这两个人本职工作是搞发行管理,并不具体地做发行工作,具体的发行工作由全国 30 个发行点去做。我对各地邮政发行的领导说:《故事会》是我们的,但也是你们的。杂志的权利归编辑部,但通过你们的努力,把杂志搞大,由此产生的利益我们可以分享。就此而言,在当地这本杂志就是你们的。我们给邮政 40% 的发行扣率,一个省份,只找一个发行代理商。如以三元一册的定价,月发 500 万册计算,一年付给邮政发行费高达 6000 万元。每个月的发行日,在全国统一规定的时间,印刷厂的货运车准时送到各省的邮政发行点,邮政发行点又在短短几个小时内,翻山越岭,跨江过桥,把杂志运送到所有的基层点。差一个小时,另省的杂志就会乘机进入市场,发行部就会收到投诉告状的电话。

我听了,不但不烦恼,还由衷地发自内心的高兴:其一,市场把我们的产品当回事了;其二,有矛盾,就有发展,解决矛盾,虽然双方会吵得不可开交,但双方抢占市场那种寸步不让的紧迫感,对我来说真是求之不得的大好事。

显然,这样的大格局、大市场、大运作的出版经营模式,发行部配备再多人也无济于事,因为这要有专业化的训练,强大的物流力量,只有依托社会才能完成。我们的任务是选择有活力的发行点。按当时规定,除了省会邮政发行部门,我们是不能选择省会以下的城市做发行点的。但相当一部分省局自认为你非找我不可,就不会好好干。为此,我们进行了大胆地突围:广东找了当时还没有分解出去的深圳,河南找了充满活力的洛阳,辽宁找了想干大事的大连。

次序打乱了,活力就随之而来,由深圳负责的广东全省,印数一下子冲到期发 60 多万册。

20 世纪 80 年代末,一个围绕着《故事会》杂志经营活动的"《故事会》编印发联谊会"诞生了,二十几家印刷厂,30 多家邮政发行部,加上编辑部的人员,60 多人参加的每年举办的年会规模还真不小。会上表扬先进,总结问题,签订下一年的合同,同时,我做一个报告:讲一讲全国出版新趋势,说一说杂志下一年的新打算。

记得有个印刷厂的厂长对我说:"受表扬的不能简简单单地给张奖状,得发个像样的奖牌。我放在办公室,谈业务时,我就会向对方说:《故事会》都在我这里印,你还不放心?"

我觉得有道理,这也是品牌带给全体参与者的荣誉。但我补充说:"做得好,发奖牌,做得不好的后几名必须请他退出这个集体!"

这样做,一是引进激励机制,二是防止我们工作人员与工厂发生不正常的关系。如做了不该做的事,你就处置不了对方。

这是个利益共同体,必须从根本上确保肌体的健康。我已察觉到,有人眼红着《故事会》这个品牌,甚至说,一旦得手,玩也能玩它几年,这些人盼望着我们犯错误……此时,我才感悟到"高处不胜寒"这句话的真正含意。

"《故事会》编印发联谊会"伴我们走过了改革开放的 30 多年。这种制度一经传开,成了中国所有发行量大的刊物的共同模式。但与会者说:"虽然形式差不多,但在他们那里听不到你的精彩报告。"这是对我的鼓励,在我心中,这种形式,是我一个出版人了解印刷,了解发行的窗口。

书刊互动,打造产业链,占领大众文化出版制高点

2000 年的夏天,我有机会去美国《国家地理》学习。其间合作没有谈成,关心的课题倒是获得了解答:他们是怎样围绕一本杂志搞立体发展的? 如今这社会,人们获取信息的渠道不再是单一的,如果只通过一种媒体传播这一种信息,影响力就会缩小。当年,美国《国家地理》除了杂志外,还有相关专业的图书出版、地图出版、影视出版等。甚至还有与地理文化相关的实物产品生产,总人数多达上千名。

杂志与图书进入市场的形态完全不一样的。杂志有时间上的节奏感,这种节奏感在市场经济中是极其珍贵的。不仅出版者当回事,读者也当回事,它不仅能带动杂志本身,而且还能带动相关的产品,不做是种浪费。

我们的体制不可能让我们跨行业发展,但围绕"故事"这个专业,走书刊互动这条路总可以吧? 利用杂志作者的力量,几百种故事书的出版规模很快形成。为体现故事会的风格,每本定价五元,字数八万,定名为"五元精品书系",印数多的超过 100 万册。

1996 年,我心中一个更大的书刊互动计划在慢慢地形成。我想用说故事的方式解读祖国的历史,故事有通俗、生动、形象和简洁的特点,运用之妙,其实并不降低一本书的学术价值。张荫麟是 20 世纪上半叶著名史学家,虽然只活了38 岁,然而一本"以故事方式出之"的《中国史纲》,足以让他名垂不朽。在史学家眼中,记住了一个故事,也就记住了一段历史;而记住故事中的一个人,也就记住了这一段历史的魂。

于是,我和我的团队奋斗了六年的 16 卷本的《话说中国》诞生了。10 多年来,每套千元的书总发行量高达 23 万套之多,总码洋 2.8 亿元,总利润不会少于8000 万元。版权销售到美国、韩国及祖国台湾等地,至今每年还能印 5000 多套,更为荣幸的是,该书还被中宣部列为"中华民族史诗出版工程"。

《话说中国》

与美国《读者文摘》有限公司签订《话说中国》版权合同

可惜的是,一个书刊互动的出版部门直到我退休离开,还没有一个名正言顺的图书出版机构。为出一本故事方面的书,还得去找书号,为争取国家出版基金,还得看给书号的出版社有没有多余的上报名额。一个打造几十年的出版品牌面临着碎片化的危险。

2015年5月,因年龄的原因,我的名字在《故事会》杂志上消失了。有记者问我:你为这本杂志服务40多年,离别时怎么不开个会? 我说:没必要了。支撑我干这么多年的动力,是我的读者。出于礼节,我在微信群里发了这么一封与读者告别的微信:

今天,我因年龄的原因,请辞《故事会》杂志社社长和主编的职务。

我自1974年的年初走进上海文艺出版社以来,其间担任过上海文艺出版总社的总编辑、上海文艺出版社的社长,但无论我担任什么职务,40多年来,我始终没有离开过这份小开本的杂志,一直兼任着杂志主编的职务。我经历了这本杂志580多期所有的编辑过程。昨天,还有幸为第五百八十一期杂志撰写封面题语:在故事中寻找希望。

回想起40多年的风风雨雨,我为自己拥有这一段人生而骄傲,我不知道国内有谁当一本杂志主编的时间比我长?

但此时此刻,我更多的是感谢:感谢国内外几百万读者一直喜爱着这本杂志。自改革开放以来,这本杂志始终处于中国期刊发行量的第一梯队。

感谢作者把最好的故事作品首先寄给我们,在多元文化的冲击下,你们用精彩的故事始终讲述着怎样做人的主题。

感谢理论界专家的指点,当年学者钟敬文教授的一句话"故事与人类的语言共存",不仅激发起我对故事文化的热爱,更是充满了对明天的期待。

感谢国家给了《故事会》这本小杂志很多的荣誉:连续三届获得"国家期刊奖",并被评为"中国驰名商标",这殊荣在中国期刊界绝无仅有。

当然,更要感谢我的团队,40多年,以老、中、青三代人的努力,才换

来了读者的认可、社会的认可；当然，我也要感谢几位副主编，由于我主编不走，让你们干到退休，还是个副主编。

文化产业是一种影响力经济。历经 40 多年的经营，《故事会》到底产生了多少经济效益，我已无法统计，仅知道最近 10 多年，这本小杂志就上缴了四亿多元的利润，为许多出版人去采摘文化皇冠上的明珠创造了条件。但"故事会人"并没有以此沾沾自喜，我们内心最为自豪的是，无论走到哪里，都能听到"我是看《故事会》长大的"一句话。这才是我和我的同事能一年又一年坚守在这一岗位的根本原因。

我喜欢把《故事会》比作文艺百花园中的一棵小草。

绿色的小草绝没有鲜花芬芳，也不可能长成参天大树，但小草却因植根大地而获得永生，在民族文化雨露的滋润下，会长得郁郁葱葱，满目青翠，它用自己的一片绿色装点着祖国大地。

40 多年过去了，尽管杂志社还在那条短短的绍兴路上，还在那幢老洋房里，但它的产业已从一本杂志发展到系列故事图书，已从平面媒体发展到数字媒体，今天"故事会人"的心愿，是绝不能让几十年打造的文化品牌碎片化，而是要乘势而上，借用互联网思维，打造一条故事文化产业链，以独特的形式，满足读者新的文化需求。

……

没想到，这条微信点击阅读者马上超过 10 万人次，评论点赞语言看得我都脸红。

此时，我才感悟到，出版人真正享受的就是，自己参与编辑的出版物带来的社会影响力。

我曾经用"书比人长寿"这句话激励自己认真做好出版工作，但今天，我似乎更陶醉在另一句话中："只要书还活着，人就不会走。"

我所经历的印刷改革

杨益萍

杨益萍,1950 年 12 月生。曾任上海市新闻出版局副局长;退休前,任上海市文学艺术界联合会党组书记兼专职副主席。

从 1997 年年初起,我到市新闻出版局任副局长,分管印刷工作。到 2003 年 10 月,历时六年零十个月。其间,经历了上海印刷工作改革发展的一段进程。回想那段时间里,新闻出版局作为印刷业的行政管理部门,主要做了两件事。

第一件事:帮助局属国有书刊印刷业走出困境

上海是中国现代印刷业的发源地。新中国成立后,印刷业获得发展,企业规模、产品质量、技术人才等均列全国印刷业之首。改革开放以后,印刷业经历了

剧烈的格局调整，直至形成多种经济成分共同发展的局面，获得新的生机和活力。然而，在那段时间里，作为局直属的国有书刊印刷业，却已积攒了太多的矛盾，陷入了困难的境地。

局属书刊印刷业曾经创造过较好的经济效益。然而，自20世纪80年代中期起，步履艰难，经济效益连年滑坡，直至形成全行业亏损。由于设备更新滞后，质量下降，业务外流，出现了所谓"沪书南印"（即高档出版物印制业务流向深圳香港）的局面。部分企业陷入困境，多次发生上访、停工，成为宣传系统不稳定因素较集中的地方。如何帮助局属印刷业走出困境，成为困扰局领导班子的一个难题。

面对困境，我深感责任重大。当时，到印刷企业调研，看到工厂凋敝、冷冷清清的场面，听着充满困惑和期待的话语，我的心头沉甸甸的。多个夜晚，我心事重重，彻夜难眠。幸运的是，当时的市、局领导和印刷行业的干部群众给予了我极大的理解和支持。

当时，局领导班子提出了"重振上海书刊印刷业雄风"的口号，许多同志为之付出了艰辛的努力。

我们积极争取出版社业务回流。当时，首先要求印刷厂做出质量承诺，同时要求出版社增发给上海书刊印刷厂的业务量。记得出版界前辈巢峰同志在大会上发言，强调出版社与印刷厂是"唇齿相依"的关系，这句话深深感动了印刷企业的同志，也推动了出版社业务的回流。在这个过程中，由于我经常为印刷厂呼吁，曾被朋友笑称为"贫下中农协会主席"。

我们鼓励印刷厂积极拓展业务，应用新技术，开辟新的增长点。当时，首先取得突破的是李成忠同志率领的市印三厂，他们在困境中探索产品转型，成功开发IC电讯卡，杀出一条生路，由此形成的"磁卡精神"，推动着行业不断开拓市场。商务印刷、票据印刷、邮报印刷、超市广告印刷等新品种，不断被开发出来。

　　我们积极支持印刷企业更新设备。当时,局里从有限的资金中挤出钱来,为印刷企业贴息贷款,为印刷设备更新筹集了宝贵的资金。我们推动出版社和书店入股印刷企业。1998 年 10 月,北京商务印书馆和上海教育、科教、科技、外教、文艺等出版社,以及新华书店入股商务印书馆上海印刷厂,将其转变为股份有限公司,对印刷企业给予了雪中送炭般的支持。

1998 年 10 月,出席商务印书馆上海印刷股份有限公司投资协议签约仪式

　　我们积极支持印刷企业走合资合作的道路。面临冗员过多、设备陈旧、机制滞后等实际困难,千方百计,促成合资合作,引进民间资本、境外资本,建立股份制企业,着力转换经营机制,提升企业素质和管理水平,提高产品印制质量。

　　我们还从实际出发,在印刷集团之外,推动组建了以上海印刷技术研究所为龙头的印刷新技术集团。该集团在周建宝等同志带领下,历尽艰辛,不仅成功实施了转制脱困,扭亏为盈,而且利用旧厂房改造的契机,盘活资产,搞活经营,使国有资产得到了有效的保值增值。

在工作推进过程中,也曾遇到意想不到的困难。当时,印刷集团在重组企业过程中,试图集中优良装备,武装骨干企业。在运作过程中,由于担心下岗失业,发生了集体上访事件。在局面混乱的情况下,我受命到一线处理,通过耐心、细致的工作,取得职工的理解,平息了事态。在这件事上,我始终感谢局领导班子的关心支持,感谢职工在关键时刻给予的理解。

当时,最牵动人心的是印刷职工再就业问题。有一句话叫作"调整无情,操作有情",真实地反映了当时状况。记得有一年国庆节,我到工厂慰问,一位装订工人对我说:"杨局长,你不要让我们下岗啊。"我当时心里非常难过。要知道,他们当时每月只有 500 多元收入,还要加班加点,很苦啊,却依然珍惜岗位。然而,现实如此残酷,不调整,企业就是死路一条。三年间,印刷集团先后下岗分流 3700 多人,超过职工队伍的 1/3。在这种情况下,我们对下岗工人给予了真诚的关心。记得当时,我找到黄奇帆副秘书长,向他反映书刊印刷业的困境,争取到了全工业系统"阳光普照"的政策,冯国勤副市长亲自批给我们 800 个提前退休名额。更重要的是,我们依靠全行业的力量,开辟了一系列再就业岗位。比如,我们支持印刷企业,先后创办了校对公司、百家报刊服务社、地铁图书超市、反盗版稽查队等。在孙颙同志支持下,我们入股东方书报亭,一下子为印刷工人争取到 370 多个岗位。当时,能为下岗职工实实在在地解决点困难,心里真有说不出的高兴。

当时,整个出版系统行动起来,对困境中的印刷工人给予帮助,其情景是异常感人的。记得一次干部会议上,郭开荣、孙颙同志亲自动员筹集帮困基金,并为此向全场同志深深鞠躬。当时,出版社还对印刷厂困难职工子女发起了"一对一"帮困助学活动。春节前夕,我看到出版社的黑板报上写着一行大字,号召为印刷下岗工人捐一天工资,简单的话语中凝结着深深的情感。

经过艰苦努力,书刊印刷业脱困攻坚取得成效。1998 年,实现了全行业扭亏为盈。此后,又取得一系列新进展。2000 年,国家新闻出版总署在上海召开全国印刷改革现场会,充分肯定了上海印刷业的改革发展取得的进步。在这一艰难历程中,印刷企业的干部职工表现了可贵的奉献精神。干部坚守岗位,与职工同甘共苦,千方百计,寻求企业解困之道。其间发生的感人事迹,难以在此一一历数。尤其令人难忘的是,印刷界前辈万启盈、沈鹤松、车茂丰等老同志,始终关注印刷事业,关心支持我们的工作。他们将毕生精力献给印刷事业,鞠躬尽瘁、不懈奋斗的形象,永远铭刻在我的心里。

第二件事:推动上海印刷业整体发展

需要说明的是:新中国建立后,印刷业行业管理部门及其职责几经变更。直到 2001 年,国务院下发了新修订的《印刷业管理条例》,规定出版行政部门是印刷业监督管理部门。据此,上海市新闻出版局成为上海印刷业监督管理部门,统一规划管理全市印刷业发展。

回顾改革开放以来,印刷业发生的最大变化,就是改变了历史遗留的国有、集体单一的所有制形式,逐步形成了多种所有制共同发展的局面。

长期以来,印刷业是国有、集体企业的一统天下。改革开放以来,这种局面逐步得到改变。尤其是 20 世纪 80 年代后期,印刷业领域的国有企业和集体企业纷纷改制发展。影响较大的有:上海书刊印刷业、上海包装装潢印刷企业,以及上海纺织印刷厂、市北印刷厂、烟草印刷厂等国有企业改制。与此同时,更引人注目的是:民营企业、股份制企业纷纷涌现,不断壮大;境外资本纷纷涌入,设立合资、合作、外资独资企业。当时,我们在国家授权范围内,按照国家法规和政策进行审批,推动了民营印刷企业、合资合作印刷企业的发展。

民营企业中一批各具特色的代表性企业陆续涌现。其中包括从事印前设计和艺术印刷的上海雅昌印刷有限公司、从事包装印刷和书刊印刷的上海界龙集团、从事塑料包装印刷的上海紫江集团、从事数字印刷专业服务的上海同昆数码

印刷有限公司、从事印前设计和高档印刷的上海美雅延中印刷有限公司等。

外资投资印刷企业不断发展，投资方的范围越来越广，由我国港澳台地区企业逐步发展到欧美国家大型国际印刷集团。其中代表性企业包括上海丽佳制版印刷有限公司、上海安全印务有限公司、上海秋雨印刷有限公司、上海西口印刷有限公司、上海当纳利印刷有限公司、上海中华商务联合印刷有限公司等。

随着改革开放的深入发展，上海印刷业的资本结构发生了巨大变化，形成了多种经济成分共同发展的局面。据统计，2010 年，上海各类印刷企业数量为 4606 家，其中，国有、集体企业占 7.44%，外资投资企业（即三资企业）占 4.51%，民营企业占 88.03%。全市印刷业工业总产值为 585.70 亿元，其中，国有、集体企业占 8.29%，三资企业占 33.01%，民营企业占 58.68%。全市印刷业年度利润总额为 47.14 亿元，其中，国有、集体企业占 14.42%，三资企业占 36.30%，民营企业占 49.27%。

多种经济成分共同发展，推动了上海印刷业资金的投入、先进设备的引进、产业规模的扩大。据统计，上海印刷业工业总产值，1978 年为 9.8 亿元，2005 年为 298.3 亿元，2010 年为 585.7 亿元。30 多年间，印刷产业获得了巨大的增长，走上了持续发展的道路。其间，我所经历的那段时间，上海印刷业同样呈现增长态势。其中，销售产值由 1999 年的 111 亿元，增长为 2004 年的 260 亿元；利润总额由 1999 年的 8.7 亿元增长为 2004 年的 17.5 亿元。

多种经济成分共同发展，推动了印刷技术的改进、品种的丰富、质量的提升。上海印刷业的整体质量水平得到提升，一度出现的所谓"沪书南印"局面得以改变。相继涌现了一批各具特色的印刷企业，涌现了在国际上有影响力的品牌企业。一批印刷企业的产品在海内外印刷大奖评选中频频得奖。例如，上海界龙艺术印刷有限公司 2005 年印制的大型画册《锦绣文章》被评为"中国最美的书"，获得美国印刷大奖金奖，成为时任国家主席胡锦涛访美时赠送给美国耶鲁大学的礼物。

多种经济成分共同发展，推动了企业加快走出去的步伐。当时，我们鼓励上海印刷企业学习中国香港、新加坡企业的经验,充分利用上海地理位置、技术装备、劳动力成本等方面的相对优势,拓展海内外印刷市场。我们改进审批办法,加快审批速度,积极协调海关等相关部门,力争做到方便快捷。上海印刷企业在走出去方面,进行了积极的探索。例如,上海印刷集团成立了国际贸易公司,专业从事承接境外业务,先后承印了联合国教科文组织的教材、英美等国出版物;有的外资投资企业直接将境外业务引入上海。据统计,2010 年,上海印刷业有 273 家企业承接境外业务,对外加工贸易总额为 46.24 亿元,占上海印刷业年度工业总产值 7.89%,境外订单在整个市场份额中占据了一席之地。印刷企业走出去,不仅扩大了市场份额,也促使企业适应国际市场规则,提升了企业竞争力。

2003 年 10 月,出席印刷新技术集团对外合作项目签字仪式

　　以上，根据回忆，记录了我所经历的上海印刷业改革的若干情况。引用数据，承蒙徐国桢同志提供，在此谨致衷心感谢。数据反映了多年来上海印刷业的大致进程，我只是经历了其中若干年的工作，两者并不完全一致。谨以如实记录，仅供参考。

孩子们心中的"大王"

沈振明

沈振明, 1951 年 3 月生。曾任少年儿童出版社《故事大王》编辑部主任、主编,少年儿童出版社副总编辑。

20 世纪 80 年代,是我国出版业全面发展和繁荣的黄金时期,大量的期刊在这一时期先后创办。据不完全统计,从 1980 年至 1989 年,全国期刊从不足千种急剧增加到 8000 多种,光上海就有近 30 家少年儿童报刊创刊,无论是数量还是品种的丰富都是空前的。1983 年创办的《故事大王》,短短几年发行量就达到 180 万份,成为全国发行量最大的儿童刊物。在群星闪烁的期刊星空中,《故事大王》是一颗耀眼的新星,真正成了孩子们心中的"大王"。

《故事大王》从创办、发展到取得辉煌业绩,既顺应了时代的潮流和读者的需要,也离不开办刊人员的创新思维和辛勤努力。除了正确的办刊方针,以丰富

多彩、生动有趣的内容吸引广大小读者，还有一系列开创性的宣传推广举措和公益性活动，极大地扩展了刊物在社会上的影响。

《故事大王》创办前后

"文革"结束后，少年儿童出版社于 1978 年重新挂牌，全面恢复出版业务。鉴于十年浩劫造成的书荒，广大少年儿童没有好书好刊阅读，当年 10 月，文化部、团中央、新闻出版署等领导部门在庐山召开了"全国少年儿童读物出版工作会议"。在庐山会议精神鼓舞下，出版工作者们思想大解放。少年儿童出版社在"文革"中停刊的《小朋友》《少年文艺》复刊，又先后创办了《少年科学》《娃娃画报》《巨人》《儿童文学选刊》《万花筒连环画报》《幼儿文学报》等报刊，在单家出版社里形成了一个初具规模的期刊群。在这个期刊群中，归属文学类的有面向低幼的《娃娃画报》《小朋友》《幼儿文学报》，面向小学高年级和初中生的《少年文艺》《巨人》《儿童文学选刊》，唯独缺少一本适合小学中年级学生阅读的刊物。

时任少儿社文艺编辑室主任的施雁冰，曾在小学任教多年，23 岁就担任上海一师附小的教导主任，深知孩子的爱好和需求。到出版社后，她曾长期主持《少年文艺》的编辑工作。她一直琢磨着还要为比《少年文艺》年龄层次稍低一点的小读者办一份刊物。根据孩子们爱听故事、爱讲故事的特点，她经过深思熟虑，并和同事们反复研究，终于确定在"文革"前出过的《讲故事》丛书基础上，创办一本以小学中年级学生为主要读者对象的儿童故事刊物。如何为这本刊物起一个响亮的名字，施雁冰也是苦思冥想。最后她想到孩子们在各种场合总爱"摆大王"，就给这本刊物起了《故事大王》的刊名。

有了好的设想和刊名，施雁冰又和时任编辑室副主任的我和余鹤仙，共同为刊物确定了"内容丰富、题材多样、能读能讲、有益有趣"的十六字办刊方针。

"内容丰富、题材多样"自不必说,"能读能讲、有益有趣"突出的是刊物的故事性和趣味性。以生动有趣的儿童生活故事、惊险传奇故事、历史人物故事、民间传说故事、科幻故事和童话寓言故事等各类作品,以及新颖独特、不断更新的栏目吸引广大小读者。美术室主任朱延龄还精心为"故事大王"设计了卡通形象——一个咧着大嘴、跷着大拇指、活泼俏皮充满动感的男孩形象,肚子里好像有着永远讲不完的故事。

为了使刊物有个高起点,编辑部聘请著名作家、表演艺术家、播音员、教育工作者陈伯吹、任溶溶、张瑞芳、刘兰芳、陈醇、孙敬修、姜昆等担任《故事大王》的顾问。一本小小的儿童刊物,有如此阵容强大的知名作家、表演艺术家和教育专家担任顾问,这在当时少儿期刊中也是绝无仅有的。这些顾问为《故事大王》出谋划策,从刊物的内容到以后开展的各项活动,都提出了很好的建议并作出了巨大贡献。

2004年,《故事大王》顾问张瑞芳参加年终幸运大抽奖活动

当时创办新刊，虽然刊号的申请、审批控制的不是很严格，但如果在没有扩大影响前一下子就由邮局征订，效果不一定理想。为了稳妥起见，《故事大王》一开始交由新华书店发行。出版社同新华书店发行所商定，由双方共同出资，定制了大量印有故事大王图像的铅笔，随书赠送，以吸引小读者购买。除了新华书店各门店张贴海报，同时还约请《新民晚报》记者林伟平前来采访，写了《故事大王今天开始讲故事》的报道。虽然只是定价才 0.16 元的小薄书，一开始在营销方面声势就搞得很大。这种随书赠送礼品的做法，在当时的图书销售中也属首创。《故事大王》第一期初版印刷 20 万册，短短几天就销完，又加印 15 万册。以后每期都印 35 万册。《故事大王》创办第一年，就被新华书店总店评为 1983 年"全国十大畅销书"之一。"十大畅销书"第一本是《邓小平文选》，最后一本是《故事大王》。

文艺编辑室以编辑出版儿童文学类图书为主，是当时社里最大的图书编辑室，最多时有二十七八位编辑，现在又同时编辑出版《儿童文学选刊》《故事大王》两份刊物。看到《故事大王》的发展前景，室里超常规地为《故事大王》配备了强大的编辑力量。室主任施雁冰除负责室里全面工作，亲自任《故事大王》主编，我和余鹤仙两位副主任则把全部精力放在《故事大王》上。初创时期的三位编辑朱家栋、马天宝、刘观德，都是从事文学创作的作家，又有丰富的编辑经验。美术编辑张志文则是由《少年文艺》"支援"的，无论是封面还是插图，她总是尽心尽力组到好稿。编辑部还从工厂、市少年宫调入了对故事颇有研究、活动组织能力强的吴荣喜、周柏生。以后又将新进出版社的大学生，也优先分配给《故事大王》。创刊两年后，《故事大王》在 1985 年改为月刊，正式交由邮局发行。改刊后第一期征订，印数就达到 130 多万份，以后逐年上升，最高时达到 180 多万份。当时社里另有《娃娃画报》《小朋友》《少年文艺》三份期刊印数接近或超过百万，《故事大王》一举超越，成为出版社期刊群中的"领头羊"。在出版刊物的同时，编辑部充分利用《故事大王》品牌效应，编辑出版《故事大王选集》《故事大王丛书》《故事大王画册》等,累计印数均在 10 万—100 万册以上。与中国唱片上海公司合作,出版《故事大王》有声读物,还和台湾小牛顿出版社以版权贸易方式,出版台湾版《故事大王》,受到台湾小读者欢迎。大陆期刊出台湾地区版,《故事大王》也属首例。在产生社会效益的同时,《故事大王》也取得了良好的经济效益,被称为出版社的"摇钱树""聚宝盆"。

举办"全国故事大王选拔邀请赛"

1983 年年底,《故事大王》创办刚满一年,为今后改刊做准备,扩大刊物影响,编辑部提出了在 1984 年暑期举办"故事大王选拔邀请赛"的设想。经过联络协商,首届邀请赛由上海团市委、市妇联、上海电视台、上海人民广播电台、《解放日报》《新民晚报》、上海群众艺术馆、少年儿童出版社等 12 家单位联合主办。大赛设定参赛地区需"层层选拔"出本地的小故事大王,再到"全国大赛"中角逐"全国级故事大王"。因为是首届比赛,编辑部选择故事活动开展比较活跃的地区,邀请北京、辽宁、吉林、陕西、四川、广东、广西、江苏、浙江等 12 个省、市、自治区参赛。编辑部全员出动,兵分三路,到这些地区商谈层层发动组织选拔的具体要求和安排。1984 年 7 月,首届邀请赛在上海市少年宫如期举行。25 位参赛小选手,都是经过当地层层选拔出来的讲故事能手,最大的 13 岁,最小的才七岁。他们各显神通,表现出很高的水准。大赛评委会由热爱孩子、有威望的儿童文学作家、表演艺术家和教育工作者组成,张瑞芳任评委会主任。评委们认为,孩子讲故事是业余文艺活动,应该看重童真、童趣,看总体效果。评选一丝不苟,综合语言、表演和故事脚本质量,经过反复讨论最后评定。江苏南京李欣、上海王赟、辽宁大连张铭和广西南宁伦赫被评为特等奖,另有八人评为一等奖,以上 12 位获奖小选手均被授予"全国级故事大王"称号。因为大赛有一项奖励,要将评上"全国级故事大王"的小选手照片登在下一年度《故事大王》月刊的封

面上，所以每届只能限制在 12 名。

首届故事大王邀请赛闭幕式和颁奖典礼在儿童艺术剧院举行。副市长张承宗出席并讲话。应邀前来观赛的全国妇联书记处书记胡德华高兴地说：没想到活动办得这么好，希望形成传统继续办下去，下一届就到北京来办。同行的文化部少儿司司长罗英也表示赞同。亲自带队来全程录制赛况的中央电视台少儿部主任徐家察当场表态，中央电视台愿意从下一届开始作为主办单位，支持大赛的连续举办。团中央了解到这次大赛情况后，立即发出邀请，要求编辑部带领获特等奖的四位"全国级故事大王"赶赴北京，列席全国首届少先队代表大会，并在中南海怀仁堂向中央领导和全体代表讲故事。他们的汇报讲演生动精彩，受到与会代表的热烈欢迎。这一场汇报讲演扩展了首届故事大王邀请赛的影响，更对全国少儿群众性故事活动的进一步开展起到了极大的推动作用。

第二届比赛更是声势浩大。根据胡德华同志下届比赛到北京来办的建议，1986 年年底编辑部派我和钱仍烈去北京，向团中央、全国妇联、文化部、中央电视台、中央人民广播电台等领导部门和单位汇报筹办第二届"全国故事大王选拔邀请赛"的设想和安排，并联合签署了由团中央、全国妇联、文化部、全国少工委、全国少儿文化艺术委员会、中央电视台、中央人民广播电台、少年儿童出版社共同主办第二届"全国故事大王选拔邀请赛"的公告。公告最后一页盖满了主办单位的印章，前面是中央部门的大印章，有的中间还有国徽图案，最后一枚是小小的少年儿童出版社的社章。一家小小的出版社，一本小小的刊物，能引起这么多领导部门和单位的重视和支持，既体现了编辑部人员的活动能量，更说明了举办这项活动的社会意义。编辑们创新思路，联系知名企业为大赛提供赞助。上海无线电三厂提供 12 台刚研制出的美多牌六喇叭立体声大收录机、苏州照相机总厂提供 100 架虎丘牌照相机作为奖品。上海玩具厂专门成立研发小组，设计制作故事大王形象的金色、银色、彩色三种奖杯。广东一家箱包厂提供了大批量的印有故事大王图案的大小旅行包,还有在当时极显时尚的拉链式笔记本。一时各种各样的奖品、纪念品在编辑部办公室里堆积如山,编辑们忙碌好几天打包发运北京。

第二届"全国故事大王选拔邀请赛"在北京中国儿童少年活动中心举行。组委会主任由团中央书记处书记李源潮担任,全国妇联书记处书记范崇燕、文化部少儿司司长罗英任组委会副主任。大赛评委会主任继续由张瑞芳担任,邀请著名作家严文井、著名电影表演艺术家于兰担任评委会副主任。评委有刘兰芳、姜昆、乔奇、陈醇、施雁冰等著名演员、播音员和作家。这次大赛全国有 23 个省、市、自治区报名参赛。颁奖大会在人民大会堂举行,李源潮主持,全国人大常委会副委员长耿飚出席并讲话。还有个难忘的小插曲:我们在电梯口迎接时递给耿飚同志一份发言稿,当时他说:还要讲话啊? 怎么不预先说好。会上请他讲话时,他一手拿着发言稿,一手在口袋里东掏西摸找老花眼镜,一时没找到,面对台下的小朋友和带队老师,于是他一开口就来了个长期当中联部长时与外宾说话的习惯开场白:女士们先生们……

1998 年在北京举办的第六届"全国故事大王选拔邀请赛"

1990 年和 1993 年,在青岛和上海又举办了第三、第四届"全国故事大王选拔邀请赛"。以后根据形势变化,将三年一届的比赛改为两年一届,举办地点也改为由各地竞争申办确定。各地争当东道主,参赛面不断扩大,赛况依然红火热烈。其间编辑人员时有新老更替或调动,而且举办故事大王比赛的接力棒不断传递。第七届"全国故事大王选拔邀请赛"由年轻的编辑部主任陈苏负责,经编辑部与南宁市青少年活动中心共同精心策划,2002 年 8 月在广西南宁隆重举

办。颁奖晚会由中央电视台著名少儿节目主持人鞠萍主持,评委姜昆、刘兰芳上台和获奖小选手表演了精彩节目。广西壮族自治区歌舞团充满地方民族风情的大型歌舞表演,更是将颁奖晚会的盛况推向了高潮。

从 1984 年起,编辑部至今已连续举办了十四届"全国故事大王选拔邀请赛"。邀请赛的举办,不但扩大了刊物的影响,也推动了全国少年儿童故事活动的开展,培养了一批少儿艺术人才,丰富了广大学生的课余生活,也成为素质教育的良好方式。

《故事大王》品牌和商标的维护

经过几年的努力,《故事大王》成为全国发行量最大的儿童故事刊物。1988 年 7 月《故事大王》向国家工商局登记注册,依法享有"故事大王"商标专用权。

进入 90 年代,图书和期刊市场的竞争越来越激烈。除了盗版猖獗,冒名、跟风出版等不正当竞争行为也愈演愈烈。少年儿童出版社倾注几代编辑心血打造的《十万个为什么》《上下五千年》等品牌图书,淹没在铺天盖地的各种各样的十万个、百万个、千万个"为什么",各种各样的"五千年"的书海中。随着《故事大王》的畅销和声望的增长,形形色色冠以《故事大王》名号的书刊也很快充斥市场。对如此不尊重知识产权、见利忘义的不正当竞争行为,编辑部同仁十分愤慨。像《十万个为什么》《上下五千年》这样的图书书名,著作权法中没有给以明确的保护,出版社想维权困难重重。但《故事大王》刊名是注册商标,受到"商标法"和"反不正当竞争法"的双重保护。编辑部决定以法律为武器,重拳出击,打一场声势浩大的《故事大王》品牌保卫战。

编辑部派员到各书店购买图书、收集证据。聘请著名律师郑传本为法律顾问,在《文汇报》《新民晚报》上刊登"本刊主编朱彦委托律师发表严正声明",并分别向十余家出版冠以《故事大王》书刊的出版单位寄送律师函,要求停止侵权行为。编辑部还联系上海东方电视台拍摄新闻访谈,在当时颇有影响的《东方直播室》栏目中播出。中央电视台新闻联播节目在第二天就作为新闻摘要播出了访谈内容。这些举措一时激起巨大反响。

当年新闻出版署直属的中国书籍出版社,也蹚浑水出版了一套冠以"故事大王"名称的图书。在收到律师函后,意识到问题的严重,总编辑亲自匆匆赶来上海协商处理。除请求考虑他们当时经济困难只赔偿两万元外,承诺在《新闻出版报》上刊登"致歉声明"。一些原先关系良好但存在侵权行为的兄弟出版社,纷纷表示要吸取教训,以后不再发生此类事情。河北少年儿童出版社通过电话沟通,马上汇来两万元赔偿款。但也有一些侵权出版单位对于编辑部的声明和寄送的律师函置若罔闻,不予理睬。

1994 年 6 月,少年儿童出版社作为《故事大王》主办单位,向上海黄浦区人民法院递交诉状,状告陕西旅游出版社侵权。1993 年 4 月,陕西旅游出版社擅自冠以"故事大王"名称,抄袭、拼凑各类书刊(包括《故事大王》)上发表过的作品,分精装、平装、盒装三种出版三辑儿童故事集,向上海及全国各地征订销售。少年儿童出版社认为,陕西旅游出版社以盈利为目的,假冒使用其注册商标"故事大王",主观故意明确,侵犯了其商标专用权,也使其蒙受经济损失,故要求法院判令被告停止侵权,公开道歉,并赔偿经济损失 10 万元。

作为沪上"商标侵权第一案",《故事大王》打官司一时备受社会各界关注。受理此案的审判长罗卫平法官,在多年后接受《新民晚报》记者采访时回忆说:"当时的这份诉状引起的反响,真可谓一石激起千层浪!这个案子审理结果如何,直接关系到经济审判为建立社会主义市场经济服务、规范企业之间的商业竞争、保护知识产权享有人的合法权益不受侵犯等问题。"

法院经过审理,依法认定了以下事实:原告少年儿童出版社享有"故事大

王"商标专用权,应受法律保护;被告陕西旅游出版社未经原告许可在与原告类似的商品上使用了原告的注册商标,并复制、发行了原告的作品,侵犯了原告的商标权和著作权;被告假冒原告注册商标和使用与原告知名商品相近似的名称,造成与原告知名商品相混淆,已构成不正当竞争行为,损害了原告的利益。查明事实、分清责任后,法院依法主持了调解,双方于 1994 年 8 月 5 日最终自愿达成调解协议:一、被告陕西旅游出版社立即停止侵犯原告少年儿童出版社"故事大王"商标专用权的行为;二、被告向原告公开声明道歉(声明的形式和内容已经原告同意,法院认可),于 1994 年 9 月 5 日前履行完毕;三、被告赔偿原告经济损失 5.6 万元,于 1994 年 8 月 5 日给予原告三万元,余款于同年 12 月 30 日前付清;四、案件审理费 3510 元由被告承担。

本案作为我国早期知识产权保护的经典案例,被收录进由北京大学法制信息中心建立的"北大法宝"司法案例信息库。上海及全国的新闻媒体也对案件审理作了大量的报道。《故事大王》的维权行动,既遏制了侵权现象的蔓延,同时也进一步提升了《故事大王》品牌在社会上和小读者中的影响力。

1996 年,编辑部首创了"故事大王俱乐部",推出"故事大王金卡",吸引了几万小故事迷参加。俱乐部每年暑期组织夏令营活动,并让小读者享受优惠邮购图书的待遇。"故事大王俱乐部"后来又发展成为一个当时出版社期刊发行的重要部门。

1998 年,在《中国图书商报》等组织的五大城市读者调研报告中,《故事大王》名列最受小读者喜爱刊物的榜首。1999 年和 2000 年,《故事大王》连续两届入选"全国百种重点期刊",并荣获首届"中国期刊奖"。2002 年初,《故事大王》被评为上海市著名商标。

外语版《文化中国》丛书走出去
工作的些许补充

王有布

王有布，1954 年 9 月生。曾任上海译文出版社副社长、上海新闻出版发展公司总经理。

上海市政协征集上海出版改革史料，祝君波同志希望我写些上海新闻出版发展公司这十多年来的走出去工作，特别是外语版《文化中国》丛书的情况。2013 年孙颙同志在《上海文学》杂志"作家讲坛"栏目中发表的《十年成林——中国文化走向海外的一个案例》一文，已讲述了外语版《文化中国》丛书的源起和以后十余年的成长。因此，我在孙颙同志文章基础上，就我所参与和了解的外语版《文化中国》丛书走出去工作，添加些许补充。

外语版《文化中国》丛书

外语版《文化中国》丛书是 21 世纪初开始坚持十多年面向海外读者出版的一套大型图书，坚持海外销售落地为导向，以"大象无形"的编辑原则，尽可能全面地将中国文化向世界推广。该丛书至 2017 年 6 月共出版 416 种，主要是英语版本，还有部分法语、波兰语、意大利语等版本，共计销售一百余万册，在美国、加拿大、英国、德国、荷兰、法国、意大利、西班牙、希腊、捷克、波兰、罗马尼亚、瑞士、澳大利亚、新西兰、新加坡等全球几十个国家书店销售，不少品种进入全球近400 家大学或公共图书馆。

张小影、孙颙同志是这套丛书的设计者，他们有崇高的文化使命感和工作责任感。一直负责编辑总体工作的张怡琼同志，至今仍在工作一线担负编辑出版和培育年轻工作人员等重任。

中国出版走出去的概念

出版这套丛书的十多年，也是政府开始提倡并逐步加大支持中国出版走出去的过程。我们坚持出版外语版《文化中国》丛书的过程，也是对中国出版走出去概念的理解过程。中国出版走出去大致可以分为中国资产走出去和中国图书走出去，前者对应的有收购或建立海外企业，如收购外资出版社、在海外建印刷厂、买办公楼等，目标是海外的资产收益；后者则是肩负扩大中华文化全球影响力的重任，文化的溢出效应是其追求目标。中国图书走出去又分中文图书和外语版中国图书的海外销售，中国国际图书公司集新中国成立几十年后之伟业，在海外建立起庞大的销售网络，销售中文图书的规模是最大的。外语版《文化中国》丛书一贯坚持海外销售落地，坚持通过外语版中国文化图书在海外销售，以收获中华文化的溢出效益，经过十几年努力木竟成林。当然，中国图书的版权输出也是中国出版走出去的重要形式。外语版《文化中国》丛书因为是用英语出版,方便了非英语国家出版商对内容的了解,所以成功地转让了法语、意大利语、波兰语、印尼语等多个语种一些品种的版权。

"编销合一"的创造

外语版《文化中国》丛书的内核是中华文化,编辑核心团队必须是根植于中华文化沃土"土生土长",但是如何让不同文化背景的读者接受中华文化内容的图书,国际销售代理团队作用极大,他们充分了解目标市场读者的阅读需求、审美习惯、销售规律、促销手段等,他们的国际市场经验对我们来说无疑是宝贵的资源。为此我们在与西方销售商多年磨合过程中产生"编销合一"原则,形成具体的工作规范,成了每一本新书产生必经的过程。具体做法是定期与海外销售商进行业务会议,就新书选题进行深入和跨文化的沟通和讨论。在确定春秋两季刊载于订货目录的选题后,就图书标题、书名、字体、封面、装帧、定价和促销、物流、入仓、上架等细节,不厌其烦地往返沟通。这样的过程尽可能最大限度地克服了我们的图书产品进入西方主流销售渠道文化和时空的隔阂。

进入西方图书销售主流渠道

中国自主出版的外语版图书(主要是英语)怎样才算是真正进入了西方主流销售渠道呢? 我们多年实践和总结定下以下基本标准,约束和要求自己。从国家和地区要求,必须进入美国、加拿大、英国、澳大利亚、新西兰、新加坡、中国香港(地区)、法国、德国等几十个国家和地区;从连锁系统要求,必须进入美国巴诺连锁书店、加拿大靛蓝连锁书店、英国水石连锁书店、澳大利亚恬墨书店和日本全球连锁纪伊国屋书店,还有拉加代尔公司这样特殊的图书零售网络系统,以及全球一定数量的大学或公共图书馆;从销售稳定性要求,则要有定期、定品种、发信息、预销售、定数量、定补退货等行业规律性的行为。

我们经过十几年努力做到了。

产品与代理商

产品的重要性如何强调都不过分，仅举一例说明。我们的国际销售代理是受到全球业界尊重的出版及发行商，他们当初接受我们产品代理之前，先全面阅读我们的图书产品，了解团队构成，并看到产品在国际市场的一些表现后，经过他们内部销售和管理人员投票绝大多数同意的情况下，才愿意做我们的国际代理。因为，作为代理商既有管理成本，更有机会成本，代理的产品如卖不好，除了会增加运营成本，更会影响自己的商誉。所以，我们理解对方的"挑剔"，也为自己的产品感到自信。中国跨文化出版走出去还没有真正形成世界性规模和品牌的情况下，希望产品进入西方主流销售渠道，找对国际代理商的意义极大。

我们的体会：产品是首要的，没有市场能够接受的产品，代理商、渠道一切都无从谈起。有了市场接受的产品，才会找到合适的代理商，然后进入海外图书销售渠道，才会有出版与销售的良性互动。这是一个辩证的过程。

专 业 团 队

要真正做好自主出版外语版中国文化图书，人的作用是至关重要的。我们的团队是集编辑、营销、版权、美编、创意等于一体的"杂家"，要有外语功力、中华文化根底、编辑技能、海外营销经验，关键是还要有一颗赤忱的中国心。他们时常奔波大洋彼岸，又日日伏案编辑写述。这样的专业综合人才要历风雨、见世面、假以时日才能逐渐形成。没有这样的专业团队，要实现真正意义的走出去目标是不可能的。

人才是具体客观环境中成长起来的，现有体制对体制内人才的发展和制约有几乎同样影响力。不过，一支过硬的走出去工作队伍的形成过程是比较漫长的，而专业队伍则又呈现聚难散易的客观现象。因此，坚持正确的队伍建设方向，倾心维护队伍的成长是我们多年来不敢懈怠的大事情。

成功的一些规模营销案例

英语版《习近平谈治国理政》在 2014 年法兰克福书展期间举行首发式,上海新闻出版发展公司在很短时间内于法兰克福国际机场 20 余个书店进行规模营销。此后,又在美国 200 多家巴诺书店和 100 余家独立书店上架销售。该书先后在几十个国家和地区上千家书店上架销售,充分发挥了长期坚持出版外语版《文化中国》而得以积累起来的全球销售网络的作用。

在习近平主席访问美国、捷克、波兰、瑞士期间,上海新闻出版发展公司与中国外文局承办了国务院新闻办主办的"中国主题图书展销月"活动,外语版《文化中国》丛书的许多品种和上海新闻出版发展公司的销售网络都在这些重要时段和国家发挥了重要作用。

自 2009 年春节开始连续九年,上海新闻出版发展公司在拉加代尔公司的全球机场、车站书店举行"阅读中国全球春节联展"活动。

与美国当纳利公司、美国读者文摘公司、法国拉加代尔公司的合作

美国当纳利公司在相当长时期内是全球最大的商业印刷公司,无论其规模、管理、技术、历史都在业内堪称名列世界前茅。20 世纪 90 年代,我在上海译文出版社担任副社长时与他们有了联系。此后,我服从组织调动到上海新闻出版发展公司主持工作,在孙颙同志领导下与美方谈判了 22 个月,终于在 2002 年 12 月建立了合作企业,中方控股 51%。与当纳利合作的意义孙颙同志讲得很清楚,目标就是为了出版走出去。

美国《读者文摘》在相当长时期内是全球最大的收费杂志,其影响是全球性的,特别是在西方国家影响了几代读者。美国当纳利公司是美国读者文摘公司印刷的供应商,21 世纪初仅美国本土版每月的印刷册数是 800 余万册,还不包括大量

的图书等。有一次，这两个公司的 CEO 打高尔夫球，当纳利的 CEO 应承帮助美国读者文摘与中方接触。此后，当纳利公司在香港的高级职员黄浩成先生成了上海新闻出版发展公司与美国读者文摘公司两个公司就多方面合作谈判中的重要工作人员，发挥了很重要作用。上海新闻出版发展公司与美国读者文摘公司就外语版中国文化图书进入西方市场，特别是美国市场，以及期刊版权合作的谈判工作，在很小范围开展，历经七年。2008 年，上海新闻出版发展公司与美国读者文摘公司版权合作出版中文版《普知》杂志。在双方谈判数年间，上海新闻出版发展公司通过与美国读者文摘公司的合作"借船出海"，在走出去等方面做了大量工作。孙颙同志文章中谈到的很多事例都是当时谈判的重要成果体现。张小影、孙颙同志在这项重大工作中高瞻远瞩，领导我们创新和实践了出版走出去艰难的成功之路。

2005 年作者与美国读者文摘公司签署联合出版英文版《长城》合同

法国拉加代尔公司是机场火车站等交通枢纽全国最大的经营旅行零售和免税商品的公司之一。一百多年前,该公司从巴黎火车站一个书报亭开始发展起来,因此相当长时间保留着分布在全球很多国家2000多家连锁书店。这是一个极其特殊和重要的文化产品销售渠道。上海新闻出版发展公司与法国拉加代尔公司在国内的合作始于2000年,也是很早就纳入有关政府决策部门的视线,历经几年小范围的艰苦谈判,终于在2012年建立了合作公司,《文化中国》丛书等中国重要的图书产品在此前后进入了拉加代尔公司全球特殊和庞大的销售渠道。张福海、孙颙同志领导、拓展这项渠道建设工作,可谓殚精竭虑。

美国当纳利公司、美国读者文摘公司、法国拉加代尔公司都曾经是世界出版产业链中重要的公司,上海新闻出版发展公司与这些公司的合作,都是为了中华文化更好地走出去,得到党和政府的高度重视及支持。

美国大都会艺术书店

为什么要特别谈一下美国大都会艺术书店的事情呢?有两个因素。其一,我在20世纪90年代,以后又在很多场合听到孙颙同志讲在那个书店看到很多日本出版的日本文化图书,仔细看看不少内容似曾相识,有中华文化的影响在内,但是没有中国的书在那里出现,这让包括孙颙同志在内做出版工作的很多同志受到强烈刺激。我本人自从1999年到上海新闻出版发展公司工作,接受走出去工作任务后,很多次来往上海与纽约之间。第一次去大都会博物馆艺术书店是21世纪初,看到的情况与孙颙同志描述的基本一样,不同的是,照片拍到一本讲中国人的儿童图书,封面上的中国人头上留着辫子,顶着黑色瓜皮帽。这张照片我始终保留着,是为了提醒自己要以微薄之力努力参与改变中国文化图书在海外当时情况的工作。其二,美国大都会博物馆书店作为全球四大博物馆之一,每年参观人数达数百万,影响力遍及全球。其中的艺术书店精致豪华,又具规模,各大出版

社梦寐以求自己的出版物能陈列在那儿有限的书架上。外语版《文化中国》丛书很多个品种在那儿持续在架销售,新品种也不断上架,与世界知名出版社的图书同架为邻,共同迎接来自全球各地读者的选购。这有一定的现实和象征意义。

面向世界出版外语版中国文化图书的意义

21 世纪初,北京的领导部门和上海新闻出版局希望我们就世界发达国家向其他国家和地区推广本国文化的案例进行调研。十几年过去了,回想当时领导要我们这样做的立意和要求非常高,意义极其深刻。我们调研了欧美一些发达国家的做法,得到不少启发,也影响到了以后十多年的工作实践。结合调研和实践,今天看来至少有以下几个方面体会对出版走出去工作仍有一定的现实意义:其一,政府领导和支持自主出版外语版中国文化图书追求的是中华文化走出去后的文化溢出效益,成果是中华民族所有成员受益,这完全是政府"分内"的公益行为;其二,在政府主导下,通过企业的市场行为传播中华文化是事半功倍的好方法;其三,建立以向世界推广中华文化为宗旨的非营利机构,其本质上是与政府仅一肩距离的组织,而且很多国家都是这样做的;其四,不断创新文化推广形式与时俱进是工作的基本要求;其五,在体制机制上保障专业机构(公司)和队伍持续实施扩大中华文化影响力工作,意义重大。

一些基本的观点想得比较明白了,做工作就有了底气,碰到问题也就容易看得清本质是什么了。